本书受吉林财经大学 2022 年著作出版资助项目、吉林财经大学会计学院学术著作出版资助项目、吉林财经大学新入职博士科研专项项目资助

海归董事
与中国企业跨境并购

闫盼盼 ——————— 著

OVERSEAS RETURNEES DIRECTORS
AND CHINESE ENTERPRISES CROSS-BORDER
MERGERS AND ACQUISITIONS

社会科学文献出版社
SOCIAL SCIENCES ACADEMIC PRESS (CHINA)

摘　要

　　跨境并购是我国进行产业结构调整、推动经济高质量发展的重要手段，也是企业获取战略性资源、提高规模经济和加强协同效应的必然选择。在经济全球化的背景下，我国政府积极推动本土企业进行跨境并购，跨境并购交易的数量和金额持续增长，跨境并购活动保持活跃状态。如何提高跨境并购质量成为当前研究领域的实践焦点与理论热点。在微观企业层面，影响企业跨境并购的因素众多，但企业管理层方面的因素显得尤为重要。董事会作为企业治理的核心和企业权力结构的重要实体，是企业并购战略的决策和实施部门，其特征和行为与跨境并购息息相关。我国各级政府在加速企业"走出去"的同时也陆续出台并提供了一系列引智引才的优惠政策和便利条件，使得大批具有海外经历的管理人才进入董事会。已有经验证据发现，海归董事拥有广泛的国外关系网络、合理的知识结构及丰富的跨国跨文化的管理技能等资源与能力优势，会对企业的绩效、创新、审计、战略等方面产生影响。而董事会作为企业跨境并购战略的决策和实施控制部门，海归董事的存在势必会影响企业的跨境并购，但现有研究尚未给予足够的关注。本书利用文献研究法和实证研究法，深入探究了海归董事对企业跨境并购的影响。研究发现，海归董事的存在促使企业更倾向于发起跨境并购；海归董事有助于降低企业跨境并购的溢价；海归董事可以促进企业跨境并购绩效的提升；主并企业所处地域、市场竞争程度以及股权性质可以调节海归董事与企业跨境并购（跨境并购发起、跨境并购溢价及跨境并购绩效）之间的关系；海归董事对企业跨境并购（跨境并购发起、跨境并购溢价及跨境并购绩效）的影响因其海外经历类型及职位类型的不同而存在差异。本书的研究不仅对我国企业跨境并购决策具有重要的实践价值，也为进一步评估国际化管理人才的人力资本溢出效应提供了新证据，对完善政府高层次人才引进政策及企业高管选聘策略具有一定的实践指导意义。

关键词：海归董事　跨境并购　中国企业

Abstract

Cross-border M&A is an important means to adjust China's industrial structure and promote high-quality economic development. It is also an inevitable choice for enterprises to acquire strategic resources and strengthen economies of scale and synergies. In the context of economic globalization, the Chinese government actively promotes local enterprises to carry out cross-border mergers and acquisitions. The number and amount of cross-border mergers and acquisitions continue to grow, and cross-border mergers and acquisitions remain active. How to improve the quality of cross-border M&A has become the focus of practice and theory. At the micro enterprise level, there are many factors affecting cross-border M&A, but the management level is particularly important. As the core of corporate governance and an important entity of enterprise power structure, the board of directors is the decision-making and implementation department of enterprise M&A strategy, and its characteristics and behaviors are closely related to cross-border M&A. Chinese governments at all levels have introduced and provided a series of preferential policies and convenient conditions to attract talents while accelerating enterprises' going global, so that a large number of managerial talents with overseas experience have joined the board of directors. Empirical evidence has found that the resources and capabilities of directors returned from overseas, such as extensive network of overseas relations, reasonable knowledge structure and rich transnational and cross-cultural management skills, will have an impact on corporate performance, innovation, audit, strategy and other aspects. As the board of directors is the decision-making and implementation department of cross-border mergers and acquisitions, the existence of overseas directors is bound to affect cross-border mergers and acquisitions of enterprises, but the existing research has not given enough attention. This book uses literature research method and empirical research method to deeply explore the impact of overseas returnees directors on cross-border M&A. It is found that the presence of overseas directors makes enterprises more inclined to initiate cross-border mergers and acquisitions. Overseas returnees directors help reduce the premium of cross-border M&A; Overseas returnees directors can improve the performance of cross-border M&A. Regional differences, market competition and the nature of ownership can adjust the relationship between overseas returnees directors and cross-border M&A (cross-border M&A initiation, cross-border M&A premium and cross-border M&A performance). The influence of overseas returnees directors on cross-border M&A (cross-border M&A initiation, cross-border M&A premium and cross-border M&A performance) varies with the type of overseas experience and position. The research in this book not only has important practical value for Chinese enterprises' cross-border M&A decision-making, but also provides new evidence for further evaluation of the spillover effect of human capital of international management talent, and has certain practical guiding significance for improving the government's high-level talent introduction policy and enterprise's executive recruitment strategy.

Keywords: Overseas Returnees Director; Cross-border M&A; Chinese Enterprises

目 录

第一章　跨境并购概述

第一节　跨境并购的概念

跨境并购（Cross-border Mergers and Acquisitions）从语义上讲是跨境兼并和跨境收购的统称。根据《不列颠百科全书》记载，所谓兼并（Merger）是指"为了提高企业的竞争力、减少竞争对手、扩大企业规模、提高企业效率，多个独立的企业结合在一起的法律行为"；所谓收购（Acquisition）是指"一个公司用现金、股票或债券购买另一公司的股权股票，以获得该公司的控制权，而该公司的法人地位不消失"。通过上述介绍可以看出，并购是主并企业为了达到某种目的，通过付出一定代价，获取目标企业一定的股份或资产，从而获得目标企业一定控制权的企业行为。而跨境并购则是并购在地域上对概念外延的拓展。

在现有关于跨境并购概念界定的研究中，大多数学者认为在全球范围内实行跨境并购的双方主要为企业法人，因此本书将跨境并购的双方皆限定为企业法人。联合国贸易与发展会议（UNCTAD）将跨境并购定义为"一国企业与东道国企业合并，或者收购另一国企业的股份超过10%，使东道国企业的资产和经营控制权转移到外国企业"。国际货币基金组织（IMF）将跨境并购定义为"通过兼并或收购国外企业的股权达到一定比例以获得企业控制权，从而获得这个企业持久的生产和经营利益"。国内的研究多是基于联合国贸易与发展会议的定义，认为跨境并购是指"一国企业为了某种目的，通过一定形式和支付手段，把另一国企业的整个资产或足以行使经营控制权的股份买下来"。根据上述国内外关于跨境并购的定义可以看出，跨境并购须包含两个及以上国家的企业，主并企业（也称为并购发出企业、一国企业或母国企业）通过一定支付手段（现金、股票）获取目标企业（也称为被并购企业、另一国企业或东道国企业）一定的资产或经营控制权。

从广义上来说，跨境并购的发起方也可以是自然人，但由于各国的法律法规及相关制度差异，以自然人发起的跨境并购信息披露质量较差，而且自然人投资者较少参与企业运营，与本书所要研究的问题不一致，为避免对后续研究可操作性的影响，本书将跨境并购的对象限定为企业法人。综上所述，本书借鉴联合国贸易与发展会议的定义将跨境并购界定为：中国境内企业作为主并企业（一国企业），为了某种目的，通过付出一定代价（现金、股票），对中国境外企业实施的并购。

第二节　跨境并购的流程

为了方便讨论，我们将跨境并购（视情况简称"并购"）流程分为三个阶段，即并购前准备策划阶段、并购交易实施阶段与并购后整合阶段。这三个阶段并不存在绝对界限，而是相互依存、相互联系的，它们共同组成了企业跨境并购的完整过程。

一　并购前准备策划阶段

并购前的准备策划主要包括企业制定跨境并购战略，组建并购团队，开展尽职调查，从而选择与确定并购的目标企业。

（一）并购战略的制定

并购战略旨在设定并购目的以及实现该目的的途径。对于企业来说，并购战略的制定过程是确定和权衡企业优势、劣势的过程。在此过程中，并购者所要求的机遇和目标必须与其确定的并购战略目标相符。

并购战略的制定首先要进行准确的自我定位分析，主要包括并购方经营能力、财务状况以及筹资能力分析。其次要梳理公司战略，从而明确并购的目的。并购战略的形成需要全面考虑行业特点与长期发展趋势、并购的机会与竞争态势、企业的战略规划及自身发展的需要、企业的交易执行能力以及后续整合与运营管理能力。最后要调查了解我国和目标国政府的态度。政府是法律政策的制定者，其对跨境并购的态度将会对并购产生很大的影响。

（二）并购团队的组建

跨境并购交易是一项集投资、整合、生产、经营增值于一体的系统工程，不仅要求主并企业具有充足的资金、规范化的管理技术等实力，还需要一大批受过专门训练、具有丰富海外管理经验的高素质人才。对大多数企业来说，并购不是它的日常业务，特别是跨境并购还面临着复杂的国际环境，因此在并购团队组建的过程中除了要依赖内部管理人才之外，还需要中介机构的介入。这些中介机构包括但不限于律师事务所、财务顾问、会计师事务所、评估事务所、管理咨询机构等。

（三）尽职调查

尽职调查是在企业并购过程中，基于监管方或并购方的委托，第三方专业机构运用专业手段和方法，对被并购企业的历史数据和文档、管理人员的背景、市场分析、管理风险、技术风险和资金风险所做的全面深入的调查审核活动。尽职调查的范围主要包括被并购企业的组织和产权结构、资产情况、债务和义务、经营情况、财务数据、税务状况、管理层和雇员情况、法律纠纷情况、保险情况、知识产权以及环境问题等方面。尽职调查的工作流程主要有以下几个步骤：第一，双方组建尽职调查团队；第二，签署并购意向和保密协议；第三，约定尽职调查的内容；第四，设置资料提供的程序规则；第五，设计制作尽职调查清单和问卷表；第六，对收集的信息进行研究判断、核查验证；第七，对目标企业进行外部调查；第八，撰写法律尽职调查报告。

（四）目标企业的选择与确定

目标企业的选择不仅决定了并购后整合的难易程度，甚至决定了并购的成败。因此，选择一个恰当的目标企业对并购企业来说是至关重要的。在选择目标企业时，要着重从以下几个方面入手。第一，从双方经营战略的互补性方面考量。德鲁克（2018）认为，只有并购方彻底考虑了它能够为目标企业做出什么贡献，而不单单是目标企业能为主并企业做出什么贡献时，并购才会成功。也就是说，并购方不仅要从目标企业处获得好处，也要考虑能给目标企业带去什么，即双方在经营战略上是否具有互补性，这是并购成败的关键。第二，从双方经营业务的相关性方面考虑。企业间生产经营范围相同或相近，意味着在实施跨境并购之后，并购企业不需要对目标企业进行大的调整和改造便能很快地对其进行有效的管理。但并购双方在经营业务上是否必须具有相关性，还要取决于并购的目的。第三，从并购整合的可融合性方面考查。并购会给企业带来很大震动，导致目标企业自身的丧失、管理人员的变更以及影响原有企业文化和所有者的利益。如果目标企业的可融合性强，将有利于并购的顺利完成和并购后的整合管理。反之，如果目标企业对并购持不合作态度，则并购成功的可能性很小，即使达成并购，也很难实现预期的效果。因此，在选择目标企业时，要对目标企业进行详细调查，全面、真实地掌握目标企业的情况，分析其在文化、管理、人事、财务等方面与并购方的可融合性，特别是文化的整合。只有可融合性强的企业才应成为目标企业，从而有利于实现并购的预期效果。第四，目标企业要具有一定的发展潜力。一般来讲，企业价值与其盈利能力和成长潜力成正比，与企业运营风险成反比。由于不同行业间的盈利能力、成长空间和行业风险不同，其市场价值也存在很大差异。企业跨境并购应选择发展潜力较大的目标企业。

二 并购交易实施阶段

并购交易实施阶段主要包括对目标企业的详细调查、目标企业价值评估与交易价格的确定、融资安排的确定、并购谈判以及决议的签署等过程。

(一) 对目标企业的详细调查

在跨境并购的流程中,并购协议是一套近乎完整的法律合同,包括了整个交易行为的法律框架并涉及交易各个方面和时间段、双方详细的权利和义务约定,但是并购风险无法仅仅通过合同约束来完全避免,这就需要在交易过程中进行周密详细的调查。在确定了目标企业、达成并购意向后,必须对目标企业再进行更详尽的调查与核实,从而了解目标企业的真实情况。如果不进行详细调查和可行性分析,并购风险就会加大,在缺少充分信息的情况下可能导致并购失败。一般情况下,详细调查包括两个阶段。第一阶段是审计评估阶段,即买方与目标企业进行实际接触,获取目标企业较详尽的内部资料,审核目标企业的财务报表,核实目标企业的资产与负债,在有关专家的审查下尽快对并购对象做出较为准确的评估。第二阶段是开展外围调查与目标企业内部调查,也就是在买方与目标企业达成总体协议之后,进一步扩大调查范围,核实其供应商、销售商及内部管理人员对企业的陈述,深入目标企业及其客户了解企业的经营情况,从外部掌握有关诉讼、争议的真相,详细分析可能影响并购的资料,有时还要求被并购方律师出具证实交易真实、合法的法律意见书,以及详尽分析主并企业和目标企业双方文化的性质,采用结构性、系统性的评估方法,掌握并购的风险和价值。

(二) 目标企业价值评估与交易价格的确定

在跨境并购过程中,并购价格的确定是最为复杂、最关键的内容。选定目标企业以后,就需要对目标企业进行进一步的综合分析,确定目标企业的价值，并据此计算并购价格。对并购方来说，价值评估是最终确定目标企业、实施并购的重要依据之一，也是决定并购成败的关键因素之一。影响估价的客观因素很多，如并购双方在市场和并购中所处的地位、产权市场的供求情况、未来经营环境的变化等。并购中企业价值的评估方法多种多样，但归纳起来一般有三种，即重置成本法、市场法和收益法。对目标企业进行估价时需要注意的是，目标企业的价值往往不仅仅是其现在的价值，也包括并购后目标企业能为并购企业带来的价值增值。因此，在确定目标企业价值和交易价格的过程中，要考虑目标企业的成长性和并购产生的协同效应。

（三）融资安排的确定

对跨境并购来说，确定合理的融资安排对于成功并购和并购后的整合是至关重要的。合理的融资安排包括融资金额、融资方式以及融资时间安排等内容。并购资金需要量是确定融资安排的主要依据。一般来说，并购资金需要量由并购支付的对价、目标企业表外负债和或有负债的支出、并购交易费用及整合与运营成本构成。并购融资方式主要有权益融资、债券融资等。融资时间安排要根据企业自身情况和所筹集资金的情况来定。

（四）并购谈判

所谓并购谈判就是并购双方就并购的形式、条件、交易价格、支付方式与期限、交接时间与方式、员工安置、风险分担、有关手续的办理与配合、整个并购活动进程的安排、各方的权利与义务等条款达成一致，进而签订合同。并购谈判本质上就是并购双方在不完全信息状态下的动态博弈过程。通俗地讲，目标企业对自身的情况和价值很清楚，而买方却不太确定买到的是什么。因此在谈判的过程中，买方应尽可能地去了解卖方，以判断该项交易的价值是否合理。并购谈判主要有三个特点：一是以经济利益为基本目的；二是以价值谈判为核心，通过各种方式降低并购价格，从而顺利完成并购；三是注重合同条款的严密性和准确性。

（五）决议的签署

签订并购合同是企业并购交易实施阶段的重要环节。并购合同是并购双方经过谈判，对交易的重要事项和双方当事人的权利义务做出明确规定，通过并购合同的签订和履行完成企业并购交易的行为。并购合同文本一般由三个部分组成：基本情况简介、主文和附件。基本情况简介主要写明并购双方当事人的主要信息，包括公司名称、地址、法定代表人姓名、国籍等。主文是合同的核心部分，主要包括陈述条款、保证条款、保密条款、先决条件条款、转让对价及支付方式条款、交割条款、补偿条款、争议解决条款、法律适用条款等。附件主要包括资产负债清单、财务审计报告、资产评估报告等。

三　并购后整合阶段

三分并购，七分整合。并购整合效果的好坏决定了企业能否完全实现并购的目标。如何进行有效的并购整合、提高企业经营绩效，是并购企业面临的艰巨任务。并购整合的具体内容主要有以下几个方面。一是制订一套完整的整合计划。企业应通过组建专门的整合协调中心，按整合计划领导各业务和职能部门的整合工作，确保整合工作的有效性。二是管理整合。企业并购意味着企业管理模式的变革，根据变化了的内外环境调整和创新原有管理模式，是跨境并购后面临的一项长期任务。三是文化融合。跨境并购双方之间的文化差异会给并购整合带来困难，并购企业要学会吸取精华、剔除糟粕，通过整合方案的有效实施来实现文化的融合。四是人力资源整合。并购完成后，主并企业应加强与员工的沟通，建立信任和适当的激励机制，留住对企业未来发展有关键作用的人才。五是资产的处置。并购完成后，目标企业与主并企业的资产要相互协调配合，以期产生更大的协同效应。对于适用资产，主并企业进行保留和利用；而对于不适用资产，则可根据具体情况进行处理，促使资源优化配置，避免资源的浪费和闲置。六是企业在并购后应注重对客户经营渠道的保护。总之，并购整合的目标就是促使企业最大限度地发挥协同效应，实现预期的并购目标。并购整合的准则主要有：第一，确定战略意图，战略意图将战略远景规划转化为整合指导方针，清晰地表达公司的愿景；第二，并购整合应调动多方利益相关者的积极性；第三，确定一个公司的目标；第四，获取价值；第五，确保人尽其用，充分调动员工的积极性，组建充满活力的团队；第六，确定平稳实现变革的方法；第七，在并购整合过程中维持好的发展势头，并进行跟踪、监测、调整；第八，在并购整合过程中要注意文化融合，加强沟通。

第二章　中国企业跨境并购交易的演进

第一节　中国企业跨境并购活动的发展历程

中国企业的跨境并购始于 20 世纪 80 年代，至今已走过 40 多年的历程，从数量和规模上都取得了巨大发展，跨境并购已成为中国企业迅速获取海外市场、资源、技术，提高企业国际化水平和国际竞争力的重要途径。发达国家从最初的敌视和抵制中国企业的跨境并购，到逐步认识到中国企业投资的"双赢性"，已经开始接受中国企业的并购行为，并将中国企业的跨境并购作为提升本地经济、促进就业、降低企业成本以及提高市场份额的重要策略，中国企业也因此走出了自己的跨境并购之路。根据中国企业在跨境并购过程中所面临的制度、竞争对手以及国际机会情况，本节将中国企业的跨境并购划分为以下三个阶段。

一　第一阶段：1978～2001 年

1978 年中国改革开放拉开序幕，大量西方跨国公司进入中国市场。这一阶段，企业以跨境并购的方式进行对外直接投资是我国企业改革开放以来所面临的新情况和新问题，因此，许多关于规范企业开展跨境并购的政策都体现为"从无到有"的"正面清单"式的政策，直接指明我国政府所要求的跨境并购行业、地域。

在认识到中国企业在跨境经营方面存在劣势后，中国政府将改革开放设定为"单行道"。1979 年，国务院颁布的《关于经济改革的十五项措施》规定"允许我国企业到国外创办企业",这一措施标志着中国对外直接投资开始走上历史舞台,奏响了我国企业开展包括跨境并购在内的海外投资的序曲。不过,由于企业缺乏开展跨境并购的经验,且我国对企业开展境外投资的审查非常严格,无论投资、出资方式如何,无论金额大小,均必须得到国务院的认可。而且,只有拥有贸易权的进出口公司以及直接隶属政府的经济技术合作公司才被允许尝试性地开展小规模的海外投资活动。我国原对外经济贸易部于1984年5月颁布《关于在国外和港澳地区举办非贸易性合资经营企业审批权限和原则的通知》,对相关审批权限规定和审批原则的基本内容进行了明确;于1985年发布《关于在国外开设非贸易性合资经营企业的审批程序和管理办法(试行)》,进一步规范了我国企业包括跨境并购在内的对外直接投资的审批程序和管理机制。

1985年后,我国政府在积极引进外资的同时,也相当积极地鼓励较具规模的大型国有企业到海外进行投资。这一时期,由于对外开放政策刚开始实施,跨境并购的规模很小,交易数量很少,并且发起跨境并购的主体也是像中化集团、首钢集团这类少数具有垄断性质的国有企业。直到1992年,邓小平的南方谈话,打开了对外直接投资和跨境并购的新局面。1992年9月,在《北京周报》(英文版)中,政府提倡鼓励企业到海外进行投资和发展跨境经营。许多地方和省级企业也逐步加入对外投资活动之中。1993年,对外贸易经济合作部根据对外投资业务的发展需要,起草并发布《海外投资企业的审批程序和管理办法》,以进一步强化管理企业的投资活动。1997年9月,党的十五大提出了"鼓励能够发挥我国比较优势的对外投资,更好地利用两个市场、两种资源"的战略方针,积极鼓励具有比较优势的国有企业到海外进行投资。1997年亚洲发生金融危机,1999年我国跨境并购和对外直接投资大幅下降,大部分跨国企业损失惨重。为了应对资本外逃和外汇流失,国家开始针对对外投资项目的审批实施收紧政策。这种打开国门引入海外资本同时又严格限制国内企业进入海外市场的制度在一定程度上避免了中国企业的潜在损失，并通过风险相对较低的出口模式便利了中国企业积累国际经验。但这种方式没有直接控制市场的能力，而且中国企业缺乏核心竞争力，难以获得应有的回报。

在这一阶段，中国企业面临着严格的政府管制和跨国企业强势地位的挑战。一方面，中国严格的进出口和外汇管理制度为企业增添了很多障碍，即使有能力的企业也很难发展国际业务，这使得掌握进口资源（如批文和外汇额度）的企业获得了制度牟利的机会。另一方面，为了摆脱贫困，大量的乡镇企业和私营企业参与竞争，相对落后的经济现状和改革开放政策刺激的无序竞争，赋予跨国企业很强的讨价还价能力。总的来看，该阶段，中国企业对外面临着贸易壁垒，对内并没有形成良好的政策环境，在境外投资审批、风险保障、税收、外汇制度及金融等方面都存在制约。发起并购的企业主要集中于国有企业，特别是中央企业，在行业分布上则主要集中在能源、矿产、航空等仍未开放的行业。尽管如此，我国企业的跨境并购活动在规模、数量及专业化程度上都有所提高，但与同时期的外资引进相比，我国企业的对外直接投资规模仍然比较小，尤其是跨境并购数量更少，仍然处于跨境并购的初期阶段。

二　第二阶段：2002～2007 年

2001 年底中国正式加入世界贸易组织（WTO），为中国企业进军全球市场打开了突破口。2002 年，中国政府正式提出"走出去"战略，再一次鼓励企业进行对外直接投资活动，跨境并购活动的审核与管理迈上了一个新的台阶。为了落实"走出去"战略，2003 年国家外汇管理局发布《关于简化境外投资外汇资金来源审查有关问题的通知》，对境外投资外汇资金来源的审查手续进行简化。同年，国家发展和改革委员会、中国进出口银行联合发布《关于对国家鼓励的境外投资重点项目给予信贷支持有关问题的通知》，决定由"国家发改委和中国进出口银行共同建立境外投资信贷支持机制"，"专门安排一定规模的信贷资金……支持国家鼓励的境外投资重点项目"，极大地推进了我国具有比较优势的各种所有制企业的对外投资进程。2004 年，商务部下发《关于境外投资开办企业核准事项的规定》，下放境外投资核准权限，简化手续，以推动在市场化原则下国家投资体制的改革和政府职能的转变。2005 年 8 月，国家外汇管理局发布《关于调整境内银行为境外投资企业提供融资性对外担保管理方式的通知》，将境内外汇指定银行为境外投资企业提供融资性对外担保的管理方式由逐笔审批调整为年度余额管理。在外汇管理上实现了由过去的"轻入重出"向"进出并重"转变，增加境外投资的用汇额度，开始建立相应的金融支持体系。2006 年，"十一五"规划纲要中第一次提出要通过跨境并购、参股、上市、重组联合等方式，培育和发展我国的跨国企业，同时，明确提出要支持有条件的企业进行对外直接投资和跨国经营。

改革开放后的十余年，通过与跨国企业合作，具有一定国际经验的中国企业不再满足于对国际市场的间接控制，它们有意愿、能力和经验进行国际扩张。在政策环境不断优化的条件下，中国企业的跨境并购在该阶段呈现稳定的增长态势。这一时期，中国企业的跨境并购出现了新的特征。一方面，尽管国有企业仍是跨境并购的主力军，但投资主体开始多元化，民营企业开始成为发起跨境并购的新生力量。比如，钱江摩托成功收购意大利百年摩托车企业 Benelli 公司；TCL 收购法国汤姆逊电视业务和阿尔卡特手机业务。另一方面，中国企业的跨境并购动机也不再局限于寻求自然资源，以获取技术、品牌、渠道等战略性资产为主的跨境并购也开始崭露头角。比如，联想集团大胆决定"蛇吞象"，以 12.5 亿美元全面收购美国 IBM 个人电脑业务；上汽收购韩国双龙企业等。

但在此过程中，中国企业仍然面临着严峻挑战。一方面，中国企业的国际经验主要来自国内市场与跨国公司的合作，这种"旱鸭子"经验很难立刻在真正的国际扩张中奏效。另一方面，中国企业仍然存在规模劣势，尤其是在发达市场上，企业往往需要大量的资本投资。由于难以在国际市场融资，中国企业往往需要依靠政府支持，这又加深了西方国家对中国企业政治背景的抵触与担忧。最典型的案例是，2005 年中海油并购优尼科石油公司因美国国会担心会危及美国能源安全而以失败告终。

由此可见，在这一阶段，中国企业的跨境并购活动随着中国加入 WTO 和"走出去"战略的不断推进与落实而继续增加，逐渐走向对外投资和吸引外资相平衡的新阶段。但这一阶段中国企业仍然面临着东道国贸易壁垒与投资歧视的挑战。

三　第三阶段：2008 年至今

虽然 2001 年以后中国对外直接投资快速增长，但在 2008 年以前无论是对外投资还是跨境并购在世界的占比都不足 2%。2007 年，美国次贷危机引发的全球金融危机导致美国和欧洲部分经营不善企业的资产价值大幅缩水，而中国经济在这场危机中呈现出坚挺的增长速度及稳定的市场发展，为中国企业提供了低价收购欧美企业的契机。而全球金融危机过后，欧洲经济减速又为中国企业创造了理想的海外投资环境，各国为了尽快摆脱金融危机的影响，也相应地放宽了一些对跨境并购的管制政策，相对压低了资产估值，为未来的经济增长埋下了伏笔。此外，中国日益提升的国际影响力与经济实力使不少发达市场卖家认识到与中国企业合作的重要性与优势，这一发展态势为中国企业走出国门，在海外进行并购和扩张起到了推动作用，中国企业跨境并购进入快速发展阶段。在这一时期涌现了许多典型的跨境并购案例，比如，中联重科收购意大利混凝土机械企业 CIFA、三一重工收购德国普茨迈斯特、中海油和中石化收购美国马拉松石油公司的权益等。吉利汽车的管理层也在多个场合明确表示，如果没有这场金融危机，吉利汽车不可能收购沃尔沃。

与此同时，商务部、财政部、国家外汇管理局、国家发展和改革委员会等政府部门大力调整和完善对外直接投资相关政策，加快出台鼓励性制度和措施，为金融危机后中国企业出现的跨境并购浪潮助力。2008

年，国务院批准中国人民银行"三定"方案，新设汇率司，其职能包括"根据人民币国际化的进程发展人民币离岸市场"，人民币国际化为中国企业的跨境并购带来了便利。2009 年，国家外汇管理局发布《境内机构境外直接投资外汇管理规定》，取消了境外直接投资外汇管理前置性审核，扩大了境内机构境外直接投资的外汇资金来源。商务部也发布政策明确鼓励创新对外投资模式的行为，比如与东道国联合对外投资、投资与贸易结合等，鼓励企业跨境并购与对外投资要因地制宜。2010 年，"十二五"规划中，提高企业对外投资便利化程度和健全境外投资促进体系成为关注点。2012 年，党的十八大报告明确提出"提高利用外资综合优势和总体效益，推动引资、引技、引智有机结合。加快走出去步伐，增强企业国际化经营能力，培育一批世界水平的跨国公司"，这一政策主张对我国跨境并购的发展提出了新的要求。2013 年，"一带一路"倡议的提出为中国企业"走出去"提供了大力支持，同时国内供给侧结构性改革导致产业重组又推动了企业力争进一步参与国际竞争，提升国际竞争力。2014 年 9 月，商务部发布《境外投资管理办法》，确立了"备案为主、核准为辅"的管理模式。2015 年，中国银监会修订《商业银行并购贷款风险管理指引》，放宽商业银行开展并购贷款业务的条件。

在一系列政策的保驾护航下，中国企业跨境并购风生水起，但与此同时，也催生了一些盲目的并购行为，导致"中国溢价"、收购未能完成及整合失败。更有甚者通过跨境并购转移资金，酒店、体育、房地产业、影视、俱乐部和娱乐业等行业并购乱象丛生。为了防范风险，2017 年 1 月，国务院国有资产监督管理委员会发布《中央企业境外投资监督管理办法》，限制以上行业企业进行跨境并购，进一步明确了"以管资本为主加强监管"的原则，对企业境外投资监督管理体系的建设，境外投资的事前、事中、事后管理以及责任追究做出了明确规定。在强监管背景下，跨境并购行业结构得到优化，并购乱象得以遏制。同年 10 月，党的十九大进一步提出，"创新对外投资方式，促进国际产能合作，形成面向全球的贸易、投融资、生产、服务网络，加快培育国际经济合作和竞争新优势"。以党的十九大的召开为契机，2018年1月，商务部等七部委联合印发《对外投资备案（核准）报告暂行办法》，标志着备案制开始成为我国政府部门开展跨境并购管理的重要方式。这一管理方式的改变，提高了企业跨境并购的效率，进一步提升了我国企业开展跨境并购的活跃度。

在国际环境和国内政策的鼓励下，跨境并购已成为中国企业战略推进和重塑边界的重要工具。跨境并购的交易数量和金额逐渐增长，并购的目标区域分布空前广泛。并购的动机也不再仅仅局限于获取海外自然资源，而是聚焦如何获取发达国家市场的技术、品牌和人才等关键战略性资产，更有效地构建全球竞争力，实现转型升级和技术创新。然而，这些关键战略性资产是发达国家竞争优势的基础，也是跨国企业核心竞争力的保障。发达国家及其跨国企业为阻止中国企业实现这些目的，设置了种种障碍，盲目并购以及并购失败案例日益增加。

总的来看，2008年以后中国企业紧抓世界经济深度调整契机，在全球掀起跨境并购浪潮，跨境并购已然成为中国企业"走出去"的主要方式之一。尽管遭遇了来自母国和东道国以及竞争对手的各种挑战，但随着全球市场格局的变化，中国企业的跨境并购环境正在逐步变得更加友好。

第二节 中国企业跨境并购的现状分析

由于中国的独特制度环境，企业开展跨境并购活动也呈现独有的特征。尤其是中国目前面临产业结构转型升级的压力，企业采取跨境并购方式参与全球竞争具有内生动力，再加上金融危机及欧债危机又为中国企业的跨境并购带来外部推动力与契机，中国企业跨境并购活动持续活跃，并购交易数量屡屡刷新纪录，出现了新特征与新趋势。由于2008年以前中国企业跨境并购的交易数量较少，而且受金融危机的影响较大，因此，为了保证对中国企业跨境并购特征进行更真实理性的描述，本书以 2009 年为时间起点，结合 BvD-Zephyr 数据库、汤森路透旗下的 SDC Platinum 数据库、Wind 数据库中的中国并购库，从并购时间、并购主体、并购行业及并购区域等方面对中国企业跨境并购活动的现状进行分析。

一 并购时间：增速放缓，并趋向理性

蔓延全球的金融危机使各国资产出现大幅调整，中国企业抓住契机，在全球掀起跨境并购浪潮。图 2.1 直观地展示了 2009～2021 年中国企业跨境并购情况。在国际环境和国内政策的鼓励下，2009～2011 年中国企业跨境并购活动持续保持活跃，交易数量和交易金额逐年增长。由于宏观经济不确定，2013 年上半年并购市场疲软，导致跨境并购交易金额有所回落。但随着"一带一路"倡议的提出和"走出去"战略的持续推进，2014 年、2015 年跨境并购稳步增长，并购范围进一步拓展。在一系列政策的保驾护航下，2016 年中国企业跨境并购实现大幅增长，交易量同比增加 142%，交易金额同比增加 246%，达到 2209 亿美元，超过前三年企业跨境并购交易金额总和，2016 年被称为跨境并购的"井喷之年"。随着相关监管政策的出台，多数买家受外汇

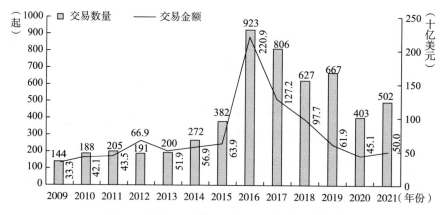

图 2.1　2009～2021 年中国企业跨境并购情况

资料来源：BvD-Zephyr、SDC Platinum、Wind 数据库。

管制和海外监管趋严、收购融资兼具难度及海外市场总体不明朗的影响，超大型跨境并购案例数量逐渐减少，中国企业的跨境并购开始逐步"退烧"，自 2016 年的"井喷之年"过后，2017～2019 年交易金额连续三年下降，企业跨境并购开始走向更加理性的发展轨道。2020 年突袭而至的新冠肺炎疫情以及地缘政治给企业跨境并购交易带来了巨大的冲击，跨境并购市场持续低迷。但相较于 2020 年，2021 年的跨境并购交易数量和金额呈现小幅反弹现象。

二　并购主体：民营企业和财务投资者并购活跃

一直以来，国有企业无论是在对外直接投资中还是在跨境并购活动中都是主力军，尤其是中央企业，它们一般都是主导国计民生的垄断部门，资产规模较大，更容易得到包括审批、融资及外汇使用等政府政策方面的支持，具备进行跨境并购的实力和先决条件。不过，随着中国经济体制改革的深入发展，民营企业和财务投资者的实力大幅提升，它们逐步开始涉足跨境并购，成为中国企业跨境并购的新生力量。图 2.2 刻画了 2009～2021 年中国企业跨境并购主体特征。可以看出，金融危机过后，无论是国有企业还是民营企业在跨境并购活动中均表现活跃。总的来说，民营企业体制灵活，相较于国有企业，更具有活力和务实弹性，兼之在海外市场安全审查的严格程度也颇为宽松，并购交易的成功率较高。因此，民营企业在跨境并购活动中的增幅更加显著。2009～2020 年，民营企业跨境并购交易数量一直处于领跑状态，但直到 2016 年才第一次在交易金额上超过国有企业，达到 1060 亿美元。2017～2018 年，国有企业和民营企业的跨境并购活动都有所减少，但民营企业占整体投资交易数量和交易金额的比重仍然较大，这也从侧面进一步反映出，作为后起之秀的民营企业已成为中国企业跨境并购的主要推动力量。除此之外，财务投资者的跨境并购交易数量和交易金额也呈现波动增长的态势，2015 年交易数量首次超过国有企业，2021 年财务投资者首次成为跨境并购的最大参与者，在并购市场中比较活跃。

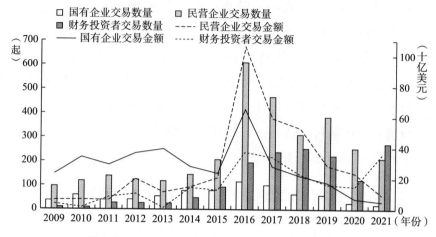

图 2.2 2009～2021 年中国企业跨境并购主体特征
资料来源：BvD-Zephyr、SDC Platinum、Wind 数据库。

三 并购行业：行业分化大

相较于西方发达国家企业跨境并购主要表现为资源和能力的利用与拓展，中国企业早期的"逆向并购"主要是为了获取海外资源或战略性资产，以弥补资源和能力的不足，这也导致一直以来中国企业跨境并购的行业主要集中在自然资源和能源方面，以石油、天然气、矿产等资源性行业为主。金融危机之后，在国家政策的支持和鼓励下，中国企业的跨境并购不再局限于海外自然资源和能源，开始向其他行业探索，跨境并购行业开始呈现由集中向多元化发展的趋势。图 2.3 描绘了 2009～2021 年中国企业跨境并购的行业特征。可以看出，2009～2021 年，原材料行业跨境并购交易数量整体上在减少，但在 2014 年之前，中国企业跨境并购依然多集中于原材料和工业行业，高科技、消费品、金融服务及医疗健康行业所占比例较小。2014 年开始，中国企业跨境并购越来越倾向于追逐技术、品牌和专业，实行外延式的增长策略。2014～2019 年，高科技和高标准的工业行业成为跨境并购最活跃的领域，消费品和金融服务行业紧随其后占比较高，这与中国产业升级、政府鼓励向中国市场引入海外先进技术、品牌以及消费品的政策方向保持一致。

而 2020～2021 年，受到疫情的影响，在产业升级、科技创新、数字经济、碳中和等主题的推动下，消费品行业吸引了中国投资者的大部分资金，而且高科技行业持续受到追捧，工业、高科技、医疗健康及以电力能源为主的原材料行业近两年跨境并购的交易活跃度持续提高。

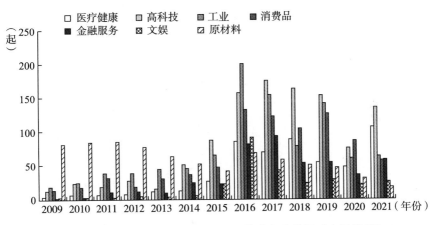

图 2.3　2009～2021 年中国企业跨境并购行业特征（交易数量）
资料来源：BvD-Zephyr、SDC Platinum、Wind 数据库。

四　并购区域：欧美地区比重下降，亚洲地区比重上升

随着经济全球化进程的不断加快和中国经济总量的崛起，中国企业已经进入全球化发展和竞争的格局之中，在全球市场建立和获取竞争优势成为中国企业发展的外部压力和内生动力。中国企业的跨境并购不再仅仅局限于获取海外自然资源，而是聚焦如何获取发达国家市场的技术、品牌和人才等关键战略性资产，更有效地建立全球竞争力，实现转型升级和技术创新。欧美有不少先进技术和设备、优质产能和高端市场，且不少发展中国家或地区加速城市化、工业化，处于"起飞前夜"，它们都是中国企业开展产能合作、实现互利共赢的自然市场。中国企业跨境并购的目标区域多集中于欧美等发达国家。图 2.4 展示了 2009～2021 年中国企业跨境并购的目标区域特征。可以发现，2009～2021 年，中国企业开展跨境并购的目标区域所在州排序依次为北美洲、欧洲、亚洲、大洋

洲、南美洲、非洲。其中，北美洲、欧洲和大洋洲的跨境并购交易数量
占总交易数量的67.31%，中国企业跨境并购主要集中于欧美发达国家和
地区；亚洲因其地理位置优势及"一带一路"政策的影响，交易数量占
比为26.22%，成为中国投资者最为关注的新兴投资区域之一。

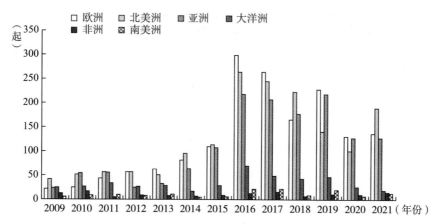

图 2.4 2009~2021 年中国企业跨境并购目标区域特征（交易数量）

资料来源：BvD-Zephyr、SDC Platinum、Wind 数据库。

　　随着"一带一路"倡议的提出和不断推进，中国企业在共建"一带
一路"国家的并购活动也不断涌现。图 2.5 展示了 2013~2021 年中国企
业在共建"一带一路"国家并购交易的数量和金额。可以看出，2013~

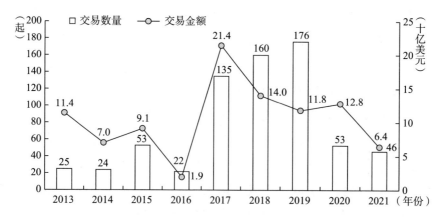

图 2.5 2013~2021 年中国企业在共建"一带一路"国家的并购交易数量及金额

资料来源：BvD-Zephyr、SDC Platinum、Wind 数据库。

2021 年，中国企业对共建"一带一路"国家所开展的并购活动不断活跃，共建"一带一路"国家成为中国企业跨境并购的热门选择。

第三节　中国企业跨境并购面临的挑战

扬帆出海必然会面对惊涛骇浪和暗礁险滩。尽管机遇眷顾，但中国企业在跨境并购过程中也不可避免地面临很多挑战。通过对中国企业跨境并购的发展历程和现状进行研究和分析，本节梳理出中国企业在跨境并购过程中面临的主要挑战。

一　并购战略不清晰

并购战略的制定过程是确定和权衡企业优势、劣势的过程。清晰的并购战略和对标的深入了解、全面评估是中国企业成功实现跨境并购不可或缺的因素。而通过对近些年中国企业跨境并购的研究和分析发现，在跨境并购过程中有不少企业缺乏清晰明确的并购路线图，并购目的含混不清，对协同效应的理解存在不足。比如有的企业急于做大做强，不具备清晰可操作的跨境并购路线图来为其"走出去"提供支持，就盲目发起跨境并购。此外，中国企业缺乏足够的国际资源和专业经验，过分依赖投资银行等中介所提供的目标企业信息，使其在搜寻和筛选并购目标时困难重重。

二　尽职调查专业能力不足

由于跨境并购涉及不同的国家或地区，它们在社会结构、经济与金融市场发展水平、政治环境、法律制度和文化上存在差异，中国企业的尽职调查难度增加。缺乏国际化经验，对海外商业法律环境和盈利模式没有深入的了解，组织协调商务、法律、财务、人力资源等内外部资源能力的缺失，对尽职调查风险点评估和决策能力的不足，都是中国企业在进行跨境并购尽职调查时经常遭遇的问题。一方面，一些企业对目标企业所在地区的经济社会环境了解甚少，再加上语言、文化和理念上的差异，在当地招募的商务、财务和法务顾问所提出的专业指导意见有时不被采信，不能及时送达关键决策方。另一方面，许多中国企业内部的决策权高度集中在后方，身处一线的尽职调查团队受权不足，导致内外部资源的协调沟通困难，尽职调查过程缓慢，效率不高。与此同时，很多中国企业缺乏尽职调查的专业经验，对尽职调查的流程和国际惯例不熟悉，导致无法正确识别关键风险点。

三 并购后整合能力不足

德鲁克（2018）指出，企业的并购只有在整合上取得了成功，才能称为一个成功的并购，否则只是在财务上的操纵，这将导致业务和财务上的双重失败。跨境并购整合过程是一个极其复杂的系统工程，涉及并购双方的战略、文化、资源、组织和责任等多维度的整合。主并企业需要对目标企业的资产、人力资源、管理体系、组织结构和企业文化等资源要素信息进行更为全面详细的了解，才能将两个企业不同的运作体系（管理、生产、营销、服务和企业文化）有机地结合成一个运作体系，并购整合效果的好坏决定了企业能否完全实现并购的目标。波士顿咨询公司（BCG）调查发现，部分中国买家，特别是目标企业为发达国家的先进企业，由于并未制订清晰详尽的跨境并购整合及成本协同计划，在受访企业中仅有32%的跨境并购项目进行顺畅。① 清晰的海外公司治理结构的缺乏、具有跨境跨文化管理经验和对当地营商环境熟悉的高管的不足以及文化习惯和管理风格冲突等，严重阻碍了一些中国企业跨境并购整合目标的实现。

四 高素质跨境并购人才缺乏

跨境并购双方在文化、法律、社会环境及人员方面存在的差异，使

---

① 《波士顿咨询：迎接中国企业海外并购新时代》，中文互联网数据资讯网，2015年10月15日，http://www.199it.com/archives/394665.html。

得跨境并购的整合相较于国内并购具有更大的复杂性和不确定性,对企业及管理层的能力要求更高。BCG 的调查和分析结果显示,国际化复合型经营管理人才缺失是目前中国企业"走出去"中长期生存率和盈利率偏低的重要因素之一,国际化管理人才的短板将可能持续拉低中国企业跨境并购的质量。

第三章 中国企业跨境并购研究的多维进展

跨境并购作为企业重大战略选择，不是一项单纯的投资或融资活动，而是一项集投资、整合、生产、经营增值于一体的系统工程，由诸多具体决策组合而成。企业能否实现预期目标不仅取决于并购完成后对目标企业的高效整合与持续运营（Vester，2002；Graebner，2004），还受到跨境并购目标的选取（Ahammada and Glaister，2013；余鹏翼、王满四，2014）及并购溢价的支付（Hunter and Jagtiani，2003）的影响。在跨境并购前期选择恰当的并购目标是跨境并购创造价值的前提；在跨境并购中期提高并购定价的合理性，降低并购溢价的支付，是并购创造价值的关键条件。德勤2017年发布的《并购活跃，整合滞后——中国企业海外并购及并购后整合现状调查》也指出，在跨境并购交易的诸多环节中，并购目标的搜寻及筛选、估值定价交易谈判和整合是企业面临的主要痛点。因此，本章以跨境并购发起、跨境并购溢价及跨境并购绩效为核心，展开对国内外文献的回顾与梳理，归纳总结已有研究结果，对比分析研究方法，为进一步研究提供方法指导和方向指引。

第一节 跨境并购发起的相关文献

跨境并购发起是主并企业在并购需求动机下，通过对海外市场的分析而最终确定并购对象的过程。在发起跨境并购前，企业既要考虑国际化经营管理经验不足、缺乏有影响力的自主品牌及核心技术相对落后的约束（Aybar and Ficici，2009），也要考虑国内外经济、政治、制度、文化等环境差异的影响（Villena et al.，2019）。这些均会使中国企业在国际市场上占有一席之地面临诸多挑战。

众所周知，是否发起并购以及发起何种并购是并购交易流程中企业面临的第一个选择，也是最重要的选择。随着国际竞争的加剧，企业必须选择正确的战略模式来与竞争者展开竞争，必须了解使其在国际投资中做出跨境并购决策的因素（Nadolska and Barkema，2014）。国内外学者对企业跨境并购发起的影响因素的研究呈现多元化特征，本节从国家层面、产业层面和企业层面进行归纳。

一　国家层面因素

国家层面因素强调国家宏观因素对企业微观并购行为的影响。相较于国内并购，跨境并购的主并企业在交易中需要考虑国家层面的因素。Xie 等（2017）的研究认为，国家层面的因素主要包括经济环境（宏观经济、金融市场环境等）、正式制度（政治、会计准则、监管、税收制度等）、非正式制度（文化差异、语言、宗教信仰等）和地理因素（地理距离）。因此，本部分分别从这四个方面对影响企业跨境并购发起的国家层面因素进行梳理。

（一）经济环境

经济环境反映的是一国的经济发展程度，经济的发展情况会影响对外直接投资市场。从历史角度来看，母国的经济环境对于对外直接投资（包含跨境并购）市场有着重要的影响。例如由于 1997 年的亚洲金融危机，日本跨境并购的数量在遭遇国内经济泡沫破裂后有所下降，亚洲国家企业对外投资呈下降趋势。Nocke 和 Yeaple（2008）对企业的跨国投资模式选择进行深入探讨，发现母国经济发展水平越高，企业越倾向于发起跨境并购。贾玉成和张诚（2018）的研究也证实，中国企业跨境并购与母国经济政策不确定性呈正相关。一方面，公司层面的投资决策受到企业内部资金以及参与资本市场的外部投资者（如私募股权）

的影响（Chen et al.，2016b）。因此，由于宏观经济政策和金融市场环境的不确定性，企业无法进入或以较高的交易成本进入（Oxelheim et al.，2013），从而影响企业的跨境并购。另一方面，较高的股票市场估值及较大的汇率变动会影响跨境并购浪潮（Harford，2005；Shleifer and Vishny，2003）。Boateng 等（2011）的研究发现，本国较低的通货膨胀率吸引了更多的对内并购投资，而较高的通货膨胀率则促使当地企业在通货膨胀率较低的目标国家寻求更多的跨境并购交易。

类似地，东道国的经济发展情况同样也会影响跨境并购的发起。与母国不同，"外来者"在东道国面临更为复杂的市场环境、政策调整等一系列不可预知的因素，在加重"外来者劣势"的同时，可能会降低企业投资经营的信心和预期收益。Müller（2007）考察了东道国市场竞争程度的影响，研究发现，当市场竞争处在中间水平时，企业更倾向于进行跨境并购。Pablo（2009）对东道国宏观经济和投资者保护状况对跨境并购发起的影响进行了研究，认为良好的经济状况、友好的商业经营环境会增加跨境并购发起的可能性。谢红军和蒋殿春（2017）的研究发现，东道国企业的资产价格驱动中国企业近年来的跨境并购，在经济衰退期，资产价格缩水为中国企业的资本购买创造了条件。刘晓宁（2019）的研究证实，随着企业生产率、资本密集度以及东道国经济发展水平、关税水平的提升以及制度环境的优化，中国企业进行跨国并购的概率提高。

（二）正式制度

企业的经营活动受到一个国家制度环境的影响，一个国家制度的完善与否、国家对企业扩张与外来者的政策态度如何，都会对企业的跨境并购决策产生影响。Kaufmann 等（2011）认为，正式制度可以从法治、问责制、话语权、腐败程度、政治稳定性、政府效率、监管质量等方面体现出来。Martynova 和 Renneboog（2008）则使用会计准则、债权人保护、投资者保护和执法来衡量正式制度的健全程度。好的制度能够促进国际交易，而不完善的制度好比贸易上的赋税一样沉重。

在母国制度因素方面，由制度力量驱动的民族自豪感是新兴市场公司在发达国家进行大规模收购的主要决定因素（Luo and Tung，2007；Hope et al.，2011）。就中国而言，国内市场的制度支持和财政激励，促使企业发起跨境并购来增加其竞争优势、战略性资产和企业特有的利益（Deng et al.，2013；Luo and Tung，2007）。Karolyi 和 Taboada（2015）的研究证实，当银行收购者来自限制性更强的监管环境时，他们可能进行更多的跨境并购。

对于东道国制度来说，人口吸引力、市场开放程度、投资者保护程度、法治环境、会计准则、公共治理以及经济增长率，都会影响外国直接投资。Rossi 和 Volpin（2004）的研究发现，股东保护水平越高、会计准则越规范的国家之间跨境并购发起的规模更大。Kim 和 Lu（2013）也证实了并购策略与目标国家的投资者保护水平密切相关。Dinc 和 Erel（2013）的研究指出，政府干预跨境并购可以降低财富，增加交易成功的可能性，也可能阻止未来的跨境并购。Brouthers（2013）的研究发现，东道国制度阻碍较大，企业更倾向于采用跨境并购的方式进入海外市场。Deng 和 Yang（2015）的研究指出，新兴市场企业实施跨国并购的原因与其主动获取关键资源的动机有关，并受东道国制度环境调节影响。薛新红和王忠诚（2018）的研究证实，东道国金融自由化具有融资效应，可以提高企业发起跨境并购的概率。

（三）非正式制度

除了正式制度之外，非正式制度（文化差异、语言、宗教等）也会影响企业跨境并购的发起。东道国和母国之间的信息不对称是企业进行跨境并购的最大挑战（Barkema et al.，1996），文化、语言及宗教方面的差异增加了跨境并购中的信息不对称程度和逆向选择的风险（Bauer and Matzler，2014）。在跨境并购过程中，主并企业需要了解目标企业的相关信息，包括目标企业在所在行业中的地位、目标企业的市场份额等，这些信息能帮助并购企业正确地评价目标企业的价值以及并购完成后较好地对目标企业进行整合，从而降低逆向选择风险。当并购双方文化差异较大时，会在母国和东道国之间产生空缺，阻碍东道国信息的解码和流通（Luostarinen，1980；Petersen et al.，2008），此时并购企业很难真实地去评价目标企业，为了规避风险，它会放弃发起跨境并购。吴静芳和陈俊颖（2008）的研究发现，企业的成长率、多元化战略、文化差异、东道国经济水平和经验对企业跨境并购决策的选择影响显著。K. D. Brouthers 和 L. E. Brouthers（2000）从东道国文化角度分析了跨境并购发起的问题，研究发现，并购双方文化融合程度越高，发起跨境并购的概率越大。但 Child 等（2001）使用相同的理论框架进行分析，却得到了相反的结论。他们认为母国和东道国之间的文化差异越小，投资者越倾向于发起跨境并购。Beladi 等（2013）通过对美国 18 家企业海外并购案例的对比，发现美国企业与新兴市场企业都选择在与本国文化环境相近的国家进行并购，而且不同的文化习俗会影响企业的市场进入战略；当市场潜力增大时，新兴市场企业会选择忽略文化差距，而美国企业不会忽略。Ahern 等（2015）研究了相似文化背景在跨境并购中的作用。他们认为，文化距离越大，跨境并购越少，如果发生并购，协同收益也越低。Elnahas 和 Kim（2017）确定了理解宗教和其他文化约束在设计和实现交易中的重要性。

（四）地理因素

虽然已有研究运用经济地理学来分析企业跨境并购，但地理因素在跨境并购研究中讨论的却不多。地理距离一般是用东道国首都和母国首都之间的距离来衡量（Dutta et al.，2013），通常作为控制变量引入。地理距离较小往往被视为促进并购双方频繁沟通交流、密切联系以实现知识、资源共享的利好因素（Haspeslagh and Jemison，1991）。Erel 等（2012）的研究发现，国家间的地理位置、汇率以及资本市场的表现会影响跨境并购发起，跨境并购更可能发生在距离较近的国家之间。但也有反对者提出，对于新兴国家企业来说，目标企业多位于与公司地理距离较远的发达国家。因此，人们对地理距离对跨境并购发起的影响缺乏清晰统一的结论。

二　产业层面因素

产业层面因素强调产业特征对企业跨境并购的影响，在产业层面，学者们对跨境并购发起影响的研究相对不多，主要集中于产业特征和产业相关度对跨境并购发起的影响。企业的国际化行为受它所处行业环境（如竞争程度）的影响（Boter and Holmquist, 1996）。在本国的市场中，产业内部的激烈竞争会促使企业"走出去"寻求国际市场（Dawar and Frost, 1999）。Zejan（1990）的研究发现，母国企业的产品多样化程度越高，企业发起跨境并购的概率越大。若并购双方行业具有高度交叉性，则规模经济效应明显，双方能够实现协同效应。在所有的跨境并购案例中，大约有四分之三的并购与产业相关（Harris and Ravenscraft, 1991）。

三　企业层面因素

除了国家层面和产业层面的因素会影响企业跨境并购发起外，企业自身的禀赋也会对企业跨境并购发起产生影响。在企业层面，现有研究主要从企业规模、企业经验、公司治理等方面考察相关因素对企业跨境并购发起的影响。

（一）企业规模

企业实施跨境并购战略是为了获取规模经济，提高获利能力，扩大企业整体规模。企业层面因素强调企业自身特征对企业跨境并购发起的影响，企业本身规模经济的大小是其实施并购的支撑条件。Popli 和 Sinha（2014）认为，企业规模越大，就越具有成本优势，越有可能在跨境并购浪潮中扮演先行者的角色。由于规模较大的企业具有成本优势和先动优势，它们往往更易发起跨境并购。蒋冠宏和蒋殿春（2017）以中国企业为样本进行研究也证实，规模大的企业更易发起跨境并购。

（二）企业经验

企业前期行为所积累的专门知识和技能都会对企业的后续战略行为产生影响（Haleblian and Finkelstein，1999；范黎波、张岚，2015）。因此，企业的跨境并购决策也会受到企业早期并购经验的影响（Haleblian et al.，2006）。

相较于没有跨境并购经验的企业，有更多跨境并购经验的企业更容易进行下一次跨境并购，因为在某个领域有前期经验的企业会关注这个领域的信息，能更有效地获取和评价信息，确定该信息是否符合企业需求（Dutton and Thomas，1984）。企业在并购过程中学习了如何操作并购，包括并购目标的选择、尽职调查、谈判等过程，从而积累经验，将并购行为内化为企业的常规行为，进而影响企业的后续决策（Barkema and Shvyrkov，2007）。此外，企业完成一项跨境并购以后，将进入一个路径依赖的时期，以寻找下一次机会，而前期的并购行为丰富了它们的知识，拓展了它们的视野，从而使它们更有可能发起下一次跨境并购（Collins et al.，2009）。沈克正和马抗美（2018）的研究也证实，具有跨境并购经历的公司在面临并购决策选择时更易做出跨境并购决策，并且与跨境并购决策的偏好呈正相关。

（三）公司治理

相较于民营企业，在国内并购市场改革红利不断释放的大环境下，国有企业与政府的良好关系有利于其在国内获得相关产业政策和资金支持，具有更大的制度和产业环境竞争优势（叶会、李善民，2011），国有企业更倾向于发起跨境并购。但是，由于跨境并购活动的高风险，国务院国有资产监督管理委员会为了控制投资风险和实现国有资产保值，出台了多项政策严格审批和监管国有企业的跨境并购活动，导致国有企

业发起跨境并购的内在动力不足（罗进辉等，2014）。除此之外，考虑
到国有企业的"特殊身份"，其跨境并购决策往往被认为是政府为实现
政治目的而做出的（Ramasamy et al.，2012），导致其在发起跨境并购
时面临更大的外部阻碍。刘错和纳超洪（2015）的研究发现，国有企业
更不愿意发起跨境并购。康书生和穆君（2020）对国有企业的境外投资
方式进行了研究，发现处于技术劣势、国际化经验不足的国有企业更倾
向于发起跨境并购，当东道国资本市场发达、市场经济体系成熟、风险
相对较低，目标企业能够产生速度经济时，国有企业更易发起跨境并购。

　　董事会作为并购战略的决策部门，其特征和行为会影响企业跨境并
购发起。学者们关于董事会对跨境并购发起影响的研究主要集中于董事
会的规模大小以及董事会的特征。在董事会治理结构中，董事会规模越
大，越能形成多人参与决策的能力互补效应，越能对公司的重大战略决
策产生影响。由于跨境并购的复杂性与不确定性，董事会更需要扮演好
战略决策的角色。刘错和纳超洪（2015）的研究证实，较大的董事会
规模有利于推动企业发起跨境并购。除此之外，董事的性别、年龄、教
育背景以及过度自信等特征也会影响企业跨境并购的发起。李诗田和邱
伟年（2015）的研究发现，过度自信的管理者在进行跨境并购决策时，
往往会高估跨境并购的收益、低估风险，更有可能发起跨境并购。Fri-
jns 等（2013）的研究发现，如果主并企业的 CEO 对不确定性的承受水
平较低，那么该企业发起跨境并购的概率较低。带来这一现象的原因可
能是该类 CEO 愿意支付的溢价相对较低，并且期待更强的并购协同效
应，从而给企业带来更高的并购收益。

　　机构投资者可以通过多种方式（比如在年度会议上发表股东提案、
与公司管理层进行私人谈判及通过舆论媒体对公司的不当行为进行公开
谴责）主动参与公司治理，因此，机构投资者会影响企业跨境并购的
发起。Ferreira 等（2010）则发现，企业跨境并购的发起与其股东中外
国机构投资者的比例成正比。当外国机构投资者的比例越高时，公司越
有可能发起跨境并购。Andriosopoulos 和 Yang（2015）以英国跨境并购事

件为样本，发现机构投资者的参与增加了企业发起跨境并购的可能性。而且从长远来看，长期机构投资者鼓励企业进行大规模的跨境并购。

（四）其他方面

除了上述方面之外，企业层面的融资约束、生产率、研发能力、资本密集度等因素也会影响企业跨境并购发起。由于并购必然涉及大量的资本投资，许多研究人员研究了融资决策和投资决策之间的关系。Erel 等（2012）在最近的一篇工作论文中对此进行了分析，研究发现，现金持有量较高的公司更有可能进行并购。蒋冠宏和蒋殿春（2017）发现生产率高、资本密集、规模大、研发密度高且流动资本比重大的中国企业更有可能发起跨境并购。刘晓宁（2019）的研究证实，随着企业生产率、资本密集度的提升，企业发起跨境并购的概率提高。蒋冠宏和曾靓（2020）的研究发现，融资约束小的企业更倾向于发起跨境并购。

第二节　跨境并购溢价的相关文献

跨境并购溢价是指主并企业在跨境并购过程中为目标企业支付的交易价格与目标企业本身的内在价值（跨境并购公告前的目标企业的市场价值）之间差额的百分比。Varaiya（1987）的研究认为，企业的并购溢价主要来自三个方面。（1）预期并购收益的可实现性。预期收益包含目标企业价值被低估的部分和被并购后因协同效应而形成的协同收益。如果主并企业认为目标企业在并购后可以带来比较高的预期收益，那么主并企业支付的并购溢价较高。（2）目标企业价值的低估。由于存在信息不对称，市场对目标企业的价格认定不能完全反映企业的价值。如果主并企业有足够的信息和理由认为目标企业的价值被低估，则会支付更高的并购溢价。（3）控制权丧失的弥补。在跨境并购过程中，目标企业可能会失去对企业的控制权，主并企业为了弥补目标企业因并购而丧失的控制权的价值，会支付一定的并购溢价。总的来说，跨境并购溢价是企业为获取预期并购收益、低估价值和因控制权而愿意支付的交易成本之和，预期并购收益越大、企业价值被低估程度越大、控制权转移的私有收益越大，主并企业愿意支付的并购溢价便越高。但溢价有合理的区间，经济学家提出比较合理的预期超额收益率为 25% ~ 35%。尽管较高的并购溢价有助于提高并购成功的可能性，但也可能导致后续经营的资金紧张，甚至影响到并购后的公司绩效。

在跨境并购过程中，并购价格的确定是最为复杂、最为关键的内容，并购定价直接关系到交易的效率和效果，成为并购决策的核心内容。国内外学者对跨境并购溢价影响因素的探讨，由宏观到微观主要从国家层面、行业层面以及公司层面展开。

一　国家层面因素

对于国家层面因素的考察，现有研究主要从投资者保护程度、国家腐败、制度差异、政治壁垒、国家层面的风险观念以及资本市场信息等角度展开。

（一）投资者保护程度

法与金融理论认为，投资者保护会降低资本成本、加剧并购竞标者间的竞争，最终抬高中标者的价格，或者并购方为避免股权分散型目标企业小股东的"搭便车"行为而愿意支付更高溢价（Rossi and Volpin，2004；John et al.，2010）。Rossi 和 Volpin（2004）以目标企业所在国家投资者保护程度指数作为解释变量，考察了不同国家制度因素对企业跨境并购溢价的影响，发现目标国家的投资者保护越完善，并购溢价率就越高。Bris 和 Cabolis（2008）以 39 个国家的 506 笔并购交易为样本，发现主并企业所在国家的投资者保护程度越高，会计准则越完善，相较于国内并购而言，跨境并购的溢价越高。

（二）国家腐败

腐败的一个显著特征是它的"锁定"效应。由于相互谴责的威胁一直存在，合伙人甚至在交易之后也会被绑在一起。因此，腐败提高了市场的准入和退出壁垒，抑制了内部交易，并增强了当地合作伙伴的重要性（Lambsdorff，2002）。随着腐败提高进入壁垒，目标企业的相对重要性和议价能力也可能增强。因此，目标企业预期的并购溢价会较高。Weitzel 和 Berns（2006）同时考察了国内外并购事件，发现被并购方所在国家的腐败程度与并购溢价率呈显著负相关。

（三）制度差异

"制度"通常被定义为"游戏"的规则，它对企业的行为具有重要的影响。North（1990）指出，制度与技术共同决定了交易方式与交易成本，进而决定了经济活动的收益与可靠性。Zhang 等（2011）从制度层面探讨了中国企业跨境并购的影响因素，发现目标企业所在国家的制度环境越差，所属行业与当地的公共安全越相关，该并购事件顺利完成的可能性就越低，支付的并购溢价越高。于成永和滕颖（2015）的研究证实，目标方所在地与并购方所在地的制度差异与并购溢价显著正相关。范建红和陈怀超（2015）的研究也证实，并购双方所在国的制度差异会对并购溢价产生重要影响。江珊等（2016）的研究也指出文化距离和制度距离均与跨境并购溢价正相关。

（四）政治壁垒

从利益相关者视角看，随着东道国政府反对外资并购的政治壁垒的出现，跨境并购成功率下降，并购方的并购成本大幅提高，目标企业能获得的预期溢价会降低（蒋丽娜等，2011）。Wan 和 Wong（2009）以中海油并购美国石油生产商失败的案例为背景，采用事件分析法研究了政治壁垒对并购溢价的影响，发现随着政府反对外资并购的政治壁垒的出现，主并企业的并购成本大幅提高，目标企业获得的预期溢价有所降低。

（五）国家层面的风险观念

国家层面的风险观念差异是不同国家的人对待风险的一种偏见。这一偏见会使不同国家的被并购方和主并方对并购定价产生不同的看法，这就导致了并购溢价在不同国家间的差别。Harris 和 Ravenscraft（1991）对 1273 笔目标企业对美国企业的并购进行研究，发现跨境并购相较于国内并购的溢价较高，原因可能是跨境并购的主并方认为美国风险较小，出价过于积极。温日光（2015）对国家层面的风险观念对并购定价的影响进行考察，发现目标企业所在国的权力距离、不确定性规避程度、集体主义倾向及总体风险规避程度都与跨境并购溢价显著负相关。

（六）资本市场信息

早期研究认为，信息不对称阻碍了企业并购，使并购失去吸引力。在尽职调查过程中，信息不对称也造成了高昂的调查成本。因此，由于这种高度的信息不对称，并购方要么不进行并购，要么在进行并购时不愿意支付较高的溢价。但 Williamson（1975）认为，在信息高度不对称的环境下，监控目标企业的运营、防止目标企业管理层的机会主义行为的成本较高。主并企业为了控制目标企业以及得到目标企业的私有信息，会不得不支付较高的溢价。Zhu（2009）对 20 个新兴市场国家 17 年来的 3156 笔国内并购和跨境并购进行研究，发现资本市场信息不对称程度越大，主并企业支付的并购溢价越高。Li（2009）以 1985～2006 年 1612 笔被并购方为上市公司的并购交易为研究样本，也证实信息不对称程度与主并方支付的并购溢价显著正相关。

二　行业层面因素

对于行业层面因素与跨境并购溢价之间关系的讨论，现有学者给予的关注度不高，只有少量文献对跨境并购溢价的行业影响因素进行了研究。Laamanen（2007）的研究发现，如果目标企业是技术密集型企业，那么并购溢价会显著提高。孙淑伟等（2017）以中国上市公司的跨境并购交易为样本，考察了目标企业行业敏感性对跨境并购溢价的影响，研究发现，若目标企业属于敏感性行业，则并购溢价更高。孙翔宇等（2019）的研究也证实了这一观点，认为中国企业并购境外敏感性行业的目标企业时，支付的并购溢价更高。

三 公司层面因素

现有关于公司层面因素对跨境并购溢价影响的文献主要从企业所有权性质、管理层特征等方面展开。

（一）企业所有权性质

相较于民营企业，国有企业的跨境并购具有鲜明的经济与政治共生性，其特殊的"身份标签"导致其在跨境并购过程中会遭受更大的"外来者劣势"，认知合法性问题产生的歧视成本和关系成本更大（Cui and Jiang，2012），从而导致国有企业进入海外市场的壁垒更高。当跨境并购的进入壁垒较高时，提高并购价格便成为重要的谈判技巧。Bargeron 等（2008）的研究发现，私人并购公众公司所支付的平均溢价为35.02%，低于公共并购者（46.5%），这说明股权性质是影响并购溢价的原因之一。孙淑伟等（2017）的研究发现，从政府干预和并购激励的角度来看，国有企业的跨国并购定价能力较弱，支付的溢价更高。同时，江珊等（2016）的研究也发现，国有股权性质显著正向调节文化距离和制度距离与并购溢价的相关关系。孙翔宇等（2019）的研究也证实，国有企业的跨境并购溢价更高。

（二）管理层特征

并购防御战略认为，由于目标企业的股东担心公司控制权转移、管理层担心自己的前途和地位，他们会采取抵制策略来影响并购溢价。Comment 和 Schwert（1995）以目标企业为研究对象，发现目标企业实施的"毒丸计划"会提高并购溢价。Cotter 等（1997）考察了独立董事在并购中的作用，发现独立董事占董事会比例较高的目标企业如果实施了"毒丸计划",则主并企业支付的溢价较高。

企业管理层作为跨境并购的决策和实施主体,其特征会对企业跨境并购溢价产生影响。Hayward 和 Hambrick(1997)以 106 笔并购交易为研究样本,考察了 CEO 过度自信对并购溢价的影响,发现并购溢价与 CEO 过度自信显著正相关。Beckman 和 Haunschild(2002)以美国上市公司的跨境并购交易为样本,研究发现,如果公司的合伙人拥有丰富且多样化的并购经验,那么他们更有可能支付较低的并购溢价。Sokolyk(2011)的研究发现,对管理层的补偿计划会导致更高的并购溢价。

(三)其他方面

除企业所有权性质、管理层特征外,企业在跨境并购过程中的咨询费用、解约费用也会对跨境并购溢价产生影响。Chahine 和 Ismail(2009)发现,目标企业咨询费用与并购溢价正相关,而主并方的咨询费用与并购溢价负相关,且主并方相对于目标企业的咨询费用越高,相对的并购溢价越低。Officer(2003)发现并购合同中的解约费用会提高并购溢价。Bessler 等(2015)的研究指出,解约费用在有效减少竞争的同时会增加并购的成功率。主并方可能会为了避免支付高额的解约费用而愿意支付更高的溢价。

第三节　跨境并购绩效的相关文献

跨境并购是企业战略推进和重塑边界的重要工具,跨境并购能否为企业创造价值已成为学术界关注的热点。国内外学者对跨境并购绩效的影响因素进行了深入的研究,本节将从国家层面、行业层面、交易层面及企业层面分别阐述各类因素对企业跨境并购绩效的影响。

一　国家层面因素

在跨境并购中,国家层面的因素差异会对并购结果产生不同的影响。

在国家层面，本部分主要从经济环境特征（经济发展水平、汇率等）、正式制度（政治、产权保护、会计准则、税收制度等）、非正式制度（文化差异）和地理因素四个方面探讨其对企业跨境并购绩效的影响。

（一）经济环境特征

跨境并购是一项高风险的战略活动，可能由于国家经济环境的变化、制度政策的变化使并购后的企业经营陷入困境，影响并购绩效。经济环境是对一国经济发展程度的反映，通常用 GDP 及其增长率、GNP 或发达国家和欠发达国家等来衡量。一般来说，国家经济实力越强，经济发展速度越快，国际收支状况越好，通货膨胀率越低，该国的投资环境就越好，选择这些国家的企业进行并购或者这些国家的企业开展的并购所获得的绩效也越高（Arslan and Dikova，2015）。

众多研究表明，无论是新兴市场还是发达国家市场的跨境并购，当目标企业所在国家的经济发展程度较高时，不仅主并企业的并购收益较高（Francis et al.，2008；Gubbi et al.，2010；Nicholson and Salaber，2013），目标企业也会取得较高的收益（Kiymaz，2004）。田海峰等（2015）的研究指出，东道国经济自由化程度与中国上市公司跨境并购绩效正相关。胡杰武和韩丽（2017）以并购双方国家的 GDP、CPI 等经济指标作为研究视角，发现东道国的 GDP 会影响主并企业的并购绩效，GDP 越高，则主并企业的并购绩效越高；东道国的 CPI 越高，主并企业的并购绩效越低，表明东道国的经济环境显著影响企业的跨境并购绩效。

除此之外，也有学者关注汇率、经济水平对跨境并购绩效的影响。Kang（1993）考察了日本对美国的跨境并购，发现汇率能够在很大程度上解释跨国并购绩效的变化：随着美元的贬值，并购方的借款增加，购买力增强，目标企业绩效和并购双方的组合绩效都会增加。Harris 和 Ravenscraft（1991）考察了美国的跨境并购交易，发现美元越强势，对美国收购者来说收益就越大。Markides 和 Ittner（1994）对美国 276 起跨境并购进行研究，发现并购方绩效与美元币值强度正相关。

（二）正式制度

制度是组织为实现生存的合法性所需遵循的惯例，包括管制、规范和认知三个维度（Scott，1995）。在跨境并购中，交易双方处于不同的国家，母国和东道国在不同维度的差异，会直接或间接地影响企业跨境并购绩效（Gubbi et al.，2010；Du and Boateng，2015）。阎大颖（2009）的研究发现，在中国企业的跨境并购交易中，东道国正式制度对并购绩效具有正向影响。李进龙等（2012）的研究发现，在制度环境复杂的国家的企业并购绩效比较好。除了制度差异带来的影响，主并企业还可能遭受目标企业所在国家政治上的敌意，这会给国内没有参与并购的同行业企业带来消极影响（Wan and Wong，2009）。

在制度机制研究中，相关学者关注度最高的是产权保护程度、会计准则对跨境并购的影响。Pablo（2013）的研究发现，由于市场的不完备性与标的方股价存在正向关系，当并购方在产权保护程度较低的国家进行投资时，能获得积极的收益。Bris 和 Cabolis（2008）的研究指出，当目标企业的产权保护程度较高时，目标企业的并购绩效相对较差。Martynova 和 Renneboog（2008）、John 等（2010）也证实了这一点。在会计准则差异对企业跨境并购绩效影响的研究中，长期绩效与短期绩效受影响的程度不同。基于短期绩效的研究，Bris 和 Cabolis（2008）认为会计准则的差异对并购绩效的影响关键在于并购方：公司层面制度水平的提高（尤其是会计准则方面）对企业价值创造有积极的作用。

企业的经营活动受税收的影响很大，而企业的跨境并购绩效是否受税收因素的影响呢？近年来有关税收因素对跨境并购绩效影响的研究并不多，通常将税率作为控制变量，辅助说明其他因素对绩效的作用。但在跨境并购过程中，税率是一个不可回避的问题。早期的研究表明，税收法规或其他税收变量与并购绩效无显著关系（Harris and Ravenscraft，1991；Kang，1993；Markides and Ittner，1994）。然而，Manzon 等（1994）的研究证实，美国国内税收法规既会给跨境并购的企业带来额外的收益，也会增加其成本。当企业使用其国际金融网络进行有效的避税活动时，即使在高税率国家，企业也能够获得额外的税后收益。

此外，制度距离的大小也会影响企业跨境并购绩效。Martynova 和 Renneboog（2008）的研究发现，并购双方的制度距离与跨境并购绩效正相关。Rossi 和 Volpin（2004）的研究也得出了相同的结论。但也有研究指出，较大的制度距离会导致并购双方在组织职能、惯例和实践方面存在差异，阻碍并购的有效整合，从而降低企业跨境并购绩效。李强（2015）的研究发现，正式制度距离与跨境并购长期绩效显著负相关。可以看出，针对制度因素是否以及如何影响企业跨境并购绩效，现有研究尚未达成共识。

（三）非正式制度

文化差异作为非正式制度的主要体现，是影响跨境并购绩效的重要因素，通常被认为会引发并购双方之间的文化冲突，降低员工的投入与合作水平，导致目标公司员工变动，加大并购完成后的整合难度，影响知识吸收转化效果，它是并购成功率低的最常见原因之一（Bijlsma-Frankema，2001；Reus and Lamont，2009；Vaara et al.，2012）。孙淑伟等（2017）的研究证实，中国与目标企业所在国的文化差异越大，跨境并购后所创造的价值就越低，而且，文化差异可以通过降低生产效率、研发产出和获取税收优惠来影响企业跨境并购的价值创造。但也有经验证据表明，文化差异对协同效应和潜在利益的实现以及价值创造有很大的积极影响（Teerikangas and Very，2006；Chakrabarti et al.，2009）。林季红和刘莹（2013）的研究证实，尽管巨大的文化差异会影响并购后的整合难度，但主并方可以从中学习先进的管理理念和技术，从而提高跨境并购绩效。可见，文化差异对跨境并购绩效的影响仍然是不清晰的。除了文化差异之外，语言、宗教信仰的差异也会影响企业跨境并购绩效。Ahern 和 Dittmar（2012）的研究指出，当并购双方有相同的语言背景时，跨境并购的收益较高。危平和唐慧泉（2016）的研究

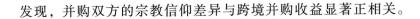

发现，并购双方的宗教信仰差异与跨境并购收益显著正相关。

（四）地理因素

禀赋观认为，地理因素会影响国家的经济和制度发展（Beck and Davidson，2001），进而影响企业跨境并购绩效。地理距离一般是用东道国首都和母国首都之间的距离来衡量（Dutta et al.，2013），通常作为控制变量引入。地理距离较小往往被视为促进并购双方频繁沟通交流、密切联系以实现知识、资源共享的利好因素（Haspeslagh and Jemison，1991）。洪进等（2017）的研究发现，地理距离对并购后企业绩效具有负向影响。不过，Chakrabarti 和 Mitchell（2016）的研究指出，有价值的资源往往与公司当前的位置距离较远。Deng 和 Yang（2015）的研究发现，新兴国家的企业通过跨境并购寻求自然资源时，较远的地理距离对资源交易的风险影响不显著。但刘飈和李元旭（2016）的研究指出，地理距离给主并企业带来的异质技术、战略资源和资产优势多于信息不对称风险，地理距离对跨境并购绩效具有显著的积极影响。

二 行业层面因素

在行业层面，国内外学者主要关注行业特征和行业相关度对企业跨境并购绩效的影响。并购双方的行业背景会对并购绩效产生不同的影响。Nicholson 和 Salaber（2013）对中国企业和印度企业的跨境并购案例进行研究，发现中国企业在制造业的跨境并购会得到更高的绩效；而印度企业在服务业的跨境并购绩效更好。因此，中国和印度并购企业的所有者认识到，在具有竞争优势的产业中，并购绩效相对较高。但这一研究仅局限于中国和印度两个发展中国家的案例，在其他国家或地区是否成立有待进一步探索。

Harris 和 Ravenscraft（1991）发现，在所有跨境并购案例中，有四分之三的并购与产业相关。根据效率理论，若并购双方行业具有高度交叉性，则规模经济效应明显，双方能够实现协同效应。根据组织资本理论，行业相关程度高的并购更容易实现行业内专属管理能力向目标企业的转移，从而提高并购绩效。Markides 和 Ittner（1994）的研究指出，当跨境并购发生在相关产业时，并购双方都能获得更高的收益。Kiymaz（2004）及 Kallunki 等（2018）的研究也证实了这一点。而非相关并购的典型动机在于创建现金流不完全相关的业务组合，获取范围经济收益，降低企业经营风险，提高承受逆境的能力。

三 交易层面因素

交易过程作为企业跨境并购活动中的关键步骤，它所涉及的每一个环节都可能对企业跨境并购绩效产生影响。对于跨境并购企业来说，何时进行并购、如何选择目标企业、如何支付等都会决定并购后的绩效。因此，本部分从进入特征、目标企业类型、支付方式、交易规模、收购股权比例、整合特征六个方面对影响跨境并购绩效的交易层面的研究进行梳理。

（一）进入特征

在企业跨境并购的过程中，何时发起跨境并购取决于对目标企业成熟度和收购频率的拿捏程度，这两个因素会影响企业的跨境并购绩效。在管理实践中，跨境并购是一个双向的过程，主并企业不仅要判断评估目标企业的经营情况，还要结合企业自身的发展需要，选择合适的目标企业在适当的时机进行并购工作。Gielens 和 Dekimpe（2001）的研究发现，并购进入时间越早，企业越能够获取"先动优势"，并购绩效也越好。Halevi 等（2015）从主并企业的视角，考察了合适的并购时机对企业并购绩效的影响，他们发现偏离目标企业成熟度将会造成回报减少，且偏差越大，目标企业获得的回报就会越低。

（二）目标企业类型

关于目标企业是否为上市企业对企业跨境并购绩效的影响研究较少。

Draper 和 Paudyal（2008）认为，相较于非上市企业，上市企业所披露的资料更加详细，并购双方之间的信息不对称程度相对较低，当目标企业为上市企业时，主并企业的并购收益较高。然而，也有学者发现，当目标企业为上市企业时，并购方的收益会降低，这被称为"上市效应"（Faccio et al.，2016；John et al.，2010）。也就是说，有些主并企业是为了获取目标企业的上市地位，通过"借壳上市"获取更多的融资及其他资源。不过现有研究对于"上市效应"的形成机制和作用机理还未能进行完善的诠释。

（三）支付方式

企业跨境并购的支付方式主要有现金支付、股票支付及混合支付等。不同的支付方式对企业跨境并购绩效的影响不同。Ekkayokkaya 等（2009）的研究发现，相较于股票支付方式，企业采用现金支付方式的跨境并购收益更高。Martynova 和 Renneboog（2011）的研究证实，现金支付方式至少不会损害并购方企业的利益，而股票支付方式会对企业的并购绩效产生不利影响。但也有学者的研究表明，支付方式对企业的跨境并购绩效无显著影响（Healy et al.，1997）。除了股票支付和现金支付外，并购企业也会采用混合支付方式。Draper 和 Paudyal（2008）的研究指出，相较于股票支付，当主并企业采用混合支付或者现金支付时，主并企业的并购收益较高。此外，在高技术行业或服务业，具有丰富国际经验的企业在跨境并购过程中还会采用挣值支付。Kohli 和 Mann（2013）考察了现金支付、股票支付和挣值支付三种支付方式对企业跨境并购短期绩效的影响，发现主并企业仅仅在挣值支付和现金支付两种支付方式下有正向的收益，且挣值支付比现金支付更能给主并企业带来收益。挣值支付降低了并购双方的风险和不确定性，但在目前的并购活动中运用较少。

（四）交易规模

跨境并购交易规模的大小也会影响企业跨境并购绩效。现有研究通常用跨境并购的交易金额衡量并购的规模。Draper 和 Paudyal（2008）考察了英国企业跨境并购交易规模对并购收益的影响，发现企业的跨境并购交易规模与收益呈负相关关系，随着跨境并购交易规模的扩大，企业的跨境并购收益会减少。但也有学者得到相反的结论，Gubbi 等（2010）对印度的跨境并购交易进行考察，发现当并购涉及较大的交易规模时，企业会获得较高的收益。

（五）收购股权比例

收购股权比例是指主并企业在收购目标企业时获得的股权大小。较高的收购比例意味着主并企业对目标企业的控制程度较高，在企业进行决策时，受到的阻碍较小，跨境并购后的整合就会更加顺利，进而并购绩效会越好。Faccio 等（2016）的研究发现，在跨境并购过程中，当主并企业的收购比例较大时，主并企业的并购绩效会更好。Aybar 和 Fici-ci（2009）、Chari 等（2007）的研究也得出了相同的结论，即主并企业的收购比例越大，并购的绩效越好。

（六）整合特征

并购后的整合是影响企业绩效的重要因素（Graebner，2004），尤其是跨境并购后的整合阶段，其复杂和困难程度远超国内并购。现有文献主要从整合速度、整合程度对企业跨境并购绩效的影响进行了研究。Vester（2002）的研究指出，并购的整合速度是影响企业绩效的关键因素。但 Angwin（2004）的研究发现，整合速度和企业绩效之间不存在直接的联系，快速的整合在带来组织架构创新、员工情绪稳定的优势的同时也会增加企业额外的成本。Slangen 和 Hennart（2008）考察了整合程度对企业跨境并购绩效的影响，发现当整合程度较高时，目标企业所面临的内外部成本均会增加，从而不利于并购后的绩效提升。

四　企业层面因素

在跨境并购中，除了国家层面、行业层面以及交易层面的各因素会对企业的跨境并购绩效产生影响外，企业自身的禀赋差异也会影响跨境并购绩效。在企业层面，本部分从企业规模、企业扩张经验、公司治理、并购前绩效四个方面对影响跨境并购绩效的研究进行梳理。

（一）企业规模

企业规模的大小是其实施跨境并购的支撑条件。因此，企业规模的大小将会影响企业的跨境并购绩效。现有关于企业规模对跨境并购绩效影响的研究观点主要分为两种：一种认为，大规模企业开展的跨境并购收益较差（Moeller et al.，2004；Faccio et al.，2016；Francis et al.，2008），中小规模企业的跨境并购收益较好（Ekkayokkaya et al.，2009；Kohli and Mann，2013）；另一种认为，相较于中小规模企业，大规模企业的成本优势较大，在跨境并购浪潮中更有可能具有先动优势（Popli and Sinha，2014），从而能在跨境并购活动中获得更高的经济效益。陈泽等（2012）考察了中国企业的跨境并购，研究指出，并购双方的企业规模与并购绩效显著正相关。

（二）企业扩张经验

由企业经验形成的组织实践是企业竞争优势的来源（Shaver et al.，1997），企业可以从过去的经验中吸收知识并加以运用，企业的跨境扩张经验也可能是影响企业跨境并购绩效的重要因素。Markides 和 Ittner（1994）的研究发现，主并企业的国际化经验越多，其跨境并购的收益越高。Barkema 和 Drogendijk（2007）以荷兰企业的并购交易为对象，指出荷兰企业的一般国际经验提升了未来扩张绩效，因为这些海外运营经验可以发展出新方法应对海外环境和文化挑战。阎大颖（2009）对中国的跨境并购交易进行研究，发现跨国企业在陌生海外环境更容易遭遇并购失败，综合国际经验可以更了解当地情况，降低遭遇挫折的风险，从而提升企业跨境并购绩效。吴先明和杨兴锐（2014）指出，跨境并购经验对并购价值具有显著正向影响。

尽管上述经验会使企业更加熟悉海外市场，有助于跨境并购的顺利实施，但不同企业的吸收能力和学习能力不同，从过去的经验中获取的知识也不同，导致扩张经验对企业跨境并购绩效的影响也不同。Meschi和Métais（2013）认为，更多的并购经验意味着企业的并购比较频繁，在资源总量一定的情况下，将限制每一个并购案例的资源投入，而且只有中期的并购经验能够显著影响跨境并购绩效。

（三）公司治理

公司治理的好坏会影响企业跨境并购决策的质量，从而会对企业跨境并购绩效产生影响。在公司治理机制对并购绩效的影响研究中，现有研究主要从企业所有权特征、管理水平及管理层特征等方面出发，探讨公司治理对企业跨境并购绩效的影响。

国有企业的"特殊身份"，使其跨境并购决策往往被认为是政府为实现政治目的而做出的（Ramasamy et al.，2012），国有企业的跨境并购在享有"身份"红利的同时也使其在境外市场面临更大的外部阻碍。Chen和Young（2010）的研究发现，国有企业开展跨境并购活动更多是受政策驱动而非利润驱动，国有企业跨境并购的收益比民营企业低。但也有人持相反观点，樊秀峰和李稳（2014）的研究发现，国有企业在规模、人才、资本、政府支持及后期整合方面占有优势，相较于民营企业，国有企业的跨境并购绩效更好。

公司管理水平的提高有助于行业市场价值的提升，但Bris和Cabolis（2008）的研究发现，为获取战略性资产的主并企业并不会因为收购了管理水平较差的目标企业而损失价值。Martynova和Renneboog（2008）的研究也证实，如果主并企业的管理水平低于目标企业，那么主并企业可以通过学习效应来提高跨境并购绩效。

除了公司的股权性质、管理水平之外，管理层特征也会影响企业跨境并购绩效。董事会作为企业跨境并购战略的决策和实施控制部门，高管作为跨境并购战略的执行部门，其特征和行为会与企业跨境并购绩效息息相关。Hambrick 和 Mason（1984）的研究发现，并购双方高管团队在年龄、性别、民族及任期等方面的差异越小，并购企业的绩效越好。余鹏翼和王满四（2014）以中国企业的跨境并购事件为样本，考察了并购双方的文化差异对跨境并购绩效的影响，也得出了相同的结论，即并购双方的文化差异越小，目标企业的绩效越好。关于董事特征，Masulis 等（2012）考察了国外独立董事对并购的作用，研究发现，国外独立董事可以显著提升企业并购绩效和所有者权益。刘柏和梁超（2017）基于行为财务理论，分析了董事会过度自信对企业跨境并购绩效的影响，研究指出，董事会的过度自信显著负向地影响企业跨境并购绩效。

（四）并购前绩效

企业在跨境并购前的绩效往往反映了该企业的经营能力和管理能力，并购前绩效相对较好的企业通常能够在并购后的整合阶段对目标企业进行更好的管理，有利于促进知识转移和协同效应的产生。Hitt 等（1997）的研究证实，企业并购前的绩效越好，跨境并购收益越高。但也有人持相反观点，Markides 和 Ittner（1994）的研究认为，在跨境并购中，企业的盈利能力和并购绩效是负相关的。关于并购前绩效对跨境并购后绩效的影响和作用机制，尚未得出统一的结论。

第四节　本章小结

本章通过对国内外关于跨境并购发起、跨境并购溢价及跨境并购绩效影响因素的研究进行系统梳理与总结，可以获得如下启示。

第一，目前学术界对跨境并购的关注忽略了董事的海归背景这一特质。现有跨境并购的研究，学者们更多关注宏观层面及微观层面的客观因素，虽然制度差异、政治关系、文化差距、地理距离、行业特征等因素会对企业跨境并购产生影响，但这些因素对企业来说都是"既定"的约束，企业更多的是被动接受。董事会作为企业跨境并购的决策和实施控制部门，其能否有效发挥职能将对企业跨境并购产生直接影响。而董事的个人特质和能力决定了其能否高效率地履行职责。具有海归背景的人才进入董事会，有助于董事会职能的有效发挥，但海归董事能否以及如何影响企业的跨境并购，目前尚未有文献进行深入系统的研究。

第二，现有跨境并购研究主要集中于并购后的绩效、并购动机及并购成败影响因素以及跨境并购这一行为的经济后果等方面，通常只关注跨境并购的某一特定时段或者与国内并购的比较，而鲜有研究从同一个视角研究其对不同跨境并购阶段行为的影响。事实上，跨境并购不是一项单纯的投资或融资活动，而是一项集投资、整合、生产、经营增值于一体的复杂系统工程。从最初跨境并购的发起到并购过程中交易价格的确定以及并购完成后的整合，其中任何一个环节出现差池，都可能前功尽弃。因此，只有从一个视角对跨境并购不同阶段的行为进行全面深入的考察，才能更加深刻准确地理解企业的跨境并购。

第三，对企业跨境并购的研究不能忽视我国新兴市场的特点。现有对跨境并购的研究主要以发达国家企业为研究对象，对新兴市场企业海外并购进行研究的文献相对较少（Chari and Chang，2009；Bhagat et al.，2011）。西方的研究成果和经验固然值得借鉴，但某些方法和结论不一定适合中国企业的跨境并购。大量文献表明，新兴市场企业与发达国家企业在国际化策略上存在很大不同（Buckley et al.，2007；Zhang et al.，2011）。因此，在分析新兴市场企业跨境并购时须考虑其特殊性（Child and Rodrigues，2005；Buckley et al.，2008；Deng et al.，2013），不能完全照搬发达国家企业的经验和理论。对于中国而言，反向资本输出的势头已经越来越迅猛，中国企业正在大踏步地"走出去"，但相应的研究却跟不上企业的步伐，目前国内缺乏对企业跨境并购进行系统、全面、深入的理论分析和实证研究。

第四章　海归董事对企业跨境并购影响的理论分析

本章详细介绍了高阶理论、资源依赖理论及委托代理理论的发展，并且结合研究主题阐述相关基础理论在海归董事和企业跨境并购（跨境并购发起、跨境并购溢价及跨境并购绩效）中的应用与拓展。

第一节　高阶理论

传统的战略理论以经济理性为基石，将企业的决策者抽象为一种具有完全理性且同质的经济因素并纳入经济学的分析框架中，把企业战略选择和决策过程理解为追求效能最优化的纯粹的经济技术过程。然而，关于企业决策者的经济人假设并不符合企业战略的具体决策过程。事实上，任何进行复杂决策的决策者都要受到有限理性和众多影响因素的约束。企业战略决策是一个复杂的过程。首先，决策环境的复杂性。决策环境并非静态的，而是充斥着庞杂信息，企业的决策者不可能全面、客观地理解和把握决策环境。其次，企业战略决策过程并不只是受到如产业结构、定价策略、竞争动态性等纯粹的经济技术因素的影响，还会受决策者自身众多行为因素的制约，决策者的选择不一定符合所谓的经济理性和最优化标准。基于行为理论，企业对于战略选择的决策在很大程度上反映了决策者的认知基础和价值观。决策者作为联结企业内外部的节点，其认知和价值观将通过过滤和扭曲决策者对内外部情境信息的认知来影响决策者的战略选择。在此基础上，Hambrick 和 Mason（1984）

基于有限理性的假设，将企业高管的个人特质、企业战略选择和绩效整合到高阶理论的研究框架中，突出了高管人口统计学特征所表征的认知模式对企业战略选择的重要影响，以及企业高管通过战略选择来影响企业绩效的关键作用。

高阶理论核心思想的内在逻辑就是：企业高管的个人特质（阅历、价值观和个性等）决定了他们对企业经营环境的分析倾向，也决定了他们对企业战略的选择，进而通过战略选择极大地影响企业绩效。高阶理论的主要观点有三个。第一，企业的高管团队（TMT）特征能够部分反映企业所处的客观环境，企业面临的客观环境也会影响高管团队的特征，企业的客观环境和高管团队特征共同影响企业的战略选择，而企业绩效则是客观环境、高管特征及战略选择共同作用的结果。具体来讲，企业具体的决策过程要受到高管有限理性和多种行为因素的制约，是按照一定顺序发生的认知过程（Hambrick，2007）。第二，企业高管的人口特征（年龄、性别、职业背景、教育水平、任期等）可以有效解释和预测企业的管理结果。由于高管心理指标难以测度，尽管与个人特质相关的人口统计学特征并不能全面准确地反映企业高管的认知模式和心理特征，但高管人口统计学特征与企业管理结果之间的显著关系已经得到了广泛的实证研究的支持。第三，相较于高管个体，高管团队的整体人口统计学特征对企业战略选择及绩效具有更强的理论解释力和预测力。高阶理论的原模型如图4.1所示。

尽管自 Hambrick 和 Mason（1984）提出高阶理论以来，众多学者以此为基础展开了研究，涌现了大量的科研成果。但理论界对它的质疑也一直存在。Hambrick（2007）也指出了该模型存在的缺陷。首先，虽然用人口统计学特征代替心理结构变量易于度量、评价和实证检验，但其结果总是不尽如人意，且尚未考虑"过程"变量的影响，并没有真正打开企业运作的"黑匣子"，使得研究结论存在诸多自相矛盾的地方。其次，在该模型中，只对高管人员特征进行了研究，而忽视了董事会成员、顾问、行业协会等人员的特征对企业战略选择及绩效的影响。

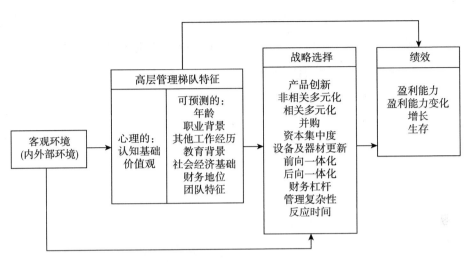

图4.1 Hambrick 和 Mason（1984）的高阶理论原模型

针对这些问题，学者们开始关注高管团队影响企业绩效的内在过程以及高管以外的其他管理人员的影响，并提出了高阶理论的修正模型。

Hambrick 于 1994 年第一次修正了高阶理论模型，将影响高管团队运作模式的主要因素概括为构成、结构、过程与激励。1996 年，他做了进一步的规范性描述，将高管团队的运作过程划分为组成、过程和结构三个要素。其中，高管团队的组成主要指高管团队成员的年龄、行为、教育背景、任期、职业背景等人口统计学特征；高管团队的过程则指的是包括高管团队成员之间的沟通、冲突管理、信息共享及协作等行为在内的运作流程；高管团队的结构则主要是高管团队不同成员之间的职权结构（Hambrick et al.，1996）。Hayward 和 Hambrick（1997）提出了"行为整合"的概念，认为高管团队运行的关键在于成员之间的信息交流、合作及共同决策。影响高管团队实现行为整合的因素主要来源于企业（如企业规模、发展阶段等）、高管团队特征（如平均年龄、任期等人口统计学特征）、高管个人特征（如性别、教育水平等）三个方面。企业特征、高管团队特征及高管个人特征三方面的因素共同作用于高管团队的运行过程，并通过影响企业的战略选择来影响企业的绩效。

此后，Carpenter 等（2004）引入委托代理理论，对高阶理论进行再次修正，并提出了"多理论整合模型"。该模型具有以下特点：第一，完善高管认知基础和价值观的衡量变量，将能够直接影响高管团队运作的认知基础和价值观的相关概念引入模型中；第二，对前置因素外部环境和内部环境进行了细分，并将外部环境和内部环境作为中介变量或调节变量引入高管团队运行过程的研究之中；第三，将影响高管认知模式的自由裁量权、权力配置、激励等情景因素作为中介变量或调节变量引入模型中，进一步完善了高阶理论的模型框架；第四，从财务、市场、社会和创新四个方面丰富了企业绩效的内涵，引入了董事会成员等公司治理结构方面的因素，并首次将前置因素和企业绩效之间的关系看作一种相互影响的循环关系，实现了理论上的突破，提高了模型的预测力，并使之更符合企业实际的战略决策过程。多理论整合模型示意如图4.2所示。

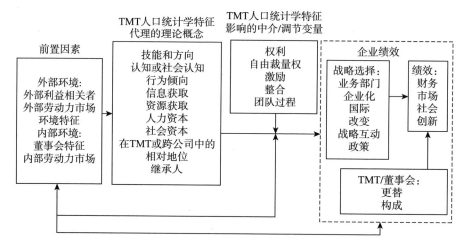

图 4.2 Carpenter 等（2004）的多理论整合模型

企业高管的人口统计学特征、所隐含的认知模式之所以与企业战略决策和企业管理结果呈现显著的相关性，是因为企业高管对企业战略决策和整体运营过程拥有强大的控制力和影响力。同理，董事会作为公司治理的核心，是企业权力结构的重要实体，其人口统计学特征对于企业战略选择和管理结果也会产生重要影响。跨境并购有助于企业实现快速扩张，获取所需资源，实现跳跃式发展，它是企业重要的战略行为之一。董事会作为跨境并购的决策和实施控制部门，董事的人口特征势必会对企业的跨境并购产生影响。以往研究从董事的性别（Levi et al.，2014）、职业背景（Cotter et al.，1997；Beckman and Haunschild，2002）及过度自信的心理特征（Hayward and Hambrick，1997；李诗田、邱伟年，2015；刘柏、梁超，2017）等方面对跨境并购的影响展开了研究，但尚未关注到董事的海归背景特征。海归董事的海外学习或工作经历使其经历了多重文化的冲击，其思维方式、认知能力与价值观念受到影响。在此背景下成长起来的董事具有全球化视野、国际化思维、更前沿的知识储备、先进的管理经验及跨国跨文化沟通的能力，可以"立足本地，放眼全球"（Sambharya，1996；Tung and Miller，1990），利用他们的海外经历建立本地关系网络和内部信息网络（Blomstermo et al.，2004），给企业带来海外市场的相关知识以及国际经营管理经验，帮助企业充分认识市场，深刻理解海外市场的经济、政治、技术和文化环境，从而帮助企业有效识别和发现跨境并购的机会和目标企业，促进企业跨境并购的发起，降低跨境并购溢价的支付，增强跨境并购的价值创造能力。因此，根据高阶理论，跨境并购作为企业的一种战略选择，董事的海归背景特征将不可避免地对企业跨境并购产生影响。

此外，高阶理论的内在逻辑是，企业高管的个人特质等同于它所形成的主体认知模式，认知模式在一定程度上因企业的战略选择和绩效而变化。然而，企业高管的人口特征只能在一定程度上反映其认知模式，事实上，认知模式是一个情境依赖性很强的变量，即在不同的管理情境下，具有类似个人特质和人口统计学特征的企业高管，其认知模式的作用形式也会存在较大差异。因此，只有明辨对企业高管认知模式产生重要影响的情境因素，才能够提高人口统计学特征解释企业战略选择和绩效变化的准确性（Finkelstein and Hambrick，1990）。同理，海归董事对企业跨境并购的影响作用的强弱也将受制于情境因素。

首先，现有文献基本上已证实，外部决策情境将会对微观企业行为产生深刻的影响（La Porta et al.，2000；周泽将等，2017）。公司外部环境主要包括宏观环境和微观环境，前者主要分为政治法律环境、经济环境、文化环境和技术环境。经济环境是指公司生存发展的社会经济状况以及国家颁布的经济政策，为所有宏观环境的发展提供保障和基础，经济环境将影响企业的方方面面，跨境并购也不例外。从历史上来看，经济环境对对外直接投资（包含跨境并购）市场有着重要的影响。例如，1997 年的亚洲金融危机，日本跨境并购的数量在遭遇国内经济泡沫破裂后有所下降；2008 年金融危机以来，发展中国家、新兴市场经济体成为跨境并购的主要战场和新势力。在经济全球化的背景下，任何企业都不是单独存在的个体，都会受到其所处的经济环境的影响。具体到中国的社会现实来说，不同地区之间的制度环境差异导致不同省份之间的经济发展不均衡，宏观环境和文化观念存在较大差异，这将对企业的行为产生影响（La Porta et al.，2000；Hitt and Xu，2016）。李平和许家云（2011）利用中国省级面板数据模型分析了海归人才对各地区技术进步的影响，发现海归人才的技术溢出效应显著，但在不同地区之间具有显著的差异性。基于此，我们在考察海归董事对企业跨境并购的影响时有必要引入地域差异这一决策情境。

其次，组织经济学与战略管理的相关研究认为，环境被看作战略决策的触发因素（Zajac et al.，2000），公司战略决策与其所处的市场环境紧密相关（徐虹等，2015）。当前，我国经济产能过剩、内需拉动不足，同时受到汇率波动与国际税收的影响，我国企业普遍面临着国内外市场竞争的双重压力。与此同时，市场竞争还作为一种较强的外部治理机制，将会影响海归董事与企业跨境并购之间的关系。因此，有必要进一步分析市场竞争程度对海归董事与企业跨境并购之间关系所产生的影响。

最后，除了外部的经济环境和产业环境会影响海归董事与企业跨境并购之间的关系外，企业内部的环境也会对二者之间的关系产生影响。在中国独特的制度背景下，股权结构是产权在微观企业的体现，亦是企

业的灵魂和基础。在企业层面，股权结构是公司治理问题的逻辑起点
（Becht et al., 2003），企业不同的股权性质将伴生不同的资源禀赋和治理
结构，最终影响着企业的微观行为和经营绩效（Alchian, 1965）。所有权
带来的委托代理问题以及国有企业的资源优势都可能导致海归董事在不
同产权类型企业中发挥的效用不尽相同。因此，在考察海归董事对企业
跨境并购的影响时有必要结合企业的股权性质进行分析。

第二节　资源依赖理论

组织与环境之间的关系一直是组织理论的主要研究内容之一。早期
的组织理论主要围绕组织成员的沟通、控制、激励及组织的内部规则等
方面展开研究，将组织视为一个封闭的系统，并不考虑外部的环境因素
可能给组织运行带来的影响。然而，任何组织都无法脱离外部环境而独
立存在，所有组织的生存都会受到外界环境的影响。20 世纪 60 年代，
学者们开始注意到环境对组织的影响，并进行了大量的探索性研究。直
到 1978 年，Pfeffer 和 Salancik 在综合早期资源依赖理论研究的基础上，
出版了《组织的外部控制》一书，标志着资源依赖理论逐渐成熟，自
此资源依赖理论成为组织理论和战略管理领域中最具影响力的理论之一
（Hillman et al., 2011）。资源依赖理论扎根于开放系统框架，解释外部
环境如何影响组织行为，突破了仅在组织内部探讨组织问题的研究局
限，革命性地将外部环境与组织发展联系起来，从而将组织理论研究从
封闭式系统模式引入开放模式时代。

资源依赖理论的主要内容如下。第一，组织存在于由其他组织共
同组成的环境之中，没有任何一个组织可以脱离其他组织而自给自足
地独立存在。外部环境中存在组织生存所需要的各种资源，如物质资
源、信息资源、财政资源等，为了生存与发展，所有组织都需要和外
部环境交换资源，而这种交换导致了组织与外部环境的相互依赖。第
二，组织的生存和未来发展能力受其对外部环境的依赖的影响。由于

组织对拥有资源的外部环境（其他组织）具有依赖性，具有资源的其他组织就获得一个相对权力，组织能否将其权力范围最大化直接决定了组织运营的结果。对任何一个组织来说，获取权力相当于在降低其对外部环境（其他组织）依赖程度的同时，提高其他组织对该组织的依赖性。第三，组织对外部环境（其他组织）的依赖会促使组织主动设计战略和改变行动来减小环境对组织的约束。相较于其他理论，资源依赖理论更强调组织对外部环境的适应性和参与性。组织不仅是外部环境的依赖者，也是环境的塑造者。组织在依赖外部环境的同时，也会积极主动地通过调整策略性行为或内部结构来削弱其他组织的优势，从而改变自身因对外部环境的依赖而引发的被动地位，降低对外界的过度依赖和由此带来的不确定性，并进一步改变组织间的相互依赖程度。

资源依赖理论的核心是探讨减少组织间的相互依赖及其对环境依赖的策略。随着资源依赖理论的不断发展，其在研究高管选聘（Arthaud-Day et al.，2006）、风险投资（王瀚轮、蔡莉，2011）、企业并购（杜健等，2020）及董事会（Kor and Misangyi，2008）等方面都有较多应用。尤其是关于董事会的研究，资源依赖理论在解释董事会行为方面得到了更多经验证据的支持（Hillman et al.，2011）。资源依赖理论认为，董事会是一种最小化公司对外界依赖或资源获取成本的机制。董事会的规模与组成并非随机的，而是公司对外部环境的理性反应，每一个董事都将给公司带来独特的属性与资源（Kosnik，1990），董事会的组成反映了公司对环境的需要（Pfeffer，1972）。董事的引入可以使公司在咨询建议、信息流通渠道、资源优先获取权以及合法性四个方面受益（Provan，1980；Pfeffer and Salancik，1978）。大量的实证研究为董事的上述优势提供了经验证据。比如，Provan（1980）的研究发现，那些能够吸引和聘任强有力的社区成员作为董事会成员的公司能够从其所处的环境中获取重要的资源。Pfeffer 和 Salancik（1978）的研究证实，受管制的行业需要更多具有相关经验的外部董事。此外，金融机构派出的董事影响公司的资金需求。

可见，董事会作为组织应对外部环境不确定性和依赖性的工具，董事个人的独特资本能够为公司提供不同的建议、咨询、公关、合法性及沟通渠道，通过选择董事会成员，公司对特定资源与外部纽带的需求反映到董事会构成中，并以此实现对公司而言的供给最大化。在跨境并购活动中，如果主并企业董事会中有海归董事，那么海归董事不仅可以为主并企业提供海外市场及目标企业的相关信息，促使企业发起跨境并购，还可以提高主并企业的定价能力，降低跨境并购溢价。此外，海归董事咨询与监督职能的有效发挥，可以提高企业的并购整合能力，进而带来跨境并购绩效的提升。

首先，海归董事可以为主并企业提供可能对其跨境并购活动产生影响或冲击的相关信息。在跨境并购发起前，海归董事的全球化导向与开放态度使其对国际商业机会更加敏感（Mohr and Batsakis，2017），更多地将跨境并购视为一个机会而非威胁，进而使其更容易识别出不同国家或地区中存在的并购机会（Tihanyi et al.，2000）。海归董事可以向主并企业提供有关海外市场的知识，这有助于其理解东道国当地的文化、商业规则以及法律法规等（Laufs et al.，2016），继而降低跨境并购的不确定性与模糊性，减少主并企业搜寻目标企业的成本。在跨境并购定价过程中，由于并购溢价具有较大的不确定性（Haunschild，1993），企业可能会为了完成并购而支付较高的溢价，影响企业跨境并购价值的创造。海归董事可以作为信息渠道，帮助主并企业更清楚地认识目标企业的整体实力和发展趋势，对目标企业的真实价值有一个相对全面、客观而准确的评估，合理控制溢价水平，避免过度支付。在跨境并购完成后，主并企业需要对目标企业的资产、人力资源、管理体系和企业文化等资源要素信息进行更为全面详细的了解，如此才能进行较为有效的整合。此时，信息的沟通和交流更加重要，海归董事可以帮助主并企业获取上述信息，有利于企业制定更为合理的整合方案，提高对目标企业资源的利用效率。

其次，海归董事有利于跨境并购双方的沟通与交流，增强彼此的信任与合作信心。从跨境并购各环节之间的顺序来看，海归董事降低外部环境不确定性的过程是一个逐步递进的过程。在跨境并购发起前，海归董事的存在可以促进并购双方的沟通与交流，提高企业与东道国中的潜在伙伴（例如供应商、客户）成功构建合作关系的能力，使企业更易被信任和接受（Pisania et al.，2018），进而更易发起跨境并购。在跨境并购定价和整合的过程中，海归董事有助于缓解并购双方的冲突并加强沟通，降低跨境并购过程中存在的风险与不确定性，加强并购双方的协调合作。海归董事不仅有助于并购价格谈判的顺利进行，避免支付较高的溢价，还可以增强目标企业对主并企业的信任，降低整合过程中目标企业的抵制成本，增强目标企业共享技术和资源的意愿，进而带来跨境并购绩效的提升。

再次，海归董事建议咨询职能的有效发挥，可降低企业对外界环境的依赖。海归董事拥有先进的科学技术和国际管理知识经验及前沿的解决问题的能力和创新思维，可以通过咨询职能的有效发挥，帮助企业通过组织学习效应获取知识、先进技术及国际管理经验（Cui et al.，2015），增强企业的整体实力和竞争力，促进企业跨境并购的发起，提升企业跨境并购的定价能力，降低跨境并购溢价。此外，在并购完成后，具有国际化经营管理经验和运作能力的海归董事，可以通过组织学习效应催化企业快速实现管理的国际化转型，提高主并企业的整合能力，促进主并企业对目标企业技术与资源的吸收、转化，促进企业在并购后的研发产出和生产效率的提高，进而带来跨境并购绩效的提升。

最后，海归董事可以提高企业在海外市场的合法性，降低跨境并购的不确定性与模糊性。海归董事积累了较多的海外社会关系网络资源（周泽将等，2017），能够有效应对跨境并购过程中安全审查、政治风险等合法性缺失问题，以及提升主并双方的信任程度与合作意愿（Pisania et al.，2018），降低跨境并购的歧视成本和关系成本，降低跨境并购的不确定性与模糊性，从而促进跨境并购的发起，并有效降低跨境并购溢价，进而实现跨境并购的价值创造。

通过运用资源依赖理论进行分析可知，在跨境并购过程中，海归董事可以为主并企业提供有关海外市场及目标企业的信息，促进并购双方的沟通与交流，有助于降低并购双方的信息不对称程度。不仅如此，海归董事还可以增强并购双方的信任和熟悉程度，有效缓解并购双方的冲突并加强沟通，提升企业的跨文化沟通、学习与融合能力，促进并购双方的协调合作，降低跨境并购过程中的风险与不确定性。因此，海归董事具有的信息传递、组织协调、建议咨询和增强合法性的功能，能够帮助主并企业在跨境并购交易前寻找到恰当的目标企业，降低并购交易成本。在定价过程中，海归董事可以帮助企业识别关键风险，提高企业尽职调查和并购定价谈判的能力，进而降低企业跨境并购溢价。在跨境并购完成后，海归董事可以提高主并企业的整合能力，促进企业跨境并购绩效的提升。

第三节　委托代理理论

随着经济的发展，在社会分工日益细化的背景下，为了应对古典企业在资产规模、融资能力和管理能力等方面的挑战，企业所有者开始通过聘请专业的管理人员管理企业，这导致所有权和经营权的分离。委托代理理论起源于企业所有权和经营权的分离，即企业所有者和运营者不再是同一人，企业所有者作为委托人，将企业的运营委托给代理人——企业管理者，从而形成委托代理关系。Jensen 和 Meckling（1976）认为，委托代理关系是一种契约关系。在这种契约下，委托人通过签订协议，让具有专业优势的代理人去经营管理自己无暇或无力经营的企业，并给予代理人一定的权力与报酬，从而实现委托人和代理人之间的最优组合。如果代理人在经营过程中坚持以委托人利益最大化为基本原则，那委托人和代理人之间就不存在利益冲突和代理问题。然而，现实中委托人和代理人的利益往往并不总是相同的，代理人不可能完全自主地按照委托人的意愿行事，代理人的逐利天性使其可能为了自己的利益而采取牺牲委托人和公司价值的经营决策，这样委托人和代理人之间就出现了代理冲突。为了解决委托代理过程中的代理冲突问题，委托人必须监督和约束代理人，因此产生了代理成本。代理成本主要包括：（1）签订合约成本，是指促使代理人达成契约所付出的成本；（2）监督成本，是指委托人采取不同方式对代理人行为进行干预和约束以避免不利行为所产生的成本；（3）约束成本，是指代理人为了发出对委托人利益忠诚的信号所形成的成本；（4）剩余损失，是指由于代理人不按照委托人的意愿最大化公司价值所产生的剩余价值损失。

在现代企业中，股东与管理者之间、债权人和股东之间都存在委托代理关系。由于各方利益诉求不同，不可避免地存在矛盾与冲突，从而可能引发企业的非效率投资。跨境并购可看作由于经营权和所有权的分离所产生的管理者与股东间的一种代理问题。在跨境并购过程中，对代理问题关注不足或对代理关系处理不当，都可能降低跨境并购的质量。根据委托代理理论，管理者的经济人属性，使其存在机会主义倾向，他们会在跨境并购过程中产生怠慢、掏空和侵占股东利益等逆向选择与道德风险问题。首先，在跨境并购发起过程中，管理者可能基于一己私利的"构建帝国"动机，仅仅是为了实现个人利益而发起并购（Khorana and Zenner，1998；La Porta et al.，2002）；或者是希望通过并购项目的实施来维持和巩固自己在公司的地位，从而故意放弃一些有价值的投资，即管理者的防御与堑壕效应（Amihud and Lev，1981；Shleifer and Vishny，1989）；又或者出于声誉及职业的考虑，在选择跨境并购项目时有所侧重，比如选择那些短期绩效较好的并购项目，而不顾股东的长远利益（Loughran and Ritter，1997）；再或者因管理者的骄傲自负、过度自信等非理性行为而发起并购。其次，在跨境并购发起过程中股东与管理者之间代理问题的存在，可能导致在跨境并购的定价及并购后的整合过程中存在逆向选择和道德风险问题，使得企业支付较高的并购溢价，并购活动可能并不能带来有效的协同效应。

委托代理理论正视代理问题及代理成本的存在，并致力于解决代理问题以降低代理成本，从而实现公司价值最大化。解决股东和经营者之间代理冲突的机制主要有监督和激励两大类。由于代理成本的主要表现是管理者行为对股东财富及企业价值的损害，所以，对管理者的行为进行有效监督便成为最优选择。但由于公司所有权和控制权分离程度的增大，公司股权分散性变大（Berle and Means，1932），股东参与或监督决策的成本变高。同时，股权越分散，单个股东分享公司剩余的份额越低，也就越容易出现决策与监督上的偷懒行为，最终导致股东没有能力或动力去监督公司管理者的行为。而这种监管的缺失使得管理者可能会为了追求个人利益而做出违背股东价值最大化原则的决策，从而损害股东利益。董事会正是这样一个经济结构，代表股东监督管理层行为，采用激励与约束机制在管理层与股东之间建立最佳契约，缓解二者之间的利益冲突，最大化股东财富与企业价值。根据委托代理理论，董事会职能体现为监督职能（Fama and Jensen，1983）。如果董事会能够熟悉公司经营情况，准确预测市场环境并做出合理决策，掌握代理人的信息，有效监督控制管理者的行为，那么就可以降低委托代理成本，从而促进股东财富和企业价值最大化的实现。

本书对海归董事与企业跨境并购的研究就是为了揭示海归董事在企业跨境并购过程中所扮演的角色及其在解决委托代理问题时发挥何种作用，定性定量地分析海归董事的治理行为和效果。具体来说，海归董事在资本市场发展较为完善和成熟的国家或地区接受海外优质教育和先进管理理念的熏陶，具有良好的专业技能和较强的投资者保护意识，并可以通过组织学习效应将这一价值取向渗透到所在公司管理的各个方面，从而可以潜移默化地将管理者与股东财富和企业价值联系起来，减少企业盲目并购及过度支付现象，增强企业跨境并购的价值创造能力。此外，海归董事拥有的广泛社交网络与丰富的社会资本优势，不仅意味着其拥有更庞大的人脉资源，对其来说也是一种外在监督，促使海归董事自发地坚持履职过程中的勤勉与审慎态度，以防影响自身声誉。这种出于声誉机制的外在监督会抑制跨境并购过程中管理层有意识或无意识的懈怠、不作为等低效率行为，使海归董事更加谨慎地发起跨境并购，并利用自身资源与能力优势来降低并购溢价，监督跨境并购完成后整合的执行，提高企业的并购整合能力，促进跨境并购绩效的提升，进而提高企业跨境并购的质量。

总的来说，结合委托代理理论，海归董事监督职能的有效发挥，可以缓解股东与管理者之间的代理冲突，降低代理成本，从而抑制管理层在跨境并购过程中的短视、机会主义、掏空、懈怠、不作为等逆向选择与道德风险问题。因此，海归董事的存在，有助于企业审慎地发起跨境并购，控制溢价水平，促进跨境并购绩效的提升。

通过对上述理论的分析，本章明确了海归董事影响企业跨境并购的作用机理，具体的理论分析模型如图4.3所示。

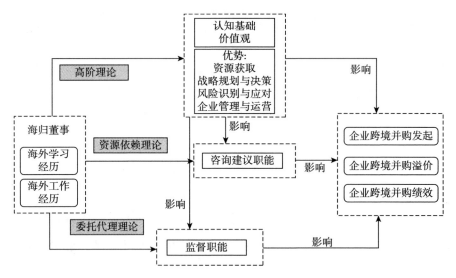

图4.3 海归董事影响企业跨境并购的理论分析模型

第五章　海归董事对企业跨境并购发起的影响

众所周知，是否发起并购以及发起何种并购是并购交易流程中企业面临的第一个选择，也是最重要的选择。已有研究较多地强调了企业难以控制的宏观层面因素对是否发起并购的影响，鲜有研究基于并购决策主体——董事的视角，考察董事特征对企业跨境并购发起的影响，尤其是海归董事如何影响企业跨境并购发起未能给出确切答案。因此，本章从并购的决策及实施监督主体的视角，考察海归董事对企业跨境并购发起的影响，试图为海归董事与企业跨境并购发起之间的关系提供经验证据。本章结构安排如下：第一部分为问题的提出；第二部分为理论分析与研究假设；第三部分为研究设计；第四部分为实证结果与分析，包括描述性统计分析、相关性分析、单变量分析、回归结果分析，以及稳健性检验，包括内生性检验和其他稳健性检验，并进行了进一步分析；最后一部分为本章小结。

第一节　问题的提出

跨境并购不仅是我国进行产业结构调整、推动经济高质量发展的重要手段，也是企业打破壁垒、开拓国际市场、整合和利用全球资源（Helpman et al.，2004）、提高规模经济、增强协同效应的必然选择。在经济全球化与政府大力助推"走出去""一带一路"的环境下，中国企业不断提升进军海外市场的速度，跨境并购持续升温。但就中国企业来说，在发起跨境并购前，既要考虑企业国际化经营管理经验不足、缺乏有影响力的自主品牌及核心技术相对落后的约束（Aybar and Ficici，2009），也要考虑国内外经济、政治、制度、文化等环境差异的影响（Villena et al.，2019）。这些均会使中国企业在国际市场占有一席之地面临诸多挑战。因此，拥有国际化视野、先进管理经验及熟悉国际市场环境和文化习惯的国际化复合型经营管理人才，或将成为企业进行跨境并购的中坚力量。

我国各级政府在加速企业"走出去"的同时也陆续出台并提供了一系列引智引才的优惠政策和便利条件，海归（具有海外留学或工作经历的归国就业创业人员）已成为国际化复合型人才的主要来源之一。根据高阶理论，海归人员的海外求学或工作经历往往使其拥有广泛的国外关系网络、合理的知识结构及丰富的跨国跨文化管理技能等资源与能力优势，这些优势已促使海归逐步成长为推动地区经济发展和科技进步的主要力量。具体到微观层面，上述优势作为一项弥足珍贵的资源将会对企业的行为产生影响。根据资源依赖理论和委托代理理论，在现代公司治理结构中，董事会是企业权力结构的重要实体，是并购战略的决策和实施控制部门，董事的海外背景势必会影响企业跨境并购发起。相较于本土董事，一方面，海归董事凭借其自身积累的独特资源与能力优势，不仅可以为企业跨境并购发起提供额外的信息渠道和解决问题的新视角，帮助企业提高在国际市场上的竞争力，促使企业更加关注国际市场，降低企业跨境并购的不确定性与模糊性，降低企业发起跨境并购的成本；另一方面，海归董事监督职能的有效发挥，可以监督管理层，实质性地减小管理层机会主义行为对企业跨境并购发起的不利影响。

根据高阶理论，决策者对企业战略决策的影响，不仅受制于管理者的特征，同时还受制于情境因素（Finkelstein and Hambrick，1990）。首先，在中国制度背景下，不同地区之间的制度环境差异较大，这也会对企业行为产生影响（La Porta et al.，2000；Hitt and Xu，2016）。周泽将等（2017）的研究发现，地域差异对董事海外经历与企业国际化水平具有显著的调节效应。基于此，我们在考察海归董事对企业跨境并购发起的影响时引入地域差异这一决策情境。其次，组织经济学与战略管理的相关研究认为，环境被看作战略决策的触发因素（Zajac et al.，2000），公司战略决策与其所面临的市场环境紧密相关（徐虹等，2015）。当前，由于我国经济产能过剩、内需拉动不足，同时受到汇率波动与国际税收的影响，我国企业普遍面临着国内外市场竞争的双重压力。跨境并购作为企业寻求国际市场的一种方式，必然受到产品市场竞争程度的影响。因此，有必要进一步分析市场竞争程度对海归董事与企业跨境并购发起之间关系的影响。最后，股权结构是产权在微观企业的体现，亦是企业的灵魂和基础，企业不同的股权性质将伴生不同的资源禀赋和治理结构，最终影响企业的微观行为和经营绩效（Alchian，1965）。所有权带来的委托代理问题以及国有企业的资源优势都可能导致海归董事在不同产权类型企业中发挥的效用不尽相同。因此，在考察海归董事对企业跨境并购发起的影响时有必要结合企业的股权性质进行分析。综上所述，本章将探讨地域差异、市场竞争程度和股权性质在海归董事与企业跨境并购发起间潜在的情境作用。

基于上述分析，本章以2009～2017年发起并购的中国A股上市公司为研究对象，拟回答以下关键性问题：（1）海归董事能否促进企业发起跨境并购？（2）地域差异、市场竞争程度和股权性质能否显著调节海归董事与企业跨境并购发起之间的关系？（3）海归董事对企业跨境并购发起的影响是否因其海外经历类型和职位类型的不同而有所差异？

第二节　理论分析与研究假设

一　海归董事与企业跨境并购发起

高阶理论强调了管理者的一些可观测特征，比如学历、年龄、职业经历等个人特征能够显著影响他们的知识水平、风险倾向、价值认知和行为选择，进而对企业战略决策产生异质效应（Hambrick and Mason，1984）。海归董事的海外学习或工作经历使其经历了多重文化的冲击，其思维方式、认知能力与价值观念受到影响。在此背景下成长起来的董事往往拥有广泛的国外关系网络、合理的知识结构及丰富的跨国跨文化管理技能等资源与能力优势。已有研究发现，企业所掌握的资源和能力是企业实施国际化战略的决定性因素（Peng，2001）。跨境并购作为企业国际化的重要手段，也将受到企业所拥有的资源和能力的影响。董事会作为企业跨境并购的决策和实施控制部门，海归董事的海外经历所积累的独特资源与能力优势将会对企业跨境并购的发起产生积极的促进作用。

首先，中国企业尚处于国际化经营的初级阶段（刘传志等，2017），国际化知识经验不足及组织和协调商务、法律、财务、人力等内外部资源的能力缺失，使中国企业在发起跨境并购时困难重重。根据资源依赖理论，董事会是一种最小化公司对外界依赖或资源获取成本的机制，每一个董事都将给企业带来独特的属性与资源（Kosnik，1990）。海归董事拥有先进的科学技术和国际管理知识经验及前沿的解决问题的能力和创新思维，可以通过组织学习效应帮助企业获取知识、先进技术及国际管理经验（Cui et al.，2015），促进企业技术能力的提高，增强企业的整体实力和竞争力，从而提升企业发起跨境并购的能力。其次，相较于本土董事，海归董事对国内市场需求及体制的了解较少、适应性较差，获取关键资源和克服体制障碍的能力不足（刘青等，2013），但在海外市场上具有相对优势。海归董事在发达国家求学或工作过程中能够接受高水平教育、积累相关工作经验并获得良好的职业技能，具有国际化的视野（Masulis et al.，2012）、较强的风险承受能力（宋建波等，2017）及独特的海外社会资本（Liu et al.，2010）等，这些特质在企业发起跨境并购过程中都是至关重要的。基于比较优势的考虑，海归董事在并购决策过程中理应充分发挥其所积累的国际市场上的优势，将重心置于国际市场而非国内市场（Tihanyi et al.，2000；B. B. Nielsen and S. Nielsen，

2011；周泽将等，2017）。再次，海归董事具有全球化视野、国际化思维、更前沿的知识储备及跨国跨文化沟通的能力，可以"立足本地，放眼全球"（Sambharya，1996；Tung and Miller，1990）。海归董事的全球化导向与开放态度使其对国际商业机会更加敏感（Mohr and Batsakis，2017），更多地将跨境并购视为一个机会而非威胁，进而使其更容易识别出不同国家或地区中存在的并购机会（Tihanyi et al.，2000）。此外，海归董事可以利用他们的海外经历建立本地关系网络（Blomstermo et al.，2004），给企业带来海外市场的相关知识，这有助于企业理解东道国当地的文化、商业规则以及法律法规等（Laufs et al.，2016），继而可以降低跨境并购的不确定性与模糊性，或精确地开发出进行跨境并购所需的能力等，最终强化了企业发起跨境并购获取潜在收益的动机。最后，海归董事丰富的国际市场知识与广泛的国际关系网络，不仅能增强企业获得东道国资源和市场信息的能力，缩短企业克服本国与东道国之间壁垒所花费的时间，促进企业对跨境并购投资方案的评估，同时也提高了企业与东道国中的潜在伙伴（例如供应商、客户）成功构建合作关系的能力，使企业更易被信任和接受（Pisania et al.，2018），进而降低企业发起跨境并购的成本（Chiles and McMackin，1996），促进企业跨境并购的发起。

　　此外，根据委托代理理论，管理者的经济人属性，使其存在机会主义倾向，他们会在跨境并购过程中产生怠慢、掏空和侵占股东利益等逆向选择与道德风险问题。在跨境并购发起过程中，管理者可能基于一己私利的"构建帝国"动机，仅仅是为了实现个人利益而发起并购（Khorana and Zenner，1998；La Porta et al.，2002）；或者是希望通过并购项目的实施来维持和巩固自己在公司的地位，从而故意放弃对企业更有价值的跨境并购；又或者出于声誉及职业的考虑，在选择并购项目时有所侧重，比如选择那些短期绩效较好的并购项目，而不顾股东的长远利益（Loughran and Ritter，1997）；再或者因管理者的骄傲自负、过度自信等非理性行为而发起并购。解决股东和经营者之间代理冲突的机制主要有监督和激励两大类。由于代理成本的主要表现是管理者行为对股东财富及企业价值的损害，所以，对管理者的行为进行有效监督便成为最优选择。董事会正是这样一个经济结构，代表股东监督管理层行为，采用激励与约束机制在管理层与股东之间建立最佳契约，缓解二者之间的利益冲突，最大化股东财富与企业价值。海归董事在资本市场发展较为完善和成熟的国家或地区接受海外优质教育和先进管理理念的熏陶，具有良好的专业技能和较强的投资者保护意识，并可以通过组织学习效应将这一价值取向渗透到所在公司管理的各个方面，从而可以潜移默化地将管理者与股东财富和企业价值联系起来，减小企业管理者机会主义行为对跨境并购发起的不利影响。

综上所述，海归董事凭借其自身积累的独特资源与能力优势，不仅可以为企业跨境并购发起提供额外的信息渠道和解决问题的新视角，帮助企业提高在国际市场上的竞争力，促使企业更加关注国际市场，降低企业跨境并购的不确定性与模糊性，降低企业发起跨境并购的成本。而且，海归董事还能够有效监督管理层，实质性地减小管理层机会主义行为对企业跨境并购发起的不利影响。因此，当企业意图并购时，海归董事更倾向于发起跨境并购。基于此，本章提出以下研究假设。

H5.1：限定其他条件，海归董事更易发起跨境并购。

二 海归董事、地域差异与企业跨境并购发起

地域文化是企业生存和发展的重要土壤，会对企业产生潜移默化的影响，比如黄灿等（2019）的研究发现，上市公司所在地宗教传统越浓，企业专利申请越多，企业的创新性越强；陈冬华等（2013）的研究也证实，宗教传统可以有效抑制企业的盈余管理、遏制企业的违规行为及降低企业被出具非标意见的概率；Bae 等（2012）指出，规避不确定性风险的文化环境可以影响企业的股利政策。由于改革开放政策的大力实施，中国沿海地区长期以来与海外的商业交流比较频繁，所在地区企业对海外市场进行了较多有益的探索。周泽将等（2017）的研究揭示，

处于沿海地区的企业的国际化程度较高；Wu（2007）对中国 1980～2007 年的出口额进行研究，发现在这一时期，中国出口贸易额增长 27 倍，其中沿海地区所占比例在 90% 以上，远高于中西部地区。因此，地域文化将会影响海归董事凭借自身优势开拓国际市场的能力。在沿海地区典型的海外经营的地域文化熏陶下，海归董事发起跨境并购的能力将得以充分提升，进而当企业有并购的意图时，更易发起跨境并购。

此外，不同地区间海归董事所能获取的政策支持力度也会存在较大差异。相较于内陆地区，沿海地区对外开放起步较早，发展水平较高，这些地区的经营环境和优惠政策更佳（刘青等，2013）。彭伟和符正平（2015）的研究发现，早在 2008 年全国引进海外人才的力度有限之时，广州、上海、深圳、苏州等沿海地区就已开展和推动高层次人才引进工作。正是由于这些政策的差异，中国总体上呈现"西弱、中平、东强"的非均衡人才创新环境格局（陈怡安，2015）。在沿海地区大力度政策支持的创业环境中，海归董事可以更好地发挥其在海外所积累的独特资源与能力优势，同时，在国际化水平较高的商业环境的交互作用下，可以预见，海归董事更倾向于发起跨境并购。

综上所述，可以预期，在地域文化和政策支持的综合作用下，当企业有并购的意图时，若海归董事任职于沿海地区企业，其所积累的独特资源与能力优势将会促使企业发起跨境并购。基于此，本章提出以下研究假设。

H5.2：限定其他条件，沿海地区企业的海归董事更倾向于发起跨境并购。

三　海归董事、国内市场竞争程度与企业跨境并购发起

组织经济学与战略管理的相关研究认为，市场环境是公司战略决策的触发因素（Zajac et al.，2000），公司战略决策与其所面临的市场环境紧密相关（徐虹等，2015）。当前，由于我国经济产能过剩、内需拉动不足，同时受到汇率波动与国际税收的影响，我国企业普遍面临着激

烈的国内市场竞争。实施多元化战略，抢占全球市场份额，寻求海外市场以获取外生的竞争优势，克服企业负外部性，减少竞争，成为面临较大国内市场竞争的企业"走出去"的主要动因。在这一过程中，跨境并购逐渐成为"走出去"的一个重要渠道。通过跨境并购，企业可以迅速有效地获得并购目标的品牌、管理技能、研究能力、资源和销售渠道等战略性资产，有利于产业竞争力的提升。因此，激烈的国内市场竞争会促使上市公司积极进行跨境并购来摆脱国内激烈竞争环境的限制和约束，构建国际竞争优势。罗进辉等（2014）的研究发现，产品市场竞争会对国有控股上市公司实施跨境并购产生积极的推动作用。因此，当企业面临较大的市场竞争时，企业会更加倾向于发起跨境并购以开拓新的市场。

在这种情况下，海归董事对企业跨境并购发起的促进作用会更加明显。海归董事在发达国家求学或工作过程中能够接受高水平教育、积累相关工作经验并获得良好的职业技能，使其具有国际化的视野（Masulis et al.，2012）、较强的风险承受能力（宋建波等，2017）及独特的海外社会资本（Liu et al.，2010）等，这些特质在企业发起跨境并购的过程中都是至关重要的。当企业面临激烈的国内市场竞争时，海归董事在并购决策过程中会充分发挥其所积累的国际市场上的优势，将重心置于国际市场（Tihanyi et al.，2000；B. B. Nielsen and S. Nielsen，2011；周泽将等，2017），从而促使企业发起跨境并购。

综上所述，可以合理预期，当企业所处的市场竞争比较激烈时，海归董事更倾向于发起跨境并购，即企业所处的市场竞争程度大可以增强海归董事对企业跨境并购发起的促进作用。基于此，本章提出以下研究假设。

H5.3：限定其他条件，企业所处的市场竞争程度大可以增强海归董事对企业跨境并购发起的促进作用。

四　海归董事、股权性质与企业跨境并购发起

在现实世界中，企业的决策行为通常高度依赖其所处的内外部环境

（La Porta et al.，2000；周泽将等，2017）。同样地，海归董事与企业跨境并购之间的关系并不是一成不变的，也将受到其所处的内外部环境的影响。除了外部的经济环境和产业环境会影响海归董事与企业跨境并购之间的关系外，企业内部的环境也会对二者之间的关系产生影响。在中国独特的制度背景下，股权结构是产权在微观企业的体现，亦是企业的灵魂和基础。在企业层面，股权结构是公司治理问题的逻辑起点（Becht et al.，2003），企业不同的股权性质将伴生不同的资源禀赋和治理结构，最终影响着企业的微观行为和经营绩效（Alchian，1965）。尽管前文研究发现，海归董事能够促使企业发起跨境并购，但由于企业股权异质性的存在，企业的发展目标、市场选择以及资源获取能力的差异，可能导致海归董事在不同类型企业中发挥的效用不尽相同。一方面，相较于非国有企业，国有企业在资源获取上占有优势（Piotroski and Wong，2012），比如国有企业获得了更多资金支持与融资便利（李维安等，2014）、政府补助（Faccio et al.，2016）、税率优势（Adhikari et al.，2006）以及控诉违规处罚成本较低（Correia，2014）等。海归董事能够利用这些资源和平台充分发挥自身的国际化优势，促使企业发起跨境并购。而我国民营企业在金融信贷，如贷款额度和外汇额度方面受到很大的限制，限制了民营企业参与跨境并购的能力。尽管海归董事可以在跨境并购发起过程中发挥其国际化优势，但也可能由于面临"巧妇难为无米之炊"的局面而难以真正发挥作用。另一方面，所有权带来的委托代理问题也可能导致海归董事在不同股权类型企业中发挥的效用不尽相同。相较于民营企业将股东财富最大化或企业利润最大化作为首要目标，国有企业往往因为承担比如基础设施建设、解决就业问题等（Piotroski and Wong，2012）社会责任而具有多重目标。目标的多样化在一定程度上会造成企业管理层与股东之间的利益冲突，最终带来较为严重的代理冲突或道德风险问题（代昀昊、孔东民，2017），这些潜在的代理冲突问题会影响企业跨境并购的发起。而海归董事可以凭借其所具备的知识技能及管理实践能力，更多地关注企业业绩与股东利益，从而缓解跨境并购发起过程中潜在的委托代理问题，促进企业跨境并购的发起。

综上所述，我们可以合理预期，相较于民营企业，国有企业的海归董事更能够促使企业发起跨境并购。基于此，本章提出以下研究假设。

H5.4：限定其他条件，国有企业的海归董事更易发起跨境并购。

第三节　研究设计

一　数据来源与样本选取

选取 BvD-Zephyr 数据库披露的 2009～2017 年发生并购的中国 A 股上市公司为研究对象，结合汤森路透旗下的 SDC Platinum 数据库和 Wind 数据库中的中国并购库对并购信息进行补充，并手工验证全部并购信息，最大限度地保证研究区间内并购信息的完备性与真实性。考虑到 2008 年金融危机对并购市场的冲击，选取 2009 年作为样本起点。此外，由于数据搜集程度远超过预期，从 2018 年 5 月开始手工收集数据并进行一一核对，但直至 2019 年 4 月才将 2009～2017 年的数据整理完毕，并在此基础上形成此研究，故实证分析数据截止到 2017 年。为了提高研究结论的准确性和有效性，对样本进行了如下处理：（1）剔除金融保险类公司；（2）剔除资产剥离、债务重组、资产置换与股份回购等形式的并购活动；（3）由于英属维尔京群岛、百慕大群岛、开曼群岛为国际离岸金融中心，其实际为中国企业在海外的注册公司，投资金额部分借道离岸金融中心回流国内，因此本书不考虑目标企业为这类地区的跨境并购案例；（4）剔除变量数据缺失的样本。最终，得到 8660 个观测值。海归董事数据源于手工收集，在翻阅公司年报中关于董事的简历等背景资料的基础上，结合招股说明书、次级债募集说明书以及新浪财经、巨潮资讯、百度百科及微博等网站披露的资料进行补充。其他财务数据取自国泰安（CSMAR）数据库。另外，考虑到极端值对研究结论可靠性的影响，对所有连续变量均在 1% 和 99% 的分位数水平上进行缩尾处理。

二　变量定义

（一）被解释变量

企业跨境并购发起（*M&A*）。参考现有研究（Giannetti et al.，2015；Malmendier and Tate，2008），将 *M&A* 定义为一个二元虚拟变量，用来衡量公司在会计年度内发起跨境并购的可能性，如果发生并购的上市公司在特定年度至少发起一次跨境并购，则 *M&A* 取值为 1，否则为 0。

（二）解释变量

海归董事（*PForeign*）。参照宋建波和文雯（2016）、代昀昊和孔东民（2017）的研究，将曾经在海外工作（不包括在中国企业的海外分支机构或者中外合资企业的工作经历）或者学习（包括在海外获得学士、硕士、博士学位或担任访问学者、接受培训等）的董事定义为海归董事。董事的海外经历塑造了其心智模型、职业关系以及个人社会网络等（宋建波等，2017）。考虑到单一指标具有一定的片面性，参考宋建波等（2017）的研究，选取具有海外背景的董事人数在董事会中所占比例作为海归董事的衡量指标，并在稳健性检验中使用董事会中是否拥有海归董事及拥有海归董事人数衡量海归董事指标。

（三）控制变量

参考前期研究（Malmendier and Tate，2008；Giannetti et al.，2015；万良勇、胡璟，2014），将公司规模、资产负债率、现金持有量、股权性质、市场竞争程度、沿海地区、公司年龄、董事过度自信、董事会规模、两职合一及行业、年份作为控制变量。

公司规模（*Size*）。企业本身规模经济的大小是其实施并购的支撑条件。相较于小规模企业，大规模企业更注重战略发展与国际化的布局，更倾向于通过并购进行对外扩张。Malmendier 和 Tate（2008）的研究发现，公司的规模效益与其并购行为正相关。此外，规模较大的企业拥有较高的国际化经营管理水平，具有品牌与核心技术优势，进而更有可能发起跨境并购。因此，本章选取公司规模作为控制变量，采用企业跨境并购公告宣告前一年期末的资产总额的自然对数来衡量公司规模。

资产负债率（Lev）。该指标反映企业利用债权人提供的资金进行经营活动的能力。一方面，资产负债率会增加企业进行风险投资的可能性。Faccio 和 Masulis（2005）的研究发现，资产负债率和并购决策正相关。另一方面，当企业资产负债率较高时，其外部融资比较困难，从而可以在一定程度上抑制企业的非效率行为，减少企业的风险投资行为。Uysal（2011）的研究证实，过高的资产负债率会降低企业发起并购的可能性。Hart 和 Moore（2007）提出公司的债务能够约束管理者的投资行为，较高的债务减少了可供管理层自由控制的资金，债务作为一项有效的监督指标，能够防止管理层因思虑不周或为了建造"个人帝国"而进行无效率投资。因此，本章选取资产负债率作为控制变量，采用企业跨境并购公告宣告前一年期末的负债总额与资产总额的比值来刻画资产负债率。

现金持有量（$CashHol$）。企业内部的现金持有量水平较高可以为管理者的决策实施提供基本保障，有效促使管理者的特征反映到企业的战略决策上。Harford（1999）的研究发现，相较于现金持有量不足的企业，现金持有量水平较高的企业更倾向于发起并购投资。现金持有量不足的企业可供管理者自由支配的现金较少，管理者需从外部资本市场进行融资以满足经营与投资的需求，企业可能由于缺乏资金而放弃一些投资机会。而现金充足的公司管理者可以最大限度地保证管理者的意志体现在公司的决策行为上，发起跨境并购的可能性更高。因此，本章选取现金持有量作为控制变量，借鉴 Habib 和 Hasan（2017）的研究，以跨境并购公告宣告前一年期末现金及现金等价物与资产总额的比值来衡量企业的现金持有量。

股权性质（*SOE*）。不同股权性质的公司的并购行为存在差异。相对于民营控股公司而言，国有控股公司的并购决策将更多地受到政府干预的影响。国有企业作为一把"双刃剑"，一方面，凭借其自身资源优势可以减少其在跨境并购过程中的资金阻碍；另一方面，"政府之手"的存在也加大了企业在目标国审核通过的难度，增大了企业跨境并购的阻力，使得企业更加谨慎地发起跨境并购。因此，本章选取股权性质作为控制变量，并采用虚拟变量来衡量股权性质，即若主并企业的实际控制人为国有性质，则取值为 1，否则为 0。

市场竞争程度（*HHI*）。当企业所处的市场竞争程度较大时，企业寻求市场的动机就更加强烈，会对企业跨境并购发起产生影响。赫芬达尔－赫希曼指数是一种测量产业集中度的综合指数，参照 Ramaswamy（2001）的做法，使用赫芬达尔指数（Herfindahl-Hirschman Index，*HHI*）来衡量行业竞争程度。具体计算如下：用国泰安数据库中收录的年度研究行业中上市公司的主营业务收入，并根据中国证监会 2012 年版的行业分类标准分行业计算各自的赫芬达尔指数：

$$HHI = \sum (X_{ij} / \sum X_i)^2 \qquad\qquad (5-1)$$

其中，X_{ij} 代表行业 j 中公司 i 的主营业务收入，$\sum X_i$ 代表行业 j 中所有上市公司的主营业务收入之和。*HHI* 的取值介于 0 和 1 之间，在产业可容纳的企业数目一定的情况下，赫芬达尔指数越小，表明一个产业内相同规模的企业越多，产业内企业之间的竞争越激烈，因而企业行为的相互影响程度就越大。因此，赫芬达尔指数越小，说明市场竞争程度越大，反之则竞争程度越小。

沿海地区（*DIQU*）。参照《中国海洋统计年鉴》，若公司注册地所在省区市为广东、海南、广西、福建、浙江、江苏、山东、辽宁、河北、天津、上海等沿海地区则取值为 1，否则为 0。

公司年龄（*Est*）。公司年龄会影响其运营经验的积累，会对其战略决策产生影响。已有研究表明，随着公司年龄的增加，CEO 影响企业战略决策的难度也增加（Li and Tang，2010）。Naldi 和 Davidsson（2014）的研究发现，年龄较小的企业更容易采取灵活的、"即兴创作"的组织流程来进行新市场的开拓。因此，本章选取公司年龄作为控制变量，并以跨境并购公告宣告年与公司成立时间的差值来衡量公司年龄。

董事过度自信（*Boc*）。Priem 等（1999）的研究认为，管理者的认知结构和心理因素是影响企业决策的本质特征。在管理者的诸多心理特征中，过度自信被认为是管理者心理偏差中最稳定的心理特质。Malmendier 和 Tate（2008）的研究发现，相较于理性管理者，过度自信管理者更倾向于发起并购。因此，本章选取董事过度自信作为控制变量，并借鉴 Malmendier 和 Tate（2008）的研究，当剔除业绩股、分红股等分红方式后，管理者在年内持股自愿增加时视为过度自信，即当剔除业绩股和分红股等非主动增持后，董事会集体自愿持股增加时，取值为1，否则为0。

董事会规模（*BoardSize*）。董事会是公司治理结构的核心，董事会规模是董事会机制的重要特征之一。董事会作为并购决策的主体与实施控制部门，其规模的大小会对公司的并购决策产生深刻影响。Malmendier 和 Tate（2008）的研究发现，董事会规模与公司并购发生概率正相关。因此，本章选取董事会规模作为控制变量，并参考万良勇和胡璟（2014）的研究，采用董事会人数来衡量董事会规模。

两职合一（*Dua*）。已有研究表明，公司治理因素会影响公司的并购决策。郭冰等（2011）的研究指出，董事长和总经理两职合一会促进企业连续并购的发生。因此，本章选取董事长和总经理是否两职合一作为控制变量，即当公司董事长和总经理由同一人担任时，取值为1，否则为0。

行业（*Ind*）。由于行业特征是导致结果差异的重要因素（贺远琼、陈昀，2009），企业所面临的行业环境对其投资决策和战略选择有着重要影响（Porter，1980）。因此，本章选取行业作为控制变量以控制行业差异对企业跨境并购发起的影响。具体来说，采用 2012 年中国证监会发布的《上市公司行业分类指引》中定义的行业分类标准，制造业采用二级代码分类，非制造业采用一级代码分类。公司属于该行业时取值为1，否则为0。

年份（*Year*）。不同年份的宏观经济环境可能存在差异，从而可能对企业发展产生一定的影响。因此，本章为了控制年份因素对研究问题的影响，把年份引入控制变量中，并且用虚拟变量0或1来衡量年份，即某一年份取值为1，同时其他年份取值为0。表5.1报告了上述变量的定义方式。

表5.1　主要变量定义

变量名称	变量符号	变量说明
跨境并购发起	*M&A*	如果发生并购的上市公司在特定年度至少发起一次跨境并购，则取值为1，否则为0
海归董事	*PForeign*	公司董事会中具有海外背景的董事比例
公司规模	*Size*	并购公告宣告前一年期末资产总额的自然对数
资产负债率	*Lev*	并购公告宣告前一年期末负债总额/期末资产总额
现金持有量	*CashHol*	并购公告宣告前一年期末现金及现金等价物/期末资产总额
股权性质	*SOE*	国有企业取值为1，否则为0
市场竞争程度	*HHI*	以并购公告宣告前一年期末主营业务收入计算的赫芬达尔指数
公司年龄	*Est*	跨境并购公告宣告年与公司成立时间的差值
董事过度自信	*Boc*	剔除分红股和业绩股等非主动增持后，董事会集体自愿持股增加时，取值为1，否则为0
董事会规模	*BoardSize*	董事会人数
两职合一	*Dua*	若董事长和总经理为同一人，则取值为1，否则为0
沿海地区	*DIQU*	若公司注册地所在省区市为广东、海南、广西、福建、浙江、江苏、山东、辽宁、河北、天津、上海等沿海地区则取值为1，否则为0
年份	*Year*	以2009年为基准，取值为1，其他年份为0
行业	*Ind*	采用2012年中国证监会发布的《上市公司行业分类指引》中定义的行业分类标准，制造业采用二级代码分类，非制造业采用一级代码分类。公司属于该行业时取值为1，否则为0

三 模型构建

为检验海归董事与企业跨境并购发起之间的关系，借鉴 Giannetti
等（2015）、顾露露和 Reed（2011）的研究，构建如下回归模型。

$$M\&A = \beta_0 + \beta_1 PForeign + \beta_2 Size + \beta_3 Lev + \beta_4 CashHol + \beta_5 HHI + \beta_6 Est +$$
$$\beta_7 SOE + \beta_8 DIQU + \beta_9 Boc + \beta_{10} BoardSize + \beta_{11} Dua + Year + Ind + \varepsilon \quad (5-2)$$

$$M\&A = \alpha_0 + \alpha_1 PForeign + \alpha_2 PForeign \times INT + \alpha_3 Size + \alpha_4 Lev + \alpha_5 CashHol +$$
$$\alpha_6 HHI + \alpha_7 Est + \alpha_8 SOE + \alpha_9 DIQU + \alpha_{10} Boc + \alpha_{11} BoardSize +$$
$$\alpha_{12} Dua + Year + Ind + \varepsilon \quad (5-3)$$

其中，*M&A* 为企业发起跨境并购的虚拟变量，鉴于 *M&A* 为二值变
量，后文的实证检验采用 Logit 模型。*INT* 为调节变量的统称，本章选取
了沿海地区（*DIQU*）、国内市场竞争程度（*HHI*）和股权性质（*SOE*）作
为调节变量。

第四节 实证结果与分析

一 描述性统计分析

表 5.2 报告了模型中主要变量的描述性统计特征。可以看出，被
解释变量 *M&A* 的平均值为 0.090，标准差为 0.286，表明样本公司中
发起跨境并购的企业已达到 9.0%，但波动程度差异较大，这说明相
较于国内并购，跨境并购的发起频率较低；解释变量 *PForeign* 的平均
值为 0.099，最大值为 0.857，表明我国发生并购的上市公司董事会
成员中海归董事比例为 9.9%，个别公司海归董事占比高达 85.7%，
说明发生并购的企业对海归董事的聘用政策存在差异，关注海归董事
具有一定的现实意义；股权性质 *SOE* 的平均值为 0.447，表明样本企
业中国有企业占 44.7%；市场竞争程度 *HHI* 的平均值为 0.297，最大
值为 0.839，这说明中国企业面临的国内市场竞争较为激烈；沿海地

区 *DIQU* 的中位数为 1.000，表明超过一半发生并购的企业位于沿海地区，这也进一步反映出我国经济发展在不同地区之间存在一定的非均衡性；其他控制变量的分布与 Giannetti 等（2015）、周泽将等（2017）的研究基本一致。

表 5.2　主要变量的描述性统计

变量	观测值	平均值	标准差	最小值	中位数	最大值
M&A	8660	0.090	0.286	0.000	0.000	1.000
PForeign	8660	0.099	0.117	0.000	0.083	0.857
Size	8660	21.904	1.211	19.291	21.774	25.323
Lev	8660	0.436	0.214	0.047	0.429	0.929
CashHol	8660	0.184	0.151	0.010	0.136	0.737
HHI	8660	0.297	0.119	0.205	0.274	0.839
Est	8660	15.565	5.475	3.000	15.000	30.000
SOE	8660	0.447	0.476	0.000	0.000	1.000
DIQU	8660	0.593	0.491	0.000	1.000	1.000
Boc	8660	0.329	0.470	0.000	0.000	1.000
BoardSize	8660	10.282	2.693	5.000	10.000	19.000
Dua	8660	0.266	0.442	0.000	0.000	1.000

二　相关性分析

表 5.3 报告了各变量之间的相关系数。*M&A* 与 *PForeign* 的相关系数为 0.101，在 1% 的水平下显著，说明在不考虑其他因素的情况下，海归董事比例与跨境并购的发起正相关，初步验证了假设 H5.1。此外，模型整体 VIF 均值小于 2，各变量的 VIF 均值均远小于 10，且各变量间的相关系数值均小于 0.5。因此，本章的回归分析不存在多重共线性问题，可以保证估计系数的一致性。

表 5.3　主要变量的相关性分析

变量	M&A	PForeign	Size	Lev	CashHol	HHI	Est	SOE	DlQU	Boc	BoardSize	Dua
M&A	1	0.101***	0.091***	-0.010	0.004	-0.023**	0.004	0.079***	0.041***	0.053***	-0.019*	0.038***
PForeign	0.107***	1	0.026**	-0.096***	0.085***	0.059***	-0.036***	-0.181***	0.078***	0.088***	0.026**	0.090***
Size	0.095***	0.047***	1	0.489***	-0.272***	-0.108***	0.204***	0.346***	-0.088***	-0.049***	0.159***	-0.190***
Lev	-0.012	-0.085***	0.463***	1	-0.461***	-0.115***	0.222***	0.317***	-0.099***	-0.108***	0.125***	-0.172***
CashHol	0.006	0.076***	-0.292***	-0.480***	1	0.091***	-0.184***	-0.141***	0.005	0.071***	-0.078***	0.099***
HHI	-0.024**	0.075***	-0.135***	-0.171***	0.234***	1	-0.105***	-0.133***	-0.016	0.083***	-0.029***	0.065***
Est	0.007	-0.031***	0.191***	0.223***	-0.212***	-0.100***	1	0.158***	-0.013	-0.052***	0.080***	-0.110***
SOE	0.079***	-0.176***	0.353***	0.313***	-0.161***	-0.107***	0.155***	1	-0.222***	-0.252***	0.180***	-0.280***
DlQU	0.041***	0.076***	-0.091***	-0.101***	0.010	-0.063***	-0.011	-0.222***	1	0.059***	-0.074***	0.104***
Boc	0.053***	0.081***	-0.051***	-0.110***	0.046***	0.091***	-0.049***	-0.252***	0.059***	1	0.057***	0.100***
BoardSize	-0.015	0.002	0.143***	0.131***	-0.081***	-0.011	0.072***	0.171***	-0.075***	0.071***	1	-0.109***
Dua	0.038***	0.077***	-0.182***	-0.169***	0.110***	0.066***	-0.108***	-0.280***	0.104***	0.100***	-0.094***	1

注：左下三角为 Pearson 相关系数，右上三角为 Spearman 相关系数；*、**、*** 分别表示在 10%、5%、1% 的水平下显著。

三 单变量分析

按照海归董事比例 *PForeign* 的中位数将全样本划分为海归董事比例高和海归董事比例低两组，采用 t 检验的方法考察了两组样本在发起跨境并购的决策上是否存在显著差异，结果如表 5.4 所示。可以发现，*M&A* 在两组之间的均值差异为 0.05，对应 t 值为 -7.94，在 1% 的水平下显著，表明海归董事比例较高的公司更易发起跨境并购，进一步支持了本章的研究假设 H5.1。其他影响跨境并购发起的因素大部分在组间也存在显著差异，说明本章构建的模型具有较强的合理性。

表 5.4 单变量均值差异检验

变量	观测值	海归董事比例低	观测值	海归董事比例高	低 - 高	t 值
M&A	4445	0.07	4215	0.12	- 0.05 ***	- 7.94
Size	4445	21.88	4215	21.93	- 0.05 **	- 2.19
Lev	4445	0.47	4215	0.48	- 0.01	- 0.21
CashHol	4445	0.17	4215	0.20	- 0.03 ***	- 7.63
HHI	4445	0.29	4215	0.30	- 0.01 ***	- 5.99
Est	4445	15.78	4215	15.34	0.44 ***	3.78
SOE	4445	0.43	4215	0.26	0.17 ***	17.19
DIQU	4445	0.56	4215	0.63	- 0.07 ***	- 6.63
Boc	4445	0.29	4215	0.37	- 0.08 ***	- 8.17
BoardSize	4445	10.42	4215	10.13	0.29 ***	5.05
Dua	4445	0.23	4215	0.31	- 0.08 ***	- 8.58

注：**、*** 分别表示在 5%、1% 的水平下显著。

四 回归结果分析

表 5.5 报告了模型（5-2）和模型（5-3）的 Logit 回归分析结果。表 5.5 的第（1）列报告了海归董事对企业跨境并购发起影响的回归结果，结果显示，海归董事的回归系数为 1.841，在 1% 的水平下显著为正。实证结果说明，海归董事与企业跨境并购发起正相关，当董事会中海归董事比例较高时，企业更可能发起跨境并购，这验证了假设

H5.1。海归董事的海外经历使其积累了丰富的海外关系资源与独特能力，具有更强的国际商业机会敏锐性，更容易为国际市场所接受和信任，可以最大化地识别和利用商业机会，从而促进企业发起跨境并购。在控制变量方面，$Size$ 的回归系数在 1% 的水平下显著为正，表明企业的规模越大，企业越有可能发起跨境并购；HHI 的回归系数在 10% 的水平下显著为负，说明当企业所处的行业竞争程度较大时，企业发起跨境并购的意愿更强；SOE 的回归系数在 10% 的水平下显著为正，表明国有企业依然是跨境并购的主力军，这与现实情况相一致；$DIQU$ 的回归系数在 5% 的水平下显著为正，表明沿海地区的企业更易发起跨境并购；Boc 的回归系数在 10% 的水平下显著为正，这表明当董事会存在过度自信的情况时，企业更易发起跨境并购。对于其他控制变量，其估计系数与显著性水平与现有研究基本保持一致，符合相关理论预期。

表 5.5　海归董事对企业跨境并购发起影响的回归结果

变量	(1)	(2)	(3)	(4)
$PForeign$	1.841 ***	2.432 ***	2.059 **	2.188 ***
	(5.29)	(4.22)	(2.41)	(2.84)
$PForeign \times DIQU$		0.878 *		
		(1.94)		
$PForeign \times HHI$			-0.719 *	
			(-1.92)	
$PForeign \times SOE$				1.610 **
				(2.54)
$Size$	0.442 ***	0.444 ***	0.442 ***	0.407 ***
	(8.49)	(8.56)	(8.49)	(9.15)
Lev	-0.365	-0.365	-0.365	-0.421
	(-1.17)	(-1.17)	(-1.17)	(-1.50)
$CashHol$	0.330	0.327	0.334	0.543 *
	(0.94)	(0.93)	(0.95)	(1.73)
HHI	-1.043 *	-1.038 *	-0.935 *	-0.872
	(-1.96)	(-2.05)	(-1.88)	(-1.33)
Est	0.004	0.004	0.004	0.005
	(0.46)	(0.48)	(0.47)	(0.56)

续表

变量	（1）	（2）	（3）	（4）
SOE	0.664 *	0.653 ***	0.663 ***	0.694 ***
	（1.98）	（4.88）	（4.97）	（5.16）
DIQU	0.208 **	0.322 **	0.208 **	0.214 **
	（2.10）	（2.41）	（2.10）	（2.15）
Boc	0.142 *	0.142 *	0.154 *	0.147 *
	（1.68）	（1.78）	（1.85）	（1.74）
BoardSize	− 0.022	− 0.022	− 0.022	− 0.021
	（− 1.28）	（− 1.26）	（− 1.29）	（− 1.26）
Dua	0.147	0.145	0.147	0.250 *
	（1.48）	（1.45）	（1.48）	（1.88）
常数项	− 12.020 ***	− 12.135 ***	− 12.054 ***	− 11.539 ***
	（− 10.27）	（− 10.39）	（− 10.19）	（− 10.67）
年份固定效应	控制	控制	控制	控制
行业固定效应	控制	控制	控制	控制
N	8660	8660	8660	8660
Pseudo R^2	0.076	0.076	0.076	0.076

注：括号内报告的是 z 统计量；＊、＊＊、＊＊＊分别表示在 10%、5%、1% 的水平下显著。

表 5.5 的第（2）列报告了地域差异对海归董事与企业跨境并购发起之间关系的调节效应的回归分析结果。可以看出，海归董事与地域差异的交互项（*PForeign* × *DIQU*）的回归系数在 10% 的水平下显著为正。这一结果表明，地域差异对海归董事与企业跨境并购发起之间的关系具有正向的调节效应，即在沿海地区的企业中，海归董事更易发起跨境并购，验证了本章假设 H5.2。造成这一现象的原因不难理解，自古以来，中国沿海地区开展海外贸易就更为频繁，这一长期的文化沉淀将会对企业的行为产生潜移默化的影响，进一步激发海归董事发起跨境并购的信心和决心。除此之外，沿海地区对外开放时间较早，相关制度和基础配套设施更为成熟，这也在一定程度上为海归董事发起跨境并购提供了便利。

表 5.5 的第（3）列报告了国内市场竞争程度对海归董事与企业跨境并购发起之间关系的调节效应的回归分析结果。可以发现，海归董事

与市场竞争程度的交互项（$PForeign \times HHI$）的回归系数为 -0.719，在 10%的水平下显著为负。这一结果表明，市场竞争程度对海归董事与企业跨境并购发起之间的关系具有正向的调节效应。因为赫芬达尔指数是个负向指标，赫芬达尔指数越小，说明行业集中度越高，市场竞争越激烈，因此交互项系数为负，说明市场竞争程度越激烈，越强化主效应的正向关系，即当企业面临较大的市场竞争时，海归董事可以充分发挥其优势，促进企业跨境并购的发起，验证了本章假设 H5.3。对此可能的解释是，伴随市场竞争的加剧，企业在国内市场面临的竞争与压力促使企业"走出去"寻找新的市场。而海归董事的存在，可以使企业适应不同国家的内外部环境，有助于催化企业快速实现管理的国际化转型，提升企业内部管理水平，提高企业管理维度的国际竞争力，从而有利于企业更好地理解和应对来自全球市场的刺激，帮助企业在激烈复杂的竞争中最大化地识别和利用跨国商业机会，进而促进企业跨境并购的发起。

表 5.5 的第（4）列报告了股权性质对海归董事与企业跨境并购发起之间关系的调节效应的回归分析结果。可以发现，海归董事与股权性质的交互项（$PForeign \times SOE$）的回归系数为 1.610，在 5%的水平下显著为正。这一结果表明，股权性质对海归董事与企业跨境并购发起之间的关系具有正向的调节效应，即当企业为国有企业时，海归董事可以充分发挥其优势，促进企业跨境并购的发起，本章假设 H5.4 得以证实。一般来说，转轨经济体中股权性质差异会对企业利益主体的行为产生深刻影响。在中国制度背景下，国有企业的诸多优惠政策为海归董事充分发挥自身的国际化优势提供了资源与平台，促使企业发起跨境并购。因此，海归董事对企业跨境并购发起的促进作用在国有企业中更加显著。

五 稳健性检验

（一）内生性检验

事实上，本章所用海归董事变量可能存在一定的内生性问题。例如，海归董事比例高的公司可能本身的国际经营管理水平也较高，这类公司开展跨境并购活动的可能性更大。又如，可能存在某个未观测的遗漏变量同时影响着海归董事和企业跨境并购的发起。尽管本章回归模型中的自变量和控制变量已滞后因变量一期，已经在一定程度上消除了内生性问题对研究结论的干扰，但为了保证本章研究结论的稳健性，本章借鉴朱冰等（2018）的内生性处理逻辑，分别使用 PSM 配对回归分析和工具变量两阶段回归的方法对四个假设进行进一步的内生性检验。

1. PSM 配对回归分析

假设检验部分的实证结果表明，海归董事更倾向于发起跨境并购，且地域差异、市场竞争程度和股权性质会调节二者之间的关系。但是，这一结果可能会受到样本选择偏差的影响。为了避免样本选择偏误导致的内生性问题对模型估计效率的影响，采用倾向得分匹配（PSM）的方法，在海归董事比例低的公司中，选取一组与海归董事比例高的公司在其他特征上相似的公司来构建对照组进行分析。具体地，第一步，按照 $PForeign$ 是否高于年份、行业中位数生成 $PForeign\_Dum$ 哑变量；第二步，构建海归董事比例高低的 Logit 回归模型，回归的因变量为第一步生成的哑变量 $PForeign\_Dum$，用来匹配的协变量为前文基准模型中的控制变量；第三步，根据最近邻匹配的原则，按照 1:1 无放回地从低海归董事比例组的公司中选择倾向得分最接近的样本进行匹配，当出现与实验组距离一样的两个控制组样本时，允许并列，以便提高匹配的效率，最终匹配得到 1953 个观测值；第四步，利用 PSM 配对后的样本对本章所有检验结果重新进行验证。

为了保证匹配结果的可靠性，本章对倾向得分的平衡性进行了检验，结果如表 5.6 所示。观察表 5.6 匹配变量匹配前后的经验 p 值可以发现，在匹配后，实验组与控制组之间差异检验的 p 值均大于 10%，这说明经过 PSM 配对后，实验组与控制组的上述基本特征已经不存在明显的差异。因此，本章的匹配过程是有效的，本章所使用的匹配方法有效地控制了样本偏差问题。

表 5.6 PSM 匹配变量平衡性检验

变量	匹配	平均值		标准偏差（%）	偏差减少幅度（%）	t 值	p 值
		实验组	控制组				
Size	匹配前	21.933	21.871	4.9	92.8	2.27	0.023
	匹配后	21.874	21.879	-0.4		-0.15	0.884
Lev	匹配前	0.476	0.468	0.5	-65.7	0.21	0.831
	匹配后	0.459	0.446	0.8		0.60	0.549
CashHol	匹配前	0.198	0.173	16.3	93.5	7.60	0.000
	匹配后	0.185	0.187	-1.1		-0.43	0.664
HHI	匹配前	0.305	0.290	12.9	77.8	6.02	0.000
	匹配后	0.292	0.295	-2.9		-1.22	0.223
Est	匹配前	15.375	15.805	-7.7	81.6	-3.57	0.000
	匹配后	15.555	15.475	1.4		0.57	0.567
SOE	匹配前	0.258	0.431	-37.0	93.2	-17.19	0.000
	匹配后	0.315	0.303	2.5		1.03	0.301
DIQU	匹配前	0.629	0.559	14.3	96.1	6.66	0.000
	匹配后	0.607	0.609	-0.6		-0.23	0.821
Boc	匹配前	0.372	0.289	17.6	90.2	8.19	0.000
	匹配后	0.328	0.336	-1.7		-0.70	0.483
BoardSize	匹配前	10.160	10.443	-10.2	83.3	-4.75	0.000
	匹配后	10.307	10.259	1.7		0.70	0.485
Dua	匹配前	0.307	0.226	18.5	93.4	8.61	0.000
	匹配后	0.266	0.271	-1.2		-0.50	0.619

表 5.7 报告了匹配后的样本的回归结果。可以发现，在控制了样本选择偏差后，海归董事的系数为 1.789，在 10% 的水平下正向影响企业跨境并购的发起，而且，地域差异、市场竞争程度和股权性质与海归董事的交互项的回归系数至少在 10% 的水平下显著，进一步验证了本章的研究假设。以上经验证据表明，在考虑了样本选择偏差的内生性问题后，本章的相关研究结论并未发生改变。

表 5.7 PSM 的回归结果

变量	（1）	（2）	（3）	（4）
$PForeign$	1.789 *	1.994 **	1.691 *	1.648 *
	（1.95）	（2.61）	（1.86）	（1.91）
$PForeign \times DIQU$		0.265 *		
		（2.18）		
$PForeign \times HHI$			− 2.768 **	
			（− 2.51）	
$PForeign \times SOE$				4.666 *
				（1.73）
$Size$	0.332 ***	0.332 ***	0.329 ***	0.354 ***
	（3.72）	（3.72）	（3.70）	（3.88）
Lev	0.034 **	0.034 **	0.034 **	0.036 **
	（2.34）	（2.38）	（2.33）	（2.47）
$CashHol$	1.031 *	1.029 *	1.026 *	1.114 *
	（1.78）	（1.78）	（1.77）	（1.90）
HHI	− 0.611 **	− 0.609 **	− 0.580 *	− 0.563 *
	（− 2.31）	（− 2.31）	（− 2.04）	（− 1.98）
Est	0.021	0.021	0.022	0.021
	（1.24）	（1.24）	（1.26）	（1.22）
SOE	0.667 **	0.661 **	0.651 **	0.466 *
	（2.79）	（2.81）	（2.82）	（1.85）
$DIQU$	0.439 **	0.477 *	0.432 **	0.468 **
	（2.24）	（1.66）	（2.21）	（2.37）
Boc	0.122	0.122	0.124	0.117
	（0.82）	（0.82）	（0.83）	（0.79）
$BoardSize$	− 0.027	− 0.027	− 0.028	− 0.025
	（− 0.84）	（− 0.84）	（− 0.87）	（− 0.77）
Dua	0.344 *	0.342 *	0.345 *	0.350 *
	（1.89）	（1.89）	（1.90）	（1.92）
常数项	− 11.255 ***	− 11.268 ***	− 11.377 ***	− 11.935 ***
	（− 4.91）	（− 4.93）	（− 4.92）	（− 5.10）
年份固定效应	控制	控制	控制	控制
行业固定效应	控制	控制	控制	控制
N	1953	1953	1953	1953
Pseudo R^2	0.115	0.115	0.116	0.117

注：括号内报告的是 z 统计量；* 、** 、*** 分别表示在10% 、5% 、1% 的水平下显著。

2. 工具变量两阶段回归

考虑到董事会组成可能具有内生性，海归董事对企业跨境并购发起的影响可能会因遗漏变量而产生偏误，导致估计系数不一致，影响结论的合理性。因此，本章将采用工具变量两阶段回归法（2SLS）进行回归，缓解潜在的内生性问题。同年度同地区同行业的上市公司可能面临类似的市场环境及政策，它们的海归人才引进可能具有一定的相关性，而且尚未有证据表明同地区同行业的其他上市公司的海归董事会影响本公司跨境并购的发起。因此，本章选取同年度同地区同行业其他公司的海归董事比例的中位数作为工具变量，对上述研究结论重新进行检验。表 5.8 报告了工具变量的回归结果。可以发现，在控制了遗漏变量的内生性问题之后，海归董事的回归系数依然在 1% 的水平下显著为正，而且，海归董事与地域差异、国内市场竞争程度、股权性质的交互项的回归系数至少在 10% 的水平下显著，进一步验证了本章的研究假设。以上经验证据表明，在考虑了遗漏变量的内生性问题之后，本章的相关研究结论并未发生改变。

表 5.8 工具变量的回归结果

变量	（1）	（2）	（3）	（4）
PForeign	0.412 ***	0.376	0.923 ***	0.214 ***
	（4.55）	（1.42）	（11.13）	（2.60）
PForeign × DIQU		0.763 *		
		（1.98）		
PForeign × HHI			− 6.438 ***	
			（− 9.50）	
PForeign × SOE				0.652 *
				（1.77）
Size	0.032 **	0.046 **	0.066 *	0.040 *
	（2.36）	（2.31）	（1.97）	（2.11）
Lev	0.010	− 0.007	0.014 *	− 0.006
	（0.56）	（− 0.56）	（1.70）	（− 0.46）
CashHol	0.237 *	0.397 *	0.378 ***	0.308 *
	（1.79）	（1.74）	（3.83）	（1.76）

续表

变量	（1）	（2）	（3）	（4）
HHI	-0.298 * （-2.17）	-0.400 * （-2.09）	-6.494 *** （-7.22）	-0.521 ** （-2.32）
Est	0.008 ** （2.44）	0.008 *** （3.36）	0.005 * （1.80）	0.006 * （1.67）
SOE	0.052 * （1.92）	0.122 （0.59）	0.033 （0.29）	0.320 （0.61）
DIQU	0.417 * （1.96）	-0.614 （-1.11）	0.046 （1.16）	-0.053 （-0.71）
Boc	0.139 （0.81）	0.007 （0.12）	0.015 （0.40）	0.028 （0.66）
BoardSize	-0.011 * （-1.88）	-0.010 * （-1.71）	-0.005 （-1.02）	-0.011 * （-1.91）
Dua	0.249 （1.36）	-0.030 （-0.60）	0.026 （0.76）	-0.009 （-0.19）
常数项	-11.832 *** （-5.40）	0.619 （0.14）	-4.229 *** （-2.77）	-1.034 （-0.43）
年份固定效应	控制	控制	控制	控制
行业固定效应	控制	控制	控制	控制
N	8228	8228	8228	8228
Pseudo R^2	0.070	0.075	0.076	0.071

注：括号内报告的是 z 统计量；*、**、*** 分别表示在 10%、5%、1% 的水平下显著。

（二）其他稳健性检验

替换解释变量海归董事的代理指标。考虑到海归董事衡量指标的类型及偏误可能影响前述研究结论的稳健性，参考 Giannetti 等（2015）、周泽将等（2017）、宋建波和文雯（2016）的研究，进一步采用董事会中是否有海归董事（*DForeign*）及董事会中海归董事的人数（*NForeign*）作为解释变量，重新检验海归董事对企业跨境并购发起的影响，结果如表 5.9 和表 5.10 所示。可以发现，是否有海归董事（*DForeign*）和海归董事人数（*NForeign*）的回归系数均在 1% 的水平下显著，即当公司董事会中存在海归董事、海归董事人数越多时，越能促使企业发起

◇ 海归董事与中国企业跨境并购

跨境并购。而且，地域差异、国内市场竞争程度、股权性质对海归董事
与企业跨境并购发起之间关系的调节效应依然成立。以上经验证据联合
表明，本章的研究结论并不会受到核心解释变量衡量指标选择的影响，
相关结论是稳健的。

表 5.9　使用是否存在海归董事作为解释变量的回归结果

变量	(1)	(2)	(3)	(4)
DForeign	0.337***	0.506***	0.222	0.344***
	(3.66)	(3.34)	(0.81)	(3.34)
DForeign × DIQU		0.260*		
		(1.91)		
DForeign × HHI			−0.389*	
			(−1.95)	
DForeign × SOE				0.430*
				(2.14)
Size	0.456***	0.456***	0.457***	0.457***
	(8.68)	(8.68)	(8.68)	(8.67)
Lev	−0.358	−0.360	−0.360	−0.359
	(−1.15)	(−1.16)	(−1.16)	(−1.15)
CashHol	0.367	0.361	0.362	0.366
	(1.05)	(1.03)	(1.03)	(1.05)
HHI	−0.936*	−0.912*	−1.195*	−0.934*
	(−1.96)	(−1.94)	(−2.02)	(−1.96)
Est	0.003	0.004	0.003	0.003
	(0.37)	(0.38)	(0.36)	(0.37)
SOE	−0.694***	−0.682***	−0.694***	−0.675***
	(−5.18)	(−5.10)	(−5.19)	(−3.68)
DIQU	0.220**	0.392**	0.220**	0.221**
	(2.22)	(2.52)	(2.22)	(2.22)
Boc	0.143*	0.144*	0.143*	0.143*
	(1.70)	(1.72)	(1.70)	(1.70)
BoardSize	−0.030*	−0.030*	−0.030*	−0.030*
	(−1.70)	(−1.69)	(−1.70)	(−1.70)
Dua	0.144*	0.143*	0.144*	0.144*
	(1.95)	(1.94)	(1.95)	(1.95)

续表

变量	（1）	（2）	（3）	（4）
常数项	-12.333 ***	-12.437 ***	-12.254 ***	-12.347 ***
	（-10.42）	（-10.52）	（-10.13）	（-10.39）
年份固定效应	控制	控制	控制	控制
行业固定效应	控制	控制	控制	控制
N	8660	8660	8660	8660
Pseudo R^2	0.072	0.073	0.072	0.072

注：括号内报告的是 z 统计量；*、**、***分别表示在10%、5%、1%的水平下显著。

表 5.10 使用海归董事人数作为解释变量的回归结果

变量	（1）	（2）	（3）	（4）
NForeign	0.189 ***	0.245 ***	0.238 ***	0.200 ***
	（5.30）	（4.46）	（3.01）	（5.03）
NForeign × DIQU		0.080 *		
		（1.90）		
NForeign × HHI			-0.155 *	
			（-1.94）	
NForeign × SOE				0.049 *
				（1.96）
Size	0.439 ***	0.442 ***	0.440 ***	0.443 ***
	（8.47）	（8.54）	（8.47）	（8.48）
Lev	-0.359	-0.362	-0.361	-0.371
	（-1.15）	（-1.16）	（-1.15）	（-1.19）
CashHol	0.324	0.317	0.328	0.317
	（0.92）	（0.90）	（0.93）	（0.90）
HHI	-1.059 *	-1.044 *	-0.820 *	-1.048 *
	（-1.97）	（-1.96）	（-1.89）	（-1.96）
Est	0.004	0.005	0.004	0.004
	（0.47）	（0.49）	（0.48）	（0.49）
SOE	0.656 *	0.646 *	0.653 *	0.598 *
	（1.92）	（1.84）	（1.89）	（1.82）
DIQU	0.202 *	0.310 **	0.202 *	0.206 *
	（2.04）	（2.41）	（2.04）	（2.06）
Boc	0.142 *	0.145 *	0.143 *	0.143 *
	（1.69）	（1.72）	（1.70）	（1.69）

续表

变量	（1）	（2）	（3）	（4）
BoardSize	− 0.045 ** （− 2.45）	− 0.045 ** （− 2.44）	− 0.044 ** （− 2.44）	− 0.045 ** （− 2.45）
Dua	0.151 （1.52）	0.149 （1.49）	0.151 （1.52）	0.152 （1.53）
常数项	− 11.749 *** （− 10.04）	− 11.880 *** （− 10.14）	− 11.837 *** （− 10.04）	− 11.849 *** （− 10.04）
年份固定效应	控制	控制	控制	控制
行业固定效应	控制	控制	控制	控制
N	8660	8660	8660	8660
Pseudo R^2	0.076	0.077	0.076	0.076

注：括号内报告的是 z 统计量；＊、＊＊、＊＊＊分别表示在 10%、5%、1% 的水平下显著。

六　进一步分析

不同的海外经历及董事会职位赋予董事不同的"发声"能力和影响力，拥有直接经验和实质性话语权才有能力和动力做出更有利于公司发展的决策。前文分析表明，海归董事更倾向于发起跨境并购，那么海归董事的不同海外经历及职位类型对企业跨境并购发起的影响是否存在差异，仍然需要进行进一步的考察。

（一）海归董事海外经历类型的影响

相对于董事的海外学习经历，具有海外工作经历的海归董事对海外企业的运作模式、管理技能和经验更加熟悉，可以给企业带来更加直接的国际经验，并且以更高效率和质量将其运用到所任职公司的管理实践中，在企业决策中拥有更大的话语权，可以更好地发挥其职能。基于此，可以预期，相较于董事的海外学习经历，海归董事的海外工作经历对企业跨境并购发起产生的边际效应更大。因此，在模型（5 - 2）的基础上，进一步将海归董事区分为具有海外学习经历的海归董事（*PForeign Study*）和具有海外工作经历的海归董事（*PForeign Work*）进行回

归，结果如表 5.11 的第（1）列所示。具有海外工作经历的海归董事
（*PForeign Work*）与企业跨境并购发起（*M&A*）在 1% 的水平下显著正相
关，而具有海外学习经历的海归董事（*PForeign Study*）的回归系数大于
0 但不显著，且前者的标准化系数更大。该结果表明，海归董事的海外
工作经历对企业跨境并购发起的增量贡献更大，上述理论预期得以证
实。究其原因，海归董事的海外学习经历的优势多见于跨国跨文化交流
和国际网络资源上，而劣势在于对市场竞争与需求了解不够，相应地无
法对企业跨境并购发起做出准确的判断。相较之下，海归董事的海外工
作经验能够帮助企业了解国外市场竞争环境，准确把握当地市场需求和
营销渠道，因此在跨境并购发起过程中的边际贡献更大。

表 5.11　海归董事的海外经历类型及职位类型的检验结果

变量	（1）海外经历类型	（2）职位类型
PForeign Study	0.066	
	(1.14)	
PForeign Work	2.781 ***	
	(6.34)	
KeyForeign		0.425 ***
		(3.11)
NoKeyForeign		0.138 ***
		(3.76)
Size	0.407 ***	0.410 ***
	(9.09)	(9.30)
Lev	0.040 ***	0.041 ***
	(2.75)	(3.10)
CashHol	0.504	0.540 *
	(1.60)	(1.71)
HHI	− 1.192 *	− 1.151 *
	（− 1.87)	（− 1.86)
Est	0.003	0.005
	(0.38)	(0.57)
SOE	0.695 *	0.691 *
	(2.20)	(2.13)

续表

变量	(1) 海外经历类型	(2) 职位类型
DIQU	0.201 **	0.207 **
	(2.02)	(2.08)
Boc	0.146 *	0.147 *
	(1.72)	(1.74)
BoardSize	− 0.021	− 0.040 **
	(− 1.24)	(− 2.25)
Dua	0.132	0.146
	(1.32)	(1.47)
常数项	− 11.373 ***	− 11.297 ***
	(− 10.55)	(− 10.58)
年份固定效应	控制	控制
行业固定效应	控制	控制
N	8660	8660
Pseudo R^2	0.080	0.077

注：表格内的回归系数均为标准化系数；括号内报告的是 z 统计量；*、**、*** 分别表示在 10%、5%、1% 的水平下显著。

（二）海归董事职位类型的影响

如前所述，海归董事可以凭借其海外经历所积累的独特资源与能力优势促使企业发起跨境并购。诚然，海外经历为海归董事有效履行其职能提供了保障，但在一定程度上，董事的决策权及影响力受制于其在董事会中的职位。不同的董事会职位赋予董事不同的"发声"能力和影响力，只有拥有实质性的话语权才有能力和动力去做出更有利于公司发展的决策。根据现行公司治理制度的安排，董事长和总经理作为公司关键职位董事，在企业决策中发挥着至关重要的作用。周泽将等（2017）的研究也证实处于关键职位的海归董事对企业国际化水平的提升效应更显著。综上所述，可以预期，关键职位的海归董事对企业跨境并购发起的增量贡献更大。因此，在模型（5 - 2）的基础上，进一步将海归董事区分为海归背景关键职位董事 *KeyForeign*（若关键职位董事比如总经理或董事长具有海归背景，则取值为 1，否则为 0）和海归背景非关键

职位董事 *NoKeyForeign*（若董事会中非关键职位董事具有海归背景，则取值为 1，否则为 0）进行回归，结果如表 5.11 的第（2）列所示。可以发现，海归背景关键职位董事（*KeyForeign*）和海归背景非关键职位董事（*NoKeyForeign*）的标准化系数均在 1% 的水平下显著为正，但前者的系数更大。这表明，海归背景关键职位董事之于企业跨境并购发起的促进作用较海归背景非关键职位董事更显著。一般来说，在中国情境下，相较于普通董事，关键职位董事（董事长和总经理）在企业决策中的话语权和分量更大。因此，当海归董事处于董事长或总经理的关键职位时，他更能促进企业跨境并购的发起，这一结果符合企业的运营逻辑。

第五节　本章小结

众所周知，是否发起并购以及发起何种并购是并购交易流程中企业面临的第一个选择，也是最重要的选择。董事会作为企业权力结构的重要实体，是并购战略的决策和实施控制部门，海归董事的海外经历所积累的独特资源与能力优势势必会影响我国上市公司发起跨境并购的决策。因此，本章以 2009～2017 年发起并购的中国 A 股上市公司为样本，考察海归董事对企业跨境并购发起的影响。在此基础上，进一步探究地域差异、市场竞争程度及股权性质对海归董事与企业跨境并购发起之间关系的调节效应以及海归董事的不同海外经历类型和职位类型对跨境并购发起的影响是否存在差异。实证研究得出以下结论。首先，海归董事可以凭借其海外经历所积累的独特资源与能力优势显著促使企业发起跨境并购，在进行了包括内生性检验在内的多组稳健性检验后，上述结论依然成立。其次，沿海地区企业的海归董事与跨境并购发起之间的正相关关系相对更强；当企业所处的市场竞争越激烈时，海归董事越易发起跨境并购；国有企业的海归董事对企业跨境并购发起的促进效应更大。最后，对海归董事的分类检验发现，海归董事促进跨境并购发起的效应受到其海外经历及职位类型的影响。相较于海外学习经历，海归董事的海外工作经历对企业跨境并购发起的边际效应更大；相较于普通职位的海归董事，关键职位的海归董事对企业跨境并购发起的增量贡献更大。

第六章　海归董事对企业跨境并购溢价的影响

在跨境并购过程中，并购价格的确定是最为复杂、最为关键的内容，并购双方所关注的核心问题都聚焦于如何降低成本、提高并购收益。对主并企业来说，并购溢价将对并购成本产生重大影响。因此，本章从海归董事这一微观视角出发，考察海归董事能否依靠相关海外经历所积累的独特资源与能力优势来降低企业跨境并购溢价。本章结构安排如下：第一部分为问题的提出；第二部分为理论分析与研究假设；第三部分为研究设计；第四部分为实证结果与分析，包括描述性统计分析、相关性分析、单变量分析、回归结果分析以及稳健性检验，并进行了进一步分析，探讨了海归董事对企业跨境并购溢价的影响是否因其海外经历类型及职位类型的不同而存在差异；最后一部分为本章小结。

第一节　问题的提出

在跨境并购过程中，并购定价直接关系到交易的效率和效果，成为并购决策的核心内容。在跨境并购定价的实践中，由于国际化知识经验不足及制度环境约束，我国企业缺乏对价格的合理掌控以及讨价还价的博弈能力，使得"中国溢价"现象在国际并购市场广泛存在。根据彭博信息统计，近十年来，中企跨境并购交易平均溢价率达到28.82%，均胜电子收购 KSS 的溢价率达到94%，创造了"中国溢价"的新高度。虽然过高的并购溢价有助于提高并购成功的可能性，但也可能导致后续经营的资金紧张，甚至影响到并购后的公司绩效。因此，如何提高并购决策效率、缓解"中国溢价"现象成为跨境并购的实践焦点与理论热点。

根据资源依赖理论和委托代理理论，在现代公司治理结构中，董事会是企业权力结构的重要实体（李维安等，2014），具有公司战略决策及实施监督功能。董事会成员作为连接公司内外部的"桥梁"，不断向公司输入发展所需的各种资源以保证公司战略目标的实现和经营决策的有效性。根据高阶理论，董事的个人特质（阅历、价值观和个性等）对公司战略决策具有重大影响（Hambrick and Mason，1984）。董事能否高效地履行咨询职能、提高决策质量取决于自身的特质和能力。我国各级政府在加速企业"走出去"的同时也陆续出台并提供了一系列引智引才的优惠政策和便利条件，使得大批具有海外经历的管理人才进入董事会，以优化董事会结构、提高其决策质量。现有的经验证据发现，海归董事的海外工作经验与学习经历不仅可以促进公司创新（宋建波、文雯，2016），其所积累的社会网络资源还有助于企业拓展海外市场（Giannetti et al.，2015；周泽将等，2017）。然而，海归董事能否依靠相关海外经历和社会网络资源提高跨境并购定价效率，抑制"中国溢价"，目前尚未有文献对此展开研究。

此外，高阶理论指出，管理者决策行为通常高度依赖企业的具体情境（Hambrick and Mason，1984），不同决策情境会影响管理者的个人感知与认知偏差（吴小节等，2017）。首先，在中国制度背景下，不同地区之间的制度环境差异较大，这会对企业的行为产生影响（La Porta et al.，2000；Hitt and Xu，2016）。周泽将等（2017）的研究发现，地域差异对董事海外经历与企业国际化水平具有显著的调节效应。基于此，我们在考察海归董事对企业跨境并购溢价的影响时有必要引入地域差异这一决策情境。其次，组织经济学与战略管理的相关研究认为，公司战略决策与其所面临的市场环境紧密相关（徐虹等，2015）。当前，由于我国经济产能过剩、内需拉动不足，同时受到汇率波动与国际税收的影响，我国企业普遍面临着国内外市场竞争的双重压力。市场竞争作为一种较强的外部治理机制，将会影响海归董事与企业跨境并购溢价之间的关系。因此，有必要进一步分析市场竞争程度对海归董事与企业跨境并购溢价之间关系所产生的影响。最后，股权结构是产权在微观企业的体现，亦是企业的灵魂和基础，企业不同的股权性质将伴生不同的资源禀赋和治理结构，最终影响着企业的微观行为和经营绩效（Alchian，1965）。所有权带来的委托代理问题以及国有企业的资源优势都可能导致海归董事在不同产权类型企业中发挥的效用不尽相同。因此，在考察海归董事对企业跨境并购溢价的影响时有必要结合企业的股权性质进行分析。综上所述，本章将探讨地域差异、市场竞争程度和股权性质在海归董事与企业跨境并购溢价间潜在的情境作用。

基于上述分析，本章聚焦跨境并购定价这一过程，利用SDC Platinum数据库2009~2017年披露的中国A股上市公司跨境并购溢价的经验数据，旨在探讨以下问题：（1）海归董事将会对企业跨境并购溢价产生怎样的影响？（2）海归董事对企业跨境并购溢价的影响是否会因主并企业所处地域、市场竞争环境及股权性质的不同而有所差异？（3）海归董事对企业跨境并购溢价的影响是否因其海外经历类型和职位的不同而有所差异？

第二节 理论分析与研究假设

一 海归董事与企业跨境并购溢价

主并企业在锁定目标企业后，就进入确定并购溢价的关键节点。在这一阶段，主并企业需要对目标企业进行深入的尽职调查，对企业的价值与风险进行评估，这是企业确定合理并购价格范围的主要依据。企业并购定价作为企业并购战略决策的核心内容，本质上是并购双方在不完全信息状态下的动态博弈过程。由于境外制度、社会文化以及市场环境的不同，外来者身份使主并企业在并购东道国容易遭受因不熟悉成本以及认知合法性缺失问题而产生的关系成本和歧视成本（Denk et al.，

2012），这些额外的成本作为外来者劣势，导致我国企业在跨境并购过程中面临更大的不确定性与信息不对称程度，这不仅影响主并企业管理者对并购目标的甄选及对目标企业价值与协同效应的评估，同时也降低了自身的议价能力。再加上在跨境并购过程中我国企业普遍存在的有限理性与"抄底"心理（薛琰如等，2016），其往往倾向于支付较高的并购溢价以追求并购成功。因此，在实施跨境并购战略时，提高我国企业并购定价效率，成为缓解"中国溢价"现象的关键。

董事是公司战略的决策者，根据资源依赖理论和委托代理理论，董事会咨询与监督职能履行的有效性直接影响着公司战略决策的质量与效率（Giannetti et al.，2015）。高阶理论认为，管理者的学历背景、职业经历等个人特征会显著影响管理者的行为选择和价值认知（Hambrick and Mason，1984），从而会影响董事职能的履行。董事会作为企业跨境并购的决策和实施控制部门，董事是企业跨境并购的决策主体，其在海外学习和工作的经历不仅提高了自身的认知水平、收集和分析复杂信息的能力，还拓展了国外关系网络，对缓解企业跨境并购定价过程中的信息不对称与不确定性问题发挥了增量贡献。具体到对企业跨境并购溢价的影响，其作用机理表现在以下方面。第一，海归董事深入理解海外政治、经济、社会（潜）规则（Sambharya，1996），对目标国市场环境和商业惯例具有较为完备的信息渠道（Burt，1992）以及成熟的数据挖掘、处理与分析能力，同时在掌握海外市场和目标企业软信息的数量和深度方面也存在增量优势，可以显著降低主并企业跨境并购的信息不对称程度，提高对目标企业价值评估的准确性，从而有助于提高并购定价效率。第二，海归董事积累了较多的海外社会关系网络资源（周泽将等，2017），能够有效应对跨境并购过程中的安全审查、政治风险等合法性缺失问题，以及提升主并双方的信任程度与合作意愿（Pisania et al.，2018），降低跨境并购的歧视成本和关系成本，减少跨境并购的不确定性，从而降低并购溢价。第三，具有国际化战略思维和运作能力的海归人才进入董事会，不仅可以通过组织学习效应提高跨境并购决策效率，还可以抑制并购博弈定价阶段本土董事所表现出来的过度自信或急于求成等有限理性（潘爱玲等，2018），通过优化定价谈判策略，降低并购溢价。第四，根据委托代理理论，管理者与股东之间代理问题的存在，可能导致在跨境并购定价过程中存在逆向选择和道德风险问题，使得企业支付较高的并购溢价。海归董事在资本市场发展较为完善和成熟的国家或地区接受优质教育和先进管理理念的熏陶，具有良好的专业技能和较强的投资者保护意识，并可以通过组织学习效应将这一价值取向渗透到所在公司管理的各个方面，从而可以潜移默化地将管理者与股东财富和企业价值联系起来，减少企业过度支付的现象。此外，海归董事拥有的广泛社交网络与丰富的社会资本优势，不仅意味着其拥有更庞大的人脉资源，对其来说也是一种外在监督，促使海归董事自发地坚持履职过程中的勤勉与审慎态度，以防影响自身声誉。这种出于声誉机制的外在监督使海归董事利用自身资源与能力优势来降低并购溢价。

根据以上分析可以预期，在企业跨境并购定价过程中，海归董事可以凭借自身积累的独特资源与能力优势，帮助主并企业更好地开展尽职调查，提高对目标企业价值评估的准确性，降低跨境并购定价过程中的风险，优化跨境并购定价谈判策略，从而提高企业跨境并购定价效率，缓解"中国溢价"现象。基于此，本章提出以下研究假设。

H6.1：在相同条件下，海归董事对企业跨境并购溢价具有显著的负向影响。

二　海归董事、地域差异与企业跨境并购溢价

地域文化是企业生存和发展的重要土壤，会对企业产生潜移默化的影响，比如黄灿等（2019）的研究发现，上市公司所在地宗教传统越浓，企业专利申请越多，企业的创新性越强；陈冬华等（2013）的研究也证实，宗教传统可以有效抑制企业的盈余管理、遏制企业的违规行为及降低企业被出具非标意见的概率；Bae等（2012）指出，规避不确定性风险的文化环境可以影响企业的股利政策。由于改革开放政策的大力实施，

中国沿海地区长期以来与海外的商业交流比较频繁，所在地区企业对海外市场进行了较多有益的探索。周泽将等（2017）的研究揭示，处于沿海地区的企业的国际化程度较高；Wu（2007）对中国1980~2007年的出口额进行研究，发现在这一时期，中国出口贸易额增长27倍，其中沿海地区所占比例在90%以上，远高于中西部地区。因此，地域文化将会影响海归董事凭借自身优势提高跨境并购定价效率作用的发挥。在沿海地区典型的海外经营的地域文化熏陶下，海归董事提升企业跨境并购的定价与谈判能力将得以充分发挥，进而降低企业跨境并购溢价的支付。

此外，不同地区间海归董事所能获取的政策支持力度也会存在较大差异。相较于内陆地区，沿海地区对外开放起步较早，发展水平较高，这些地区的经营环境和优惠政策更佳（刘青等，2013）。彭伟和符正平（2015）的研究发现，早在2008年全国引进海外人才的力度有限之时，广州、上海、深圳、苏州等沿海地区就已开展和推动高层次人才引进工作。正是由于这些政策的差异，中国总体上呈现"西弱、中平、东强"的非均衡人才创新环境格局（陈怡安，2015）。在沿海地区大力度政策支持的创业环境中，海归董事可以更好地发挥其在海外所积累的独特资源与能力优势，同时，在沿海地区国际化水平较高的商业环境的交互作用下，可以预见，海归董事更能提高企业跨境并购的定价效率与博弈能力。

综上所述，可以预期，在地域文化和政策支持的综合作用下，若海归董事任职于沿海地区企业，外加沿海地区天然的地理优势，其所积累的独特资源与能力优势将会有效抑制企业的跨境并购溢价。基于此，本章提出以下研究假设。

H6.2：在相同条件下，主并企业为沿海地区企业时，海归董事对企业跨境并购溢价的抑制效应更显著。

三 海归董事、国内市场竞争程度与企业跨境并购溢价

组织经济学与战略管理的相关研究认为，公司战略决策与其所面临的市场环境紧密相关。当前，由于我国经济产能过剩、内需拉动不足，

同时受到汇率波动与国际税收的影响，我国企业普遍面临着国内外市场竞争的双重压力。因此，实施多元化战略，抢占全球市场份额，寻求海外市场以获取外生的竞争优势，克服企业负外部性，减少竞争，成为面临较大市场竞争的企业进行跨境并购的主要动因（Rui and Yip，2008）。在此背景下，主并企业管理者为了提高跨境并购完成率，出于急于求成或"抄底"心理，往往选择支付更高的对价，从而产生更高的并购溢价。陈仕华等（2015）认为，国企高管面临较为严重的企业成长压力问题时会不惜代价追求快速的外在并购进行扩张且支付的溢价较高。Kim等（2011）发现，企业的市场压力与并购溢价呈正相关关系。

海归董事在海外学习或工作的经历使其可以适应不同国家的内外部环境，有助于催化企业快速实现管理的国际化转型，提升企业内部管理水平，提高企业管理维度的国际竞争力。在面临更大的市场竞争压力时，海归董事具有更强的容忍能力和风险管理能力（Bouquet and Birkinshaw，2011），会更加谨慎地做出并购决策，竭尽所能提高企业竞争力，抑制主并企业急于求成或"抄底"心理，提高跨境并购定价效率。正如Zikic等（2010）的研究，有海外工作经历的人在面对较大不确定性与压力时更有可能是积极主动的、高度激励和高容忍度的。而且，相较于本土董事，海归董事具有全球化视野，更熟悉国际市场环境，可以有效降低并购双方的信息不对称程度，有利于更好地理解和应对来自全球市场的刺激，并帮助企业在激烈复杂的竞争中最大化地识别和利用国际商业机会，降低并购溢价。

根据以上分析可以预期，主并企业的市场竞争环境影响海归董事对企业跨境并购溢价的抑制效应。在面对较大的市场竞争时，海归董事可以利用其自身的能力和资源缓解主并企业的市场竞争压力，提升主并企业在跨境并购谈判中的竞争力，从而降低并购溢价。基于此，本章提出如下研究假设。

H6.3：在相同条件下，主并企业所处行业竞争程度越大，海归董事对企业跨境并购溢价的抑制作用越强。

四 海归董事、股权性质与企业跨境并购溢价

相较于民营企业，国有企业的跨境并购具有鲜明的经济与政治共生性，其特殊的"身份标签"使其在跨境并购过程中遭受更大的"外来者劣势"，认知合法性问题产生的歧视成本和关系成本更甚（Cui and Jiang，2012；Li and Yue，2007），导致国有企业进入海外市场的壁垒更高。而当跨境并购的进入壁垒较高时，提高并购价格便成为重要的谈判技巧，国有企业管理层出于自身职业生涯的考虑以及依靠享有的预算软约束，具有更强的动机和能力通过提高支付对价以实现并购目标。孙淑伟等（2017）的研究认为，从政府干预和并购激励的角度看，国有企业的跨境并购定价能力较弱，支付的溢价更高。因此，有效避开进入壁垒，迅速进入以达到并购目标成为国有企业跨境并购的主要动机。

国有企业董事会通过引进具有海外背景的管理人才在一定程度上避开进入壁垒，在更大程度上减少跨境并购过程中的溢价现象。一方面，由于国有企业跨境并购面临更严重的政治风险或安全审查等合法性问题，海归董事对国外的市场规则、法律制度和社会文化的了解及其所拥有的社会网络资源对降低歧视成本与关系成本将产生更大的边际效应，这有助于突破国有企业跨境并购的进入壁垒；另一方面，海归董事在资本市场发展较为完善和成熟的国家或地区接受优质教育和先进管理理念的熏陶，具有良好的专业技能与较强的投资者保护意识，并通过组织学习效应将这一价值取向渗透到所在公司管理的各个方面（Alli et al.，2010）。面对国有企业的高溢价并购，海归董事的投资者保护意识会潜移默化地转化为其降低并购溢价的意愿和能力。此外，海归董事的广泛社交网络与丰富的社会资本不仅意味着其拥有更庞大的人脉资源，同时也是一种外在监督，促使海归董事自发地坚持履职过程中的勤勉与审慎态度，以防影响自身声誉。因此，声誉机制的存在促使海归董事通过优化国有企业跨境并购激励提高企业定价效率，进一步抑制"中国溢价"。根据以上分析可以预期，海归董事对企业跨境并购溢价的抑制效

应存在股权性质截面差异。基于此,本章提出如下研究假设。

H6.4:相较于民营企业,海归董事对企业跨境并购溢价的抑制效应在国有企业更显著。

第三节 研究设计

一 数据来源与样本选取

本章研究数据来自 SDC Platinum 数据库,结合 BvD-Zephyr 数据库和 Wind 数据库中的中国并购库对并购信息进行补充,并手工验证全部并购信息,最大限度地保证研究区间内并购信息的完备性与真实性。由于本章的研究对象为并购溢价,所以选择披露并购溢价(以被并购方在并购前四周的价格为基准)的交易作为研究样本。样本时间为 2009年 1 月 1 日至 2017 年 12 月 31 日,选取 2009 年作为样本起点的原因是2008 年的金融危机对跨境并购影响较大,而 2017 年是可获得的最新数据年份。在此基础上,根据前人的研究,对样本进行了如下处理:(1)剔除金融保险类公司;(2)剔除资产剥离、债务重组、资产置换与股份回购等形式的并购活动;(3)剔除目标企业的母公司为中国公司的样本;(4)剔除开曼群岛等“避税天堂”的目标企业样本;(5)剔除变量数据缺失的样本。最终,得到 153 个观测值。海归董事数据通过翻阅公司年报中董事的简历、招股说明书、次级债募集说明书并结合巨潮资讯、百度百科等网站披露的资料进行手工整理,其他财务数据取自国泰安数据库。另外,考虑到极端值对研究结论可靠性的影响,对所有连续变量均在 1% 和 99% 的分位数水平上进行缩尾处理。

二 变量选择和定义

(一)被解释变量

本章的被解释变量为企业跨境并购溢价。国外学者主要采用两种方法来衡量并购溢价。一种是利用标的企业股价的测量方法（Kim et al.，2011；Haunschild and Miner，1997），即并购溢价 =（每股收购价格 − 每股市值）/每股市值跨境并购溢价。该方法可以有效避免财物操纵对并购溢价的影响。另一种是基于目标企业账面价值的测量方法，即并购溢价 =（交易价值 − 目标企业账面价值）/目标企业账面价值。由于跨境并购目标企业的账面价值不易获取且易受到财物操纵的影响，本章借鉴现有研究（Giannetti et al.，2015；孙淑伟等，2017；孙翔宇等，2019），使用 SDC Platinum 数据库提供的并购公告公布前四周的溢价来刻画企业跨境并购溢价。SDC Platinum 数据库是当前最权威的跨境并购数据库，也是学术界普遍认可和使用的并购数据库，其提供了三种并购溢价的计量方法。第一种方法是计算并购方最后出价与并购公告日前四周的目标企业收盘价之差占后者的比重，即 $Pre4W$ =（支付对价 − 并购公告日前四周的目标企业收盘价）/ 并购公告日前四周的目标企业收盘价。第二种方法和第三种方法与第一种方法类似，只是选取了并购公告日前一周和前一天的目标企业收盘价。在稳健性检验中使用后两种计量方法。三种计量方法分别表示为 $Pre4W$、$Pre1W$、$Pre1D$。

（二）解释变量

海归董事（$PForeign$）。参照宋建波和文雯（2016）的研究，选取曾经在海外工作（不包括在中国企业的海外分支机构或者中外合资企业的工作经历）或者学习的董事人数在董事会中所占比例作为海归董事的衡量指标。

（三）控制变量

为了保证研究结果的可靠性，参考前人研究（孙淑伟等，2017；顾露露、Reed，2011；邓秀媛等，2018），将公司规模、资产负债率、现金持有量、股权性质、市场竞争程度、沿海地区、敏感性行业、目标企业盈利能力、并购类型、并购比例及行业作为控制变量。具体如下。

公司规模（*Size*）。相较于小规模企业，大规模企业的国际化经营管理水平较高，并购的定价及博弈谈判能力相对较强，进而可能影响企业跨境并购溢价。通常采用公司的资产账面价值来计算公司规模，但公司的营业收入更能体现支付能力。因此，本章选取公司规模作为控制变量，并采用企业跨境并购公告宣告当年期初的营业收入的自然对数来衡量公司规模。

资产负债率（*Lev*）。该指标反映企业利用债权人提供的资金进行经营活动的能力。Hart 和 Moore（2007）提出公司的债务能够约束管理者的投资行为，较高的债务减少了可供管理层自由控制的资金，债务作为一项有效的监督指标，能够防止管理层因思虑不周或为了建造"个人帝国"而进行无效率投资。当企业资产负债率较高时，其外部融资比较困难，从而可以在一定程度上抑制企业的非效率行为，阻止企业支付较高溢价。因此，本章选取资产负债率作为控制变量，并采用企业跨境并购公告宣告当年期初的负债总额与资产总额的比值来刻画资产负债率。

现金持有量（*CashHol*）。企业内部的现金持有量水平较高会加重跨境并购过程中的代理问题（Jensen，1986），管理者可能对标的企业进行过度支付。因此，本章选取现金持有量作为控制变量，并借鉴 Habib 和 Hasan（2017）的研究，以跨境并购公告宣告当年期初现金及现金等价物与资产总额的比值来衡量企业的现金持有量。

股权性质（*SOE*）。国有企业作为一把"双刃剑"，一方面，凭借其自身资源优势可以减少其在跨境并购过程中的资金阻碍；另一方面，"政府之手"的存在也加大了企业在目标国审核通过的难度，增大了企业跨境并购的阻力，使得企业不得不通过提高溢价的支付水平来增加成功并购的概率。因此，本章选取股权性质作为控制变量，并采用虚拟变量来衡量股权性质，即若主并企业的实际控制人为国有性质，则取值为1，否则为0。

市场竞争程度（*HHI*）。赫芬达尔 - 赫希曼指数是一种测量产业集中度的综合指数，参照 Ramaswamy（2001）的做法，使用赫芬达尔指数（Herfindahl-Hirschman Index，HHI）来衡量行业竞争程度。具体计算如下：用国泰安数据库中收录的年度研究行业中上市公司的主营业务收入，并根据中国证监会 2012 年版的行业分类标准分行业计算各自的赫芬达尔指数：

$$HHI = \sum (X_{ij} / \sum X_i)^2 \qquad (6-1)$$

其中，X_{ij} 代表行业 j 中公司 i 的主营业务收入，$\sum X_i$ 代表行业 j 中所有上市公司的主营业务收入之和。HHI 的取值介于 0 和 1 之间，在产业可容纳的企业数目一定的情况下，赫芬达尔指数越小，表明一个产业内相同规模的企业越多，产业内企业之间的竞争越激烈，因而企业行为的相互影响程度就越大。因此，赫芬达尔指数越小，说明市场竞争程度越大，反之则竞争程度越小。

沿海地区（$DIQU$）。参照《中国海洋统计年鉴》，若公司注册地所在省区市为广东、海南、广西、福建、浙江、江苏、山东、辽宁、河北、天津、上海等沿海地区则取值为 1，否则为 0。

敏感性行业（$SensInd$）。当目标企业为敏感性行业时，企业将面临力度更大的审核与挑战，使得企业的溢价较高。因此，本章选取敏感性行业作为控制变量，并参考胡彦宇和吴之雄（2011）及孙淑伟等（2017）的研究，将资源类行业和通信类行业定义为敏感性行业。如果目标企业为敏感性行业则取值为 1，否则为 0。

目标企业盈利能力（$Target\ Roe$）。已有研究表明，标的企业的盈利能力会影响并购溢价。因此，本章选取目标企业盈利能力作为控制变量，并采用目标公司在并购公告日前的净资产收益率来控制目标公司业绩对并购溢价的影响。

并购类型（$Indmatch$）。行业的相似程度也会影响企业并购溢价（Gugler et al.，2003）。孙淑伟等（2017）的研究发现，当并购双方属于同一行业时，双方的信息不对称程度较小，并购方支付的溢价相对较低。因此，本章选取并购类型作为控制变量，并借鉴孙翔宇等（2019）

的研究，如果 SDC 数据显示并购双方的 SIC 前四位相同，则认为并购双方属于同一行业，取值为 1，否则为 0。

并购比例（*Percent*）。并购比例的大小会对企业并购溢价产生影响。Hubert（2013）的研究发现，企业收购股权的比例与企业并购溢价呈正相关关系，并购比例越大，并购溢价越高。因此，本章选取并购比例作为控制变量，并采用收购股份占目标企业总股份的比例来衡量并购比例。

此外，本章以中国证监会 2012 年版《上市公司行业分类指引》为参考来构建行业虚拟变量（*Ind*），制造业采用二级代码分类，非制造业采用一级代码分类。确定为该行业数据时取值为 1，否则为 0。表 6.1 报告了上述变量的定义方式。

表 6.1　主要变量定义

变量名称	变量符号	变量说明
跨境并购溢价	*Pre4W*	并购公告日前四周的溢价＝（支付对价－并购公告日前四周的目标企业收盘价）／并购公告日前四周的目标企业收盘价
海归董事	*PForeign*	公司董事会中具有海外背景的董事比例
公司规模	*Size*	期初营业收入的自然对数
资产负债率	*Lev*	期初负债总额/期初资产总额
现金持有量	*CashHol*	期初现金及现金等价物/期初资产总额
股权性质	*SOE*	国有企业取值为 1，否则为 0
市场竞争程度	*HHI*	以主营业务收入计算的赫芬达尔指数
沿海地区	*DIQU*	若公司注册地所在省区市为广东、海南、广西、福建、浙江、江苏、山东、辽宁、河北、天津、上海等沿海地区则取值为 1，否则为 0
敏感性行业	*SensInd*	虚拟变量，如果并购目标属于敏感性行业取值为 1，否则为 0
并购类型	*Indmatch*	并购是否为同行业内并购。如果 SDC 数据显示并购双方的 SIC 前四位相同，则认为并购双方属于同一行业，取值为 1，否则为 0
并购比例	*Percent*	收购股份占目标企业总股份的比例

续表

变量名称	变量符号	变量说明
目标企业盈利能力	*Target Roe*	目标企业净利润与净资产的比值
行业	*Ind*	采用 2012 年中国证监会发布的《上市公司行业分类指引》中定义的行业分类标准，制造业采用二级代码分类，非制造业采用一级代码分类。公司属于该行业时，取值为 1，否则为 0

三 模型构建

为了检验本章的研究假设，借鉴 Giannetti 等（2015）、顾露露和 Reed（2011）的研究，构建如下多元回归模型。

$$Pre4w = \beta_0 + \beta_1\, PForeign + \beta_2\, Size + \beta_3\, Lev + \beta_4\, CashHol + \beta_5\, SOE + \beta_6\, HHI +$$
$$\beta_7\, DIQU + \beta_8\, SensInd + \beta_9\, Indmatch + \beta_{10}\, Percent + \qquad (6-2)$$
$$\beta_{11}\, Target\, Roe + Ind + \varepsilon$$

第四节　实证结果与分析

一 描述性统计分析

表 6.2 报告了模型中主要变量的描述性统计特征。由表中数据可知，解释变量 *PForeign* 的平均值为 27.842，最大值为 85.714，海归董事比例的平均值接近 30%，表明我国发生跨境并购的企业中，董事国际化已经成为普遍现象，个别公司海归董事占比高达 85.71%。被解释变量 *Pre4W* 的平均值为 26.112，标准差为 49.875，最大值为 256.250，说明中国企业跨境并购溢价程度较高，且企业之间的差异较大。*HHI* 越小表示市场竞争程度越大，*HHI* 的平均值为 0.298，最大值为 0.677，这表明我国不同行业的竞争程度存在较大差异。有 79 起并购属于国有企业并购，占总样本的 51.6%；涉及敏感性行业的并购达到 46.4%，这说明近年来我国跨境并购比较关注资源和通信类等战略性资产的获

取。变量 *SOE* 与 *SensInd* 的样本分布均匀，为后续截面分析提供了保证。在进行跨境并购时，属于同一行业并购的有 34 起，其均值为 0.222，说明我国企业出于多元化经营的动机在跨境并购中倾向于跨行业并购。变量 *DIQU* 的平均值为 0.556，说明样本中 55.6% 的企业位于沿海地区。本章样本的描述性统计结果与孙淑伟等（2017）、邓秀媛等（2018）的研究基本一致。

表 6.2　主要变量的描述性统计

变量	观测值	平均值	标准差	最小值	中位数	最大值
Pre4W	153	26.112	49.875	−63.670	21.280	256.250
PForeign	153	27.842	18.357	0.000	25.000	85.714
Size	153	23.044	1.974	19.350	22.852	28.550
Lev	153	0.534	0.169	0.083	0.552	0.855
CashHol	153	0.116	0.110	0.003	0.089	0.651
SOE	153	0.516	0.501	0.000	1.000	1.000
HHI	153	0.298	0.089	0.206	0.274	0.677
DIQU	153	0.556	0.499	0.000	1.000	1.000
Target Roe	153	−0.170	0.630	−3.127	−0.032	1.535
Indmatch	153	0.222	0.417	0.000	0.000	1.000
Percent	153	36.631	32.765	0.220	20.250	100.000
SensInd	153	0.464	0.500	0.000	0.000	1.000

二　相关性分析

在进行多元回归之前，先对模型中的各个连续变量进行相关性分析，有助于初步判断模型中各个变量的选择是否合理，既能对模型中的被解释变量有一定的解释力，同时各个解释变量之间又不能存在较强的共线性。表 6.3 给出了总体样本的各主要变量之间的相关系数，从表中数据我们可以看出，各变量相关系数与我们预期的符号一致，*Pre4W* 与 *PForeign* 的相关系数在 1% 的水平下显著为负，说明在不考虑其他因素的情况下，海归董事比例与企业跨境并购溢价显著负相关，初步验证了假设 H6.1。此外，模型整体 VIF 均值小于 2，各变量的 VIF 均值均远小

表 6.3　主要变量的相关性分析

变量	Pre4W	PForeign	Size	Lev	CashHol	SOE	HHI	DIQU	Target Roe	Indmatch	Percent	SensInd
Pre4W	1	-0.212***	-0.083	-0.054	0.026	-0.008	-0.073	-0.204**	0.104	-0.102	0.282***	0.114
PForeign	-0.279***	1	0.080	-0.040	-0.023	-0.084	0.097	0.013	0.113	0.030	-0.114	-0.080
Size	-0.080	0.099	1	0.306***	-0.022	0.426***	0.253***	-0.021	0.062	0.230***	-0.025	0.253***
Lev	-0.097	-0.076	0.295***	1	-0.083	0.237***	-0.028	-0.015	-0.018	0.015	-0.045	0.080
CashHol	0.214***	0.028	-0.121	-0.178**	1	-0.026	-0.052	-0.119	-0.061	0.028	-0.083	-0.099
SOE	0.012	-0.082	0.427***	0.227***	-0.112	1	0.275***	-0.102	0.037	0.297***	0.023	0.402***
HHI	-0.135*	0.095	0.375***	-0.012	-0.093	0.384***	1	-0.069	-0.026	0.382***	0.083	0.396***
DIQU	-0.169**	0.040	-0.061	0.006	-0.049	-0.102	0.028	1	0.068	0.098	-0.123	0.027
Target Roe	0.098	0.142*	0.004	0.064	-0.058	0.058	-0.025	0.054	1	0.205***	0.228***	-0.170**
Indmatch	-0.105	0.028	0.227***	0.027	-0.019	0.297***	0.426***	0.098	0.156*	1	-0.016	0.165**
Percent	0.149*	-0.062	0.085	0.020	-0.019	0.020	0.105	-0.112	0.112	-0.054	1	0.100
SensInd	0.105	-0.077	0.280***	0.059	-0.162**	0.402***	0.431***	0.028	-0.091	0.165**	0.100	1

注：右上为 Spearman 相关系数矩阵，左下为 Pearson 相关系数矩阵；***、**、* 分别表示在 1%、5%、10% 的水平下显著。

于10，且各变量间的相关系数值均小于0.5。因此，本章的回归分析不存在多重共线性问题，可以保证估计系数的一致性。

三　单变量分析

本章按照海归董事比例（*PForeign*）的中位数将全样本划分为海归董事比例高和海归董事比例低两组，采用 t 检验的方法考察了企业跨境并购溢价（*Pre4W*）在两组样本之间是否存在显著差异，结果如表6.4所示。可以发现，*Pre4W* 在两组之间的均值差异为15.21，对应 t 值为1.90，在10%的水平下显著，表明海归董事比例较高的公司的跨境并购溢价更低。以上单变量均值差异检验进一步支持了本章的研究假设H6.1。其他影响跨境并购溢价的因素大部分在组间也存在显著差异，说明本章构建的模型具有较强的合理性。

表6.4　单变量均值差异检验

变量	观测值	海归董事比例低	观测值	海归董事比例高	低－高	t 值
Pre4W	81	33.27	72	18.06	15.21*	1.90
Size	81	22.89	72	23.20	－0.31	－0.96
Lev	81	0.54	72	0.52	0.02	0.68
CashHol	81	0.06	72	0.18	－0.12*	1.93
SOE	81	0.53	72	0.50	0.03	0.38
HHI	81	0.33	72	0.26	0.07*	1.98
DIQU	81	0.53	72	0.58	－0.05*	－1.95
Target Roe	81	－0.35	72	－0.08	－0.27*	－1.89
Indmatch	81	0.21	72	0.24	－0.03	－0.39
Percent	81	30.27	72	43.76	－13.49*	－1.96
SensInd	81	0.33	72	0.61	－0.28*	－1.86

注：＊表示在10%的水平下显著。

四　回归结果分析

表6.5的第（1）列报告了海归董事对企业跨境并购溢价影响的回

归结果。结果显示，海归董事比例（*PForeign*）的系数为 -0.760，在
1% 的水平下显著为负，该结果说明，海归董事比例每提高 1 个百分点，
跨境并购溢价程度平均降低 0.760 个百分点，海归董事与企业跨境并购
溢价负相关，海归董事可以提高跨境并购定价效率，降低并购溢价，从
而验证了假设 H6.1。海归董事拥有在不同国家或地区生活、学习和工
作的经历，具有较强的认知能力、先进的管理经验和丰富的海外关系资
源，可以最大化识别和利用跨境并购机会，降低并购双方的信息不对称
程度，以及发挥内外部优势资源互补效应，有效提高企业的定价与谈判
能力，这些独特的资源与能力有力地促进了跨境并购战略的实施，因而
并购溢价的降低在情理之中。在控制变量方面，*CashHol* 的系数显著为
正，表明主并企业的现金持有越多，跨境并购溢价越高，这一结果与江
珊等（2016）的研究一致。*HHI* 系数显著为负，表明主并企业所处行业
的竞争程度越大，企业的跨境并购溢价越高。*SensInd* 的系数显著为正，
表明当目标企业为敏感性行业时，主并企业支付的溢价更高，该结果支
持了孙淑伟等（2017）的研究。*Percent* 的系数显著为正，表明在跨境
并购交易中，并购方收购目标企业的股权比例越大，并购溢价越高，验
证了 Hubert（2013）的研究结论。*Target Roe* 的系数显著为正，说明目
标企业的盈利能力越强，它越有可能支付更高的对价。对于其他控制变
量，其估计系数和显著性水平与现有研究基本保持一致，符合相关理论
预期。

为了检验地域差异对海归董事与企业跨境并购溢价之间关系的影响，
以主并企业注册地是否为沿海地区将样本划分为沿海地区样本和非沿海
地区样本进行回归，结果如表 6.5 的第（2）列和第（3）列所示。可以
观察到，在沿海地区样本组，*PForeign* 的系数为 -1.477，并在 1% 的水
平下显著为负；而在非沿海地区样本组，*PForeign* 的回归系数为 -0.666，
但不显著。进一步地，由组间系数差异检验（Suest）结果 [chi2（1）=
1.94，Prob > chi2 = 0.098] 可知，*PForeign* 的系数绝对值在沿海地区的
样本组显著更大，本章假设 H6.2 得到验证，即在沿海地区的企业中，

海归董事对企业跨境并购溢价的抑制效应更加显著。

为了检验海归董事对企业跨境并购溢价的削弱作用是否存在市场竞争的截面差异，以赫芬达尔指数的中位数将样本分为市场竞争程度高（*HHI* 小于中位数）和市场竞争程度低（*HHI* 大于或等于中位数）两组进行回归，结果如表6.5的第（4）列和第（5）列所示。可以发现，在市场竞争程度高的样本组，*PForeign* 的系数为 − 1.446，并在 5% 的水平下显著为负；而在市场竞争程度低的样本组，*PForeign* 的系数为 − 0.207，但并不显著。进一步地，由组间系数差异检验结果 ［chi2（1）= 9.79，Prob > chi2 = 0.002］ 可知，*PForeign* 的系数绝对值在市场竞争程度更高的样本组显著更大，本章假设 H6.3 得以验证。造成这一现象的原因不难理解，在面临更大的市场竞争压力时，海归董事具有更强的容忍能力和风险管理能力，会更加谨慎地做出并购决策，竭尽所能提高企业竞争力，抑制主并企业急于求成或"抄底"心理，从而提高企业跨境并购定价效率以降低并购溢价的支付。

按照企业实际控制人性质把全样本划分为国有企业、民营企业两组，考察股权性质是否会影响海归董事对企业跨境并购溢价的抑制效应，回归结果如表6.5的第（6）列和第（7）列所示。可以看出，在国有企业样本组，*PForeign* 的系数为 − 1.197，在 10% 的水平下显著为负；而在民营企业样本组，*PForeign* 的系数为 − 0.338，也在 10% 的水平下显著为负。由组间系数差异检验结果 ［chi2（1）= 2.03，Prob > chi2 = 0.063］ 可知，*PForeign* 的系数绝对值在国有企业样本组显著更大。以上经验证据联合表明，相对于民营企业，海归董事对国有企业跨境并购溢价的抑制作用更明显，本章假设 H6.4 得以验证。这一结论表明，海归董事既是显性海外信息的转移载体，也是隐性决策文化和治理理念的传播使者，从而有利于打破国有企业跨境并购的壁垒，进而对降低并购溢价做出增量贡献。

表 6.5　海归董事对企业跨境并购溢价影响及不同截面分析的回归结果

变量	(1) 全样本	(2) 沿海地区	(3) 非沿海地区	(4) 市场竞争程度 高	(5) 市场竞争程度 低	(6) 国有企业	(7) 民营企业
PForeign	-0.760 ***	-1.477 ***	-0.666	-1.446 **	-0.207	-1.197 *	-0.338 *
	(-3.05)	(-3.54)	(-1.51)	(-3.39)	(-1.35)	(-1.81)	(-1.76)
Size	0.093	0.537	3.978	0.603	0.275	5.053	-8.341
	(0.05)	(0.18)	(1.26)	(0.15)	(0.14)	(1.44)	(-1.51)
Lev	-30.007	-7.554	-45.412	-77.602 *	-23.792	25.227	-12.348
	(-1.36)	(-0.20)	(-1.55)	(-1.82)	(-1.05)	(0.68)	(-0.29)
SOE	-0.941	-33.213 **	-4.918	8.187	-11.971		
	(-0.12)	(-2.33)	(-0.30)	(0.63)	(-1.12)		
CashHol	97.397 *	264.979 ***	34.815	112.913 *	44.311	86.129 *	116.514 **
	(1.91)	(3.33)	(0.75)	(1.99)	(0.61)	(1.68)	(2.04)
HHI	-371.342 *	-153.102 ***	-94.789	-196.438	-11.693	-111.215	19.197
	(-1.94)	(-3.00)	(-0.53)	(-0.84)	(-0.25)	(-1.38)	(0.17)
DIQU	-12.096 *			-20.269 *	-5.063	-16.522 *	-11.852
	(-1.91)			(-1.75)	(-0.48)	(-1.97)	(-1.31)
SensInd	17.151 *	16.978 *	12.960	13.599	16.839 *	11.238	8.730
	(1.91)	(1.72)	(0.73)	(0.91)	(1.84)	(1.02)	(0.63)
Indmatch	-6.365	1.841	4.671	13.427	-13.650	-1.034	-25.848
	(-0.68)	(0.15)	(0.32)	(0.71)	(-1.39)	(-0.09)	(-1.41)
Percent	0.213 *	0.386 **	0.334 *	0.175	0.299 *	0.259	0.149
	(1.98)	(2.19)	(1.80)	(0.78)	(2.67)	(1.12)	(1.11)
Target Roe	14.234 **	14.974 **	11.673	24.909 **	9.992	10.759	15.064 **
	(2.49)	(2.62)	(1.52)	(2.55)	(1.37)	(1.27)	(2.03)
常数项	75.156 *	293.824 ***	-15.440	71.637	2.328	-50.460	241.650 **
	(1.94)	(2.86)	(-0.15)	(0.87)	(0.04)	(-0.80)	(2.39)
行业固定效应	控制	控制	控制	控制	控制	控制	控制
N	153	68	85	90	63	79	74
Adj. R^2	0.18	0.47	0.11	0.28	0.22	0.08	0.32
Suest (χ^2)		chi2 (1) = 1.94 Prob > chi2 = 0.098		chi2 (1) = 9.79 Prob > chi2 = 0.002		chi2 (1) = 2.03 Prob > chi2 = 0.063	

注：括号内报告的是 t 统计量；*、**、***分别表示在 10%、5%、1%的水平下显著。

五 稳健性检验

(一) Heckman 两阶段模型

假设检验部分的实证结果表明，海归董事可以提高企业定价效率，降低跨境并购溢价的支付。但是，这一结果可能会受到样本自选择的影响。比如，企业为了降低跨境并购溢价而引入海归董事，而海归董事更容易被支付较低跨境并购溢价的公司吸引。为了排除样本自选择导致的内生性问题对检验模型估计效率的影响，本章将借鉴 Dhaliwal 等 (2012)、McGuire 等 (2012) 的研究采用 Heckman 两阶段模型对上述假设进行重新检验。在第一阶段的回归中，按照 *PForeign* 是否高于年度、行业中位数生成 *PForeign_Dum* 哑变量作为因变量来构建企业海归董事比例高低的 Logit 回归模型，计算出逆米尔斯比率 (*IMR*)，并将其作为控制变量加入模型 (6 - 2) 中，进行第二阶段的回归，以此控制潜在的样本自选择对研究结论的影响。

根据以往文献 (Giannetti et al., 2015；宋建波、文雯，2016)，Heckman 第一阶段回归选取如下变量作为影响企业海归董事比例的因素：公司规模 (*Size*)、资产负债率 (*Lev*)、股权性质 (*SOE*)、第一大股东持股比例 (*First*)、公司成长性 (*Growth*)、行业 (*Ind*)。而 Heckman 第二阶段回归结果如表 6.6 的第 (1) 列所示。可以看出，*IMR* 在回归中不显著，表明本章的样本不存在显著的自选择效应；并且，在控制了自选择效应的影响后，海归董事的回归系数为 - 0.434，在 5% 的水平下显著为负，支持了本章的研究假设 H6.1。这表明在考虑了样本自选择问题之后，本章的研究结论依然成立。

表 6.6 内生性检验回归结果

变量	(1) Heckman 第二阶段回归结果	(2) 工具变量第二阶段回归结果
PForeign	- 0.434 ** (- 2.27)	- 0.487 ** (- 1.97)

续表

变量	（1）Heckman 第二阶段回归结果	（2）工具变量第二阶段回归结果
Size	-0.219 (-0.17)	0.146 (-0.13)
Lev	-36.176 (-1.09)	-17.414 (-0.97)
SOE	-0.728 (-0.39)	-1.609 (-0.21)
CashHol	117.012** (2.25)	142.923*** (2.67)
HHI	-393.901* (-1.98)	-347.645** (-2.27)
DIQU	-10.299 (-1.66)	-5.598 (-0.70)
SensInd	7.952 (0.92)	20.590** (2.29)
Indmatch	-3.010 (-0.54)	-4.280 (-0.53)
Percent	0.148 (1.45)	0.194* (1.77)
Target Roe	11.187** (2.23)	10.789*** (2.69)
常数项	90.365* (2.20)	103.235* (1.94)
IMR	-3.381 (-0.17)	
行业固定效应	控制	控制
N	153	153
Adj. R²	0.20	0.19

注：括号内报告的是 t 统计量；*、**、*** 分别表示在 10%、5%、1% 的水平下显著。

（二）工具变量两阶段回归

前文研究发现海归董事可以抑制企业跨境并购溢价，但这一结论可能受到遗漏变量的影响。比如，可能存在同时影响海归董事与企业跨境并购溢价的某个遗漏变量，使得海归董事对企业跨境并购溢价的抑制作用会因遗漏变量而产生偏误，导致估计系数不一致，影响结论的合理性。因此，我们将采用工具变量两阶段回归法（2SLS）进行回归，缓解潜在的内生性问题。同年度同地区同行业的上市公司可能面临类似的市场环境及政策，它们的海归人才引进可能具有一定的相关性，而且尚未有证据表明同地区同行业的其他上市公司的海归董事会影响本公司的跨境并购溢价。因此，本章选取同年度同地区同行业其他公司的海归董事比例的中位数（$PForeign\_Indmed$）作为工具变量，对上述研究结论重新进行检验。表 6.6 的第（2）列报告了工具变量第二阶段的回归结果，可以发现，在控制了内生性问题之后，海归董事与企业跨境并购溢价在 5% 的水平下显著负相关，假设 H6.1 进一步得到支持。这表明在考虑了遗漏变量的内生性问题之后，本章的研究结论保持不变。

（三）替换解释变量海归董事的代理指标

考虑到海归董事衡量指标偏误可能对研究结论产生影响，参考宋建波和文雯（2016）的研究，进一步采用董事会中是否有海归董事（$DForeign$）及董事会中海归董事的人数（$NForeign$）作为解释变量，检验海归董事对企业跨境并购溢价的影响，回归结果如表 6.7 和表 6.8 所示。可以发现，当公司董事会中存在海归董事、海归董事人数越多时，跨境并购溢价越低；海归董事对企业跨境并购溢价的抑制效应在地域、市场竞争程度、股权性质方面依然具有显著的截面差异。这说明本章的研究结论并不会受到核心解释变量衡量指标选择的影响，相关实证结果是稳健的。

表 6.7　使用董事会中是否有海归董事作为解释变量的回归结果

变量	（1）	（2）	（3）	（4）	（5）	（6）	（7）
	全样本	沿海地区	非沿海地区	市场竞争程度		国有企业	民营企业
				高	低		
$DForeign$	- 76.092**	- 94.710*	- 25.815	- 89.212***	- 16.095	- 86.541**	- 49.131*
	（- 2.58）	（- 2.01）	（- 1.35）	（- 2.79）	（- 1.32）	（- 2.27）	（- 1.96）

续表

变量	（1）全样本	（2）沿海地区	（3）非沿海地区	（4）市场竞争程度 高	（5）市场竞争程度 低	（6）国有企业	（7）民营企业
Size	0.753 (0.37)	-2.506 (-0.95)	2.878 (0.84)	-1.797 (-0.46)	-0.453 (-0.23)	4.002 (1.27)	-9.793* (-1.85)
Lev	-26.202 (-1.17)	-24.143 (-0.56)	-32.518 (-1.06)	-62.970 (-1.39)	-20.660 (-0.92)	20.848 (0.60)	-0.028 (-0.00)
SOE	-4.964 (-0.74)	-26.354* (-1.85)	1.004 (0.07)	-0.588 (-0.06)	-10.058 (-0.94)		
CashHol	97.702* (1.94)	226.184** (2.25)	46.098 (1.11)	135.728** (2.15)	38.974 (0.53)	82.622 (1.46)	124.564* (1.99)
DIQU	-336.563 (-0.73)			-20.290* (-1.85)	-5.796 (-0.54)	-16.248* (-1.92)	-16.014* (-1.91)
HHI	-11.641 (-1.56)	-428.345** (-2.63)	-48.560 (-0.15)	378.959 (1.60)	5.610 (0.10)	-52.650 (-0.92)	-10.040 (-0.07)
SensInd	15.934* (1.71)	12.340* (1.94)	18.261* (2.14)	12.722 (0.88)	18.092* (1.97)	14.317** (2.62)	-10.968 (-0.97)
Indmatch	-5.625 (-0.63)	-7.280 (-0.56)	2.817 (0.19)	20.592 (1.19)	-14.596 (-1.51)	-5.835 (-0.51)	-27.336 (-1.57)
Percent	0.226* (1.95)	0.410** (2.64)	0.254 (1.46)	0.168 (0.77)	0.300** (2.64)	0.273 (1.40)	0.116 (0.82)
Target Roe	10.659* (1.95)	10.166** (2.06)	11.379 (1.59)	13.410 (1.64)	10.046 (1.30)	8.988 (0.98)	12.639* (1.89)
常数项	134.083*** (2.97)	355.936*** (3.39)	7.929 (0.07)	110.684 (1.42)	19.258 (0.30)	11.016 (0.17)	311.539** (2.23)
行业固定效应	控制	控制	控制	控制	控制	控制	控制
N	153	68	85	90	63	79	74
Adj. R²	0.25	0.43	0.07	0.30	0.20	0.24	0.30
Suest（χ²）		chi2（1）= 2.15 Prob > chi2 = 0.091		chi2（1）= 9.31 Prob > chi2 = 0.002		chi2（1）= 1.88 Prob > chi2 = 0.098	

注：括号内报告的是 t 统计量；*、**、*** 分别表示在 10%、5%、1% 的水平下显著。

表 6.8　使用董事会中海归董事人数作为解释变量的回归结果

变量	（1）全样本	（2）沿海地区	（3）非沿海地区	（4）市场竞争程度 高	（5）市场竞争程度 低	（6）国有企业	（7）民营企业
NForeign	-5.619*** (-3.02)	-11.900*** (-3.61)	-5.033 (-1.57)	-11.077*** (-2.89)	-2.119 (-1.62)	-8.497** (-2.02)	-3.967* (-1.81)
Size	0.310 (0.15)	1.793 (0.55)	5.024 (1.47)	0.324 (0.08)	-0.032 (-0.02)	5.949 (1.59)	-9.131* (-1.69)
Lev	-11.355 (-0.56)	6.311 (0.16)	-45.144 (-1.53)	-63.026 (-1.40)	-25.243 (-1.12)	29.892 (0.80)	-5.597 (-0.14)
SOE	-2.463 (-0.35)	-31.718** (-2.36)	6.005 (0.35)	11.460 (0.85)	-11.137 (-1.10)		
CashHol	79.649* (1.77)	281.370*** (3.41)	33.626 (0.76)	113.026* (1.85)	44.952 (0.62)	74.014 (1.60)	115.378* (1.91)
DIQU	-379.658 (-1.18)			-25.172** (-2.15)	-4.387 (-0.41)	-16.185* (-1.88)	-16.634* (-1.97)
HHI	-12.615 (-1.56)	-894.828*** (-3.05)	-127.087 (-0.36)	198.312 (0.85)	9.394 (0.19)	-114.989 (-1.44)	-5.379 (-0.04)
SensInd	16.470* (1.79)	17.205 (1.34)	21.171 (1.14)	10.028 (0.73)	16.582* (1.83)	13.147** (2.38)	-9.526 (-0.97)
Indmatch	-5.449 (-0.60)	0.339 (0.03)	4.781 (0.33)	16.397 (0.91)	-13.411 (-1.37)	-1.892 (-0.16)	-27.031 (-1.56)
Percent	0.216* (1.99)	0.360* (2.00)	0.334* (1.82)	0.150 (0.64)	0.303*** (2.70)	0.286 (1.25)	0.119 (0.85)
Target Roe	14.841** (2.56)	16.777*** (2.74)	11.819 (1.57)	24.477** (2.52)	10.630 (1.47)	14.481 (1.38)	15.004** (2.08)
常数项	67.680* (1.76)	267.842*** (2.70)	-58.251 (-0.59)	63.635 (0.75)	-2.566 (-0.04)	-71.324 (-1.10)	258.669** (2.60)
行业固定效应	控制	控制	控制	控制	控制	控制	控制
N	153	68	85	90	63	79	74
Adj. R²	0.17	0.47	0.07	0.30	0.20	0.21	0.30
Suest（χ²）		chi2（1）=2.03 Prob>chi2=0.079		chi2（1）=6.33 Prob>chi2=0.002		chi2（1）=1.98 Prob>chi2=0.078	

注：括号内报告的是 t 统计量；＊、＊＊、＊＊＊分别表示在10%、5%、1%的水平下显著。

（四）替换被解释变量跨境并购溢价的代理指标

根据 SDC Platinum 数据库提供的数据，本章分别使用并购公告日前一周的溢价（$Pre1W$）、并购公告日前一天的溢价（$Pre1D$）作为被解释变量，重新检验海归董事与企业跨境并购溢价之间的关系，结果如表6.9 和表 6.10 所示。可以发现，考虑跨境并购溢价的衡量指标选择问题后，本章的研究结论并未发生改变，实证结果依然成立。

表 6.9　使用并购公告日前一周溢价作为被解释变量的回归结果

变量	(1) 全样本	(2) 沿海地区	(3) 非沿海地区	(4) 市场竞争程度 高	(5) 市场竞争程度 低	(6) 国有企业	(7) 民营企业
$PForeign$	- 0.518*** (- 2.79)	- 1.345*** (- 3.57)	- 0.065 (- 0.31)	- 0.866*** (- 2.82)	0.066 (0.27)	- 0.653** (- 2.08)	- 0.067 (- 0.34)
$Size$	0.164 (0.08)	- 0.018 (- 0.00)	2.342 (0.89)	- 0.683 (- 0.21)	1.822 (0.65)	0.547 (0.16)	- 10.082** (- 2.34)
Lev	- 11.355 (- 0.56)	- 9.906 (- 0.33)	- 15.079 (- 0.60)	- 41.128 (- 1.06)	- 8.286 (- 0.35)	29.514 (0.84)	39.622 (1.15)
SOE	- 2.463 (- 0.35)	- 28.194** (- 2.04)	- 2.065 (- 0.20)	- 2.659 (- 0.24)	- 8.835 (- 0.75)		
$CashHol$	79.649* (1.77)	162.903*** (3.27)	12.229 (0.30)	95.824* (1.75)	24.886 (0.29)	11.721 (0.18)	114.038* (1.75)
$DIQU$	- 10.635* (- 1.67)			- 21.885** (- 2.13)	- 2.444 (- 0.26)	- 2.377 (- 0.22)	- 14.290 (- 1.46)
HHI	- 122.522 (- 0.81)	- 483.467** (- 2.46)	155.555 (0.66)	- 102.147 (- 0.36)	- 121.237 (- 0.99)	- 177.670 (- 0.82)	67.305 (0.27)
$SensInd$	12.349 (1.62)	- 1.869 (- 0.15)	4.945 (0.49)	10.962 (0.87)	- 4.426 (- 0.41)	12.444 (1.03)	- 6.067 (- 0.49)
$Indmatch$	- 2.612 (- 0.61)	- 4.542 (- 0.35)	11.560 (1.19)	13.879 (1.04)	- 9.198 (- 1.03)	- 0.571 (- 0.05)	- 3.613 (- 0.33)
$Percent$	0.349*** (3.25)	0.383** (2.20)	0.319** (2.05)	0.350* (1.93)	0.229* (1.71)	0.390* (1.81)	0.270* (1.93)
$Target\ Roe$	11.162** (2.17)	20.071** (2.37)	9.164 (1.31)	19.221*** (2.70)	8.020 (1.26)	11.727 (1.35)	6.107 (0.95)

续表

变量	（1）全样本	（2）沿海地区	（3）非沿海地区	（4）市场竞争程度 高	（5）市场竞争程度 低	（6）国有企业	（7）民营企业
常数项	20.028 (1.91)	192.438** (2.07)	-110.082 (-1.36)	26.684 (0.28)	59.241 (0.89)	5.981 (0.07)	214.249* (1.70)
行业固定效应	控制	控制	控制	控制	控制	控制	控制
N	153	68	85	90	63	79	74
Adj. R^2	0.16	0.46	0.11	0.28	0.10	0.21	0.29
Suest（χ^2）		chi2（1）=10.38 Prob > chi2 = 0.001		chi2（1）=8.49 Prob > chi2 = 0.004		chi2（1）=2.47 Prob > chi2 = 0.085	

注：括号内报告的是 t 统计量；＊、＊＊、＊＊＊分别表示在10%、5%、1%的水平下显著。

表 6.10　使用并购公告日前一天溢价作为被解释变量的回归结果

变量	（1）全样本	（2）沿海地区	（3）非沿海地区	（4）市场竞争程度 高	（5）市场竞争程度 低	（6）国有企业	（7）民营企业
PForeign	-0.385** (-2.28)	-0.960** (-2.64)	0.010 (0.05)	-0.683** (-2.54)	0.129 (0.59)	-0.403* (-1.93)	-0.017 (-0.09)
Size	0.906 (0.44)	-0.272 (-0.07)	0.748 (0.29)	-2.167 (-0.65)	1.932 (0.63)	-0.949 (-0.24)	-10.479** (-2.32)
Lev	-5.700 (-0.29)	2.895 (0.10)	-18.503 (-0.71)	-24.557 (-0.65)	-0.824 (-0.04)	24.882 (0.74)	51.267 (1.49)
SOE	-0.658 (-0.09)	-19.938 (-1.39)	-3.561 (-0.33)	3.801 (0.34)	-9.047 (-0.81)		
CashHol	73.333* (1.86)	144.379*** (2.85)	19.892 (0.45)	105.796** (2.31)	17.971 (0.28)	23.858 (0.40)	91.499 (1.48)
DIQU	-11.322* (-1.93)			-20.769** (-2.26)	-3.056 (-0.35)	-6.703 (-0.62)	-9.568 (-1.03)
HHI	-119.731 (-0.85)	-415.612** (-2.17)	124.870 (0.53)	-228.389 (-0.86)	-87.523 (-0.70)	-205.806 (-0.97)	75.642 (0.31)
SensInd	12.821* (1.82)	2.082 (0.18)	4.616 (0.49)	13.131 (1.07)	0.744 (0.07)	10.258 (0.82)	-3.194 (-0.25)

续表

变量	（1）	（2）	（3）	（4）	（5）	（6）	（7）
	全样本	沿海地区	非沿海地区	市场竞争程度		国有企业	民营企业
				高	低		
Indmatch	-2.659 （-0.69）	-4.151 （-0.33）	12.023 （1.25）	12.664 （1.04）	-9.032 （-0.98）	1.347 （0.11）	-2.496 （-0.23）
Percent	0.309*** （3.15）	0.358** （2.11）	0.275* （1.81）	0.235 （1.43）	0.200* （1.77）	0.412** （2.14）	0.196 （1.38）
Target Roe	6.670 （1.35）	12.321 （1.58）	6.353 （0.76）	10.426 （1.38）	8.670 （1.33）	4.144 （0.43）	3.584 （0.50）
常数项	30.881 （1.95）	165.359 （1.63）	-125.451 （-1.58）	83.200 （0.85）	52.253 （0.70）	41.079 （0.41）	205.003 （1.63）
行业固定效应	控制	控制	控制	控制	控制	控制	控制
N	153	68	85	90	63	79	74
Adj. R^2	0.15	0.46	0.11	0.28	0.10	0.21	0.29
Suest（χ^2）		chi2（1）=8.05 Prob > chi2 = 0.005		chi2（1）=7.33 Prob > chi2 = 0.007		chi2（1）=1.98 Prob > chi2 = 0.099	

注：括号内报告的是 t 统计量；*、**、*** 分别表示在 10%、5%、1% 的水平下显著。

六　进一步分析

前文分析表明，海归董事可以降低企业跨境并购溢价，但海归董事的不同海外经历及职位类型对企业跨境并购溢价的影响是否存在差异，仍然需要进行进一步的考察。

（一）董事海外经历类型的影响

相较于具有海外学习背景的海归董事，具有海外工作经历的海归董事对企业海外的运作模式、管理技能更加熟悉，可以给企业带来更加直接的国际经验（周泽将等，2017），并且以更高效率和质量将其运用到所任职公司的管理实践中，在企业决策中拥有更大的话语权，能更好地发挥其咨询职能（Giannetti et al.，2015）。基于此，可以预期，相对于具有海外学习背景的海归董事，具有海外工作背景的海归董事对跨境并购溢价产生的边际效应更大。因此，在模型（6－2）的基础上，进一步将海归董事区分为具有海外学习经历的海归董事（*PForeign Study*）和具有海外工作经历的海归董事（*PForeign Work*）进行回归，结果如表 6.11 的第（1）列所示。可以发现，具有海外学习经历的海归董事（*PForeign Study*）、具有海外工作经历的海归董事（*PForeign Work*）的标准化系数分别为 －0.643、－0.715，至少在 10% 的水平下显著为负，但后者的系数绝对值更大，上述理论预期得以证实。

表 6.11　海归董事的海外经历类型及职位类型的检验结果

变量	（1）海外经历类型	（2）职位类型
PForeign Study	－0.643 * （－1.91）	
PForeign Work	－0.715 ** （－2.19）	
PForeign Exe		－0.113 （－0.31）
PForeign NonExe		－0.701 ** （－2.06）
PForeign Inde		－1.346 *** （－3.63）
Size	1.479 （0.69）	0.935 （0.49）
Lev	－32.914 （－1.29）	－30.104 （－1.23）
SOE	－0.951 （－0.11）	1.230 （0.14）
CashHol	154.910 *** （2.63）	152.109 *** （2.62）
HHI	－437.194 ** （－2.20）	－413.142 ** （－1.99）
DIQU	－3.675 （－0.40）	－3.192 （－0.36）
SensInd	22.396 ** （2.31）	19.212 ** （2.10）

变量	（1）海外经历类型	（2）职位类型
Indmatch	-1.154 （-0.13）	-2.790 （-0.31）
Percent	0.269 ** （2.14）	0.224 * （1.87）
Target Roe	11.165 *** （2.72）	11.672 *** （2.90）
常数项	76.284 （1.29）	94.188 （1.55）
行业固定效应	控制	控制
N	153	153
Adj. R^2	0.22	0.24

注：表格内的回归系数均为标准化系数；括号内报告的是 t 统计量；*、**、*** 分别表示在 10%、5%、1% 的水平下显著。

（二）董事职位类型的影响

根据公司治理的制度安排，董事会成员包括内部董事与外部董事。内部董事仅指在公司任职的执行董事，而外部董事则包括非执行董事和独立董事。相对于执行董事，非执行董事和独立董事一般身兼多家公司职务，积累了更多的经验、知识，拥有更广泛的社会关系网络，可以最大化地将因海外经历获得的资源与自身优势相结合，为公司提供更高质量的管理咨询与信息服务。McDonald 等（2008）认为，由于外部董事具备专有知识与经验，他们更擅长进行类比运用，能够充分克服并购过程中的难题，从而做出高质量的决策方案。张双鹏和周建（2018）的研究也指出，外部董事被认为是特殊知识的拥有者以及专家，企业在并购之前，往往将这些董事作为获取信息的重要主体。基于此，可以预期，相较于海归执行董事，具有海外背景的海归非执行董事和独立董事对企业跨境并购溢价的影响更显著。

为了检验海归董事的职位类型对企业跨境并购溢价的影响，本章在模型（6-2）的基础上，进一步将海归董事区分为海归执行董事

（*PForeign Exe*）、海归非执行董事（*PForeign NonExe*）、海归独立董事
（*PForeign Inde*）进行回归，结果如表 6.11 的第（2）列所示。可以看
出，海归执行董事的标准化系数为 - 0.113，统计不显著；而海归非执
行董事、海归独立董事的标准化系数分别为 - 0.701、 - 1.346，至少在
5% 的水平下显著为负。这说明外部的海归董事比例越大，企业跨境并
购溢价越低；并且，具有海外背景的海归独立董事在跨境并购定价过程
中所发挥的边际效应更明显，上述理论预期得以证实。

第五节　本章小结

　　跨境并购是我国企业拓展海外市场、获取战略资源的重要途径，也
是我国企业落实"走出去"战略的关键，而在国际并购市场中，如何
提高我国企业并购定价效率、缓解"中国溢价"现象成为社会各界关
注的热点话题。因此，本章以 2009 ~ 2017 年披露跨境并购溢价的中国
A 股上市公司为样本，首次分析了海归董事对企业跨境并购溢价的影
响。实证研究发现，具有海外学习、工作经历的海归董事在跨境并购定
价过程中具有特有的信息优势和关系资源，可以更有效地发挥咨询与监
督职能，显著降低了企业跨境并购溢价；而且，海归董事对企业跨境并
购溢价的抑制效应在沿海地区企业、面临更大国内市场竞争的企业及国
有企业中更显著。进一步分析认为，相较于海归董事的海外学习经历，
其海外工作经历对企业跨境并购溢价具有更大的边际效应；相较于海归
执行董事，海归非执行董事和独立董事对企业跨境并购溢价的抑制效应
更显著。

第七章　海归董事对企业跨境并购绩效的影响

跨境并购能否创造价值，一直是学术界关注的热点话题。已有学者分别从宏观到微观、从企业外部到企业内部进行了探究（Buckley and Casson，1976；Markides and Ittner，1994；Martynova and Renneboog，2008；顾露露、Reed，2011）。但这些研究尚未关注董事的海归背景特征。董事会作为企业并购战略的决策和实施控制部门，其特征和行为与跨境并购绩效息息相关。基于此，本章对海归董事是否以及如何影响企业跨境并购绩效展开研究。具体结构安排如下：第一部分为问题的提出；第二部分为理论分析与研究假设；第三部分为研究设计；第四部分为实证结果与分析，包括描述性统计分析、相关性分析、单变量分析、回归结果分析，以及稳健性检验，包括内生性检验和其他稳健性检验，并进行了进一步分析；最后一部分为本章小结。

第一节　问题的提出

在利用跨境并购快速做大企业的同时，通过提高并购效率来实现做强、做优才是保证中国企业转型升级和跨越式发展的关键。现有研究表明，提高并购绩效的关键在于企业自身拥有较强的并购能力以及较少的管理层机会主义行为。对于前者，已有研究考察了诸如政治关联带来的庇护、资源优势（江若尘等，2013）、董事的并购经验（Field and Mkrtchyan，2017）以及社会网络资本和董事联结所带来的信息与知识补偿（田高良等，2013；Cai and Sevilir，2012）等反映并购能力的要素对并购绩效的影响。对于后者，国内外学者主要从三个方面展开研究。首先，研究了政治晋升、董事会权力、管理者过度自信等通过影响管理者行为来作用于并购绩效（陈仕华等，2015；逯东等，2019；徐雨婧、胡珺，2019）；其次，讨论了风险投资者（李善民等，2019b）、机构投资者（Ferreira et al.，2010）等某一特定类型股东在抑制管理层非效率行为、降低并购成本方面的作用；最后，研究了政府行为对并购绩效的影响（潘红波等，2008）。但总的来说，上述研究多集中于国内并购，且已有文献尚未关注海归董事在跨境并购绩效提升过程中所发挥的效应及未能系统揭示海归董事作用于企业跨境并购绩效的具体路径。

事实上，BCG的调查和分析结果显示，国际化复合型经营管理人才缺失是目前中国企业"走出去"中长期生存率和盈利率偏低的重要因素之一，国际化管理人才的短板可能会持续拉低中国企业跨境并购的质量。我国各级政府在加速企业"走出去"的同时也陆续出台并提供了一系列引智引才的优惠政策和便利条件，海归（具有海外留学或工作经历的归国就业创业人员）已成为国际化复合型人才的主要来源之一。根据高阶理论，海归人员的海外求学或工作经历往往使其拥有广泛的国外关系网络、合理的知识结构及丰富的跨国跨文化的管理技能等资源与能力优势，这些优势都已促使海归逐步成长为地区经济发展和科技进步的主要力量。具体到微观层面，上述优势作为一项弥足珍贵的资源将会对企业行为产生影响。董事会是企业权力结构的重要实体，作为并购战略的决策和实施控制部门，海归董事必将对企业跨境并购绩效产生影响：一方面，根据资源依赖理论，海归董事可以更好地发挥咨询功能，提高企业的并购能力，促进企业并购后的资源整合及协同效应的发挥；另一方面，根据委托代理理论，海归董事可以增强董事会的独立性与客观性，提高监督效力（Giannetti et al.，2015），能够有效抑制管理层有意识或无意识的低效率行为。

在现实世界中，企业决策行为通常高度依赖其所处的内外部环境

（周泽将等，2017）。海归董事与企业跨境并购绩效之间的关系也同样会受到一系列限定因素的影响。首先，在中国制度背景下，不同地区之间的制度环境差异较大，这也会对企业行为产生影响（La Porta et al.，2000；Hitt and Xu，2016）。周泽将等（2017）的研究发现，地域差异对董事海外经历与企业国际化水平具有显著的调节效应。基于此，我们在考察海归董事对企业跨境并购绩效的影响时有必要引入地域差异这一决策情境。其次，组织经济学与战略管理的相关研究认为，公司战略决策与其所面临的市场环境紧密相关（徐虹等，2015）。当前，由于我国经济产能过剩、内需拉动不足，同时受到汇率波动与国际税收的影响，我国企业普遍面临着国内外市场竞争的双重压力。市场竞争作为一种较强的外部治理机制，将会影响海归董事与企业跨境并购绩效之间的关系。因此，有必要进一步分析市场竞争程度对海归董事与企业跨境并购绩效之间关系所产生的影响。最后，股权结构是产权在微观企业的体现，亦是企业的灵魂和基础，企业不同的股权性质将伴生不同的资源禀赋和治理结构，最终影响着企业的微观行为和经营绩效（Alchian，1965）。所有权带来的委托代理问题以及国有企业的资源优势都可能导致海归董事在不同产权类型企业中发挥的效用不尽相同。因此，在考察海归董事对企业跨境并购绩效的影响时有必要结合企业的股权性质进行分析。综上所述，本章将探讨地域差异、市场竞争程度和股权性质对海归董事与企业跨境并购绩效之间关系的影响，进一步加深对海归董事决策行为情境性的理解和认识。

　　基于上述分析，本章聚焦于跨境并购完成后，拟回答以下关键性的学术问题：（1）海归董事能否对企业跨境并购绩效产生影响？（2）地域差异、市场竞争程度及股权性质是否会对海归董事与企业跨境并购绩效之间的关系产生增强或减弱作用？（3）海归董事可以通过哪些路径影响企业跨境并购绩效？（4）海归董事对企业跨境并购绩效的作用是否因其海外经历类型及职位类型的不同而有所差异？

第二节 理论分析与研究假设

一 海归董事与企业跨境并购绩效

德鲁克（2018）指出，企业并购只有在整合上取得成功，才能成为一个成功的并购，否则只是在财务上的操纵，这将导致业务和财务上的双重失败。并购后的整合能够通过增强优势和弥补不足来增加企业资源的价值，通过减少冗余提高运营效率，通过履行对利益相关者的义务来保证职责的实现，并购整合效果的好坏决定了企业能否完全实现并购的目标（逯东等，2019）。Zollo 和 Singh（2004）的研究发现，并购整合对并购绩效具有正向影响。众所周知，并购整合是一个极其复杂的系统工程，涉及并购双方的战略、文化、资源、组织和责任等多维度的整合。主并企业需要对目标企业的资产、人力资源、管理体系、组织结构和企业文化等资源要素信息进行更为全面详细的了解，才能将两个企业不同的运作体系（管理、生产、营销、服务和企业文化）有机地结合成一个运作体系（崔永梅、余璇，2011）。而跨境并购的双方在文化、法律、社会环境及人员方面存在的差异，使得跨境并购的整合相较于国内并购具有更大的复杂性和不确定性，对企业及管理层的能力要求更高。尽管中国企业的跨境并购交易完成率达到了三分之二以上，但这些项目并不一定能获得成功或者达到预期的并购整合效果。BCG 调查发现，部分中国买家，特别是目标企业为发达国家的先进企业，由于并未制订清晰详尽的并购整合及成本协同计划，在受访企业中仅有 32% 的跨境并购项目进行顺畅。因此，在跨境并购完成后，如何对目标企业进行有效的整合是提高企业跨境并购绩效的关键。

高阶理论认为，管理者的学历背景、职业经历等个人特征能够显著影响他们的知识水平、价值认知和行为选择，进而对企业绩效产生异质效应（Hambrick and Mason，1984）。海归董事的海外学习或工作经历使其经历了多重文化的冲击，会对其思维方式、认知能力与价值观念产生影响。在此背景下成长起来的董事接受多元文化的熏陶，具有全球化视野、国际化思维、先进的管理经验及跨国跨文化沟通的能力。董事会作为跨境并购的决策和实施控制部门，是企业并购整合计划和执行过程的参与者，其所积累的独特资源与能力优势将会对企业跨境并购绩效产生积极的影响。

根据资源依赖理论，董事会是一种最小化公司对外界依赖或资源获取成本的机制，每一个董事都将给企业带来独特的属性与资源（Kosnik，1990）。在跨境并购整合的过程中，海归董事作为企业并购整合计划和执行过程的参与者，可以帮助企业制订和优化并购后的整合计划。Giannetti 等（2015）的研究认为，海归董事可以向公司传播管理实践和促进知识转移，从而提高企业学习、吸收与转化的能力，以促进企业绩效的提升。海归董事在海外的学习或工作经历，使其拥有先进的科学技术和国际管理知识经验及前沿的解决问题的能力和创新思维，可以通过咨询职能的有效发挥，针对企业在并购整合或者后期执行过程中所遇到的问题，提出可供参考的建议，或可精确地开发出跨境并购整合运营所需的能力等，帮助企业制订和优化并购后的整合计划。此外，海归董事的存在为促进主并企业与潜在目标企业的沟通与交流提供了途径，也为相关信息的传递提供了重要渠道，可以有效地减小文化差异对企业跨境并购整合的影响。海归董事深入理解海外政治、经济、社会（潜）规则（Sambharya，1996），对目标国的文化、市场环境和商业惯例具有较为完备的信息渠道以及成熟的数据挖掘、处理与分析能力，可充当企业软性资源的提供者，通过组织学习效应提高企业的跨文化沟通、学习与管理能力，使主并企业迅速适应目标国家的社会文化环境，减少文化冲突，清除组织学习中的障碍，提升企业整体的跨文化学习与吸收转化能力，高效地实现与先进文化的对接和核心技术的追赶，增强企业跨境并购的价值创造力，减小文化差异给企业并购整合带来的不利影响，进而促进企业跨境并购绩效的提升。Morosini 和 Singh（1998）的研究发现，当主并企业的跨文化学习和吸收能力较强时，并购双方的文化差异越大，并购之后的协同效应越大，并购绩效也就越高。而海归董事的存在，恰好可以在一定程度上提升企业的跨文化学习和吸收能力。

此外，根据委托代理理论，管理者与股东之间代理问题的存在，可能导致在跨境并购整合过程中存在逆向选择和道德风险问题，使得企业不能达到预期的整合效果。解决股东和经营者之间代理冲突的机制主要有监督和激励两大类。由于代理成本的主要表现是管理者行为对股东财富及企业价值的损害，所以，对管理者的行为进行有效监督便成为最优选择。董事会正是这样一个经济结构，代表股东监督管理层行为，采用激励与约束机制在管理层与股东之间建立最佳契约，缓解二者之间的利益冲突，最大化股东利益与企业价值。海归董事在资本市场发展较为完善和成熟的国家或地区接受优质教育和先进管理理念的熏陶，具有良好的专业技能和较强的投资者保护意识，并可以通过组织学习效应将这一价值取向渗透到所在公司管理的各个方面，潜移默化地将管理者与股东财富和企业价值联系起来，从而可以有效监督并购整合的执行，以抑制管理层懈怠、不作为对并购整合工作的不利影响。此外，海归董事拥有的广泛社交网络与丰富的社会资本优势，不仅意味着其拥有更庞大的人脉资源，对其来说也是一种外在监督，促使海归董事自发地坚持履职过程中的勤勉与审慎态度，以防影响自身声誉。这种出于声誉机制的外在监督促使海归董事利用自身资源与能力优势来提升企业跨境并购整合的效果。逯东等（2019）的研究指出，并购后的整合过程和效果是提升跨境并购绩效的关键决定因素。Zollo 和 Singh（2004）的研究发现，整合程度可以正向影响并购绩效。

综上所述，海归董事作为公司治理结构的重要组成部分，不仅可以为企业跨境并购活动提供额外的信息渠道和解决问题的新视角，还可以有效监督管理层，实质性地减少管理层有意识或无意识的低效率行为，以此促进企业并购整合能力的提高，减小文化差异对并购整合的不利影响，最终带来跨境并购绩效的提升。基于此，本章提出如下研究假设。

H7.1：海归董事与企业跨境并购绩效之间呈正相关关系，即海归董事可以提升企业跨境并购绩效。

二　海归董事、地域差异与企业跨境并购绩效

国际化可以给企业带来更多的知识资源，提供学习国际经验的情境与机会，促进企业学习能力的提高（Lu and Beamish，2001；杨忠、张骁，2009；海本禄、聂鸣，2012）。Johanson 和 Vahlne（1977）认为，企业国际化是一个逐步发展的过程，在这一过程中企业可以获得国内运营企业得不到的组织学习和知识发展机会，会对企业的跨文化吸收与学习能力产生潜移默化的影响。现有文献也基本上证实了国际化可以减弱企业对国际市场的"生疏感"，使企业获得更为广阔的市场空间、学习更先进的技术和积累更多的管理经验，对企业绩效产生积极影响（Lu and Beamish，2001；杨忠、张骁，2009；海本禄、聂鸣，2012）。Hitt 等（1997）的研究发现，国际化经营经验丰富的企业发起的跨境并购，可以获得更高的价值回报。Barkema 和 Drogendijk（2007）指出荷兰企业的国际化水平提升了未来扩张绩效，因为这些海外运营经验可以发展出新方法以应对海外环境和文化挑战。Slangen 和 Hennart（2008）也证实国际化企业由于暴露在海外文化中的机会多，可以利用经验解决文化带来的困难。事实上，那些成功进行跨境并购并跻身世界舞台的企业，往往在发起并购前便已经拥有较高的国际化水平。比如，迈瑞医疗于 2008 年收购了美国医疗器械制造商 Datascope 公司的生命信息监护业务，在有计划、有步骤的前提下，迅速在海外并购交易中取得了成功，此举为中国企业树立了榜样。在此次并购前，迈瑞医疗自 2000 年起一直奉行国际化战略，并通过此后开展的每一个海外项目不断积累相关经验和知识并培养自信心。同时，迈瑞医疗招募了曾为最优秀的发达国家并购机构效力的专业人员，组成强大的内部并购团队，为此项战略提供支持。此次并购的成功最终助力迈瑞医疗一举登上国际舞台，如今迈瑞医疗已成长为生命信息监护领域的全球三强之一，并在强手如林的北美

医疗市场占据了领先地位。

海归董事的海外经历使其积累了独特的资源与能力优势，但企业利用上述优势来提升跨境并购绩效的程度与效率将受制于企业国际化水平。国际化水平较高的企业被认为具有一系列优势，例如学习优势、成长优势及先发优势等（García-García et al.，2017；Mohr and Batsakis，2017），这些优势将为海归董事发挥其核心专长或利用无形知识提供便利。中国不同地区之间经济发展不均衡，造成不同公司之间的国际化水平差异很大（周泽将等，2017），这势必会影响海归董事对企业跨境并购绩效的提升效应。由于改革开放政策的大力实施，中国沿海地区长期以来与海外的商业交流比较频繁，所在地区企业对海外市场进行了较多有益的探索。周泽将等（2017）的研究揭示，处于沿海地区的企业的国际化程度较高。Wu（2007）对中国1980～2007年的出口额进行研究，发现在这一时期，中国出口贸易额增长27倍，其中沿海地区所占比例在90%以上，远高于中西部地区。阎大颖（2009）指出跨国公司在陌生的海外环境更容易遭遇并购失败，综合国际经验可以更加了解当地情况，继而降低遭遇挫折的风险以提升企业跨境并购绩效。因此，在沿海地区典型的海外经营的地域文化熏陶下，海归董事提升企业跨境并购绩效的能力将得以充分发挥。此外，不同地区间海归董事所能获取的政策支持力度也会存在较大差异。相较于内陆地区，沿海地区对外开放起步较早，发展水平较高，这些地区的经营环境和优惠政策更佳（刘青等，2013）。彭伟和符正平（2015）的研究发现，早在2008年全国引进海外人才的力度有限之时，广州、上海、深圳、苏州等沿海地区就已开展和推动高层次人才引进工作。正是由于这些政策的差异，中国总体上呈现"西弱、中平、东强"的非均衡人才创新环境格局（陈怡安，2015）。在沿海地区大力度政策支持的创业环境中，海归董事可以更好地发挥其在海外所积累的独特资源与能力优势。综上所述，在沿海地区的地域文化和政策支持的综合作用下，跨境并购既为企业积累了"走出去"的经验，也为海归董事更好地发挥其海外经历所带来的资源与能力优势提供了平台与保障。

综上所述，可以预见，若海归董事任职于沿海地区企业，那么海归董事对企业跨境并购绩效的提升效应将会显著增强。基于此，本章提出如下研究假设。

H7.2：限定其他条件，沿海地区企业的海归董事对企业跨境并购绩效提升的促进作用更大。

三 海归董事、国内市场竞争程度与企业跨境并购绩效

组织经济学与战略管理的相关研究认为，市场环境是公司战略决策的触发因素（Zajac et al.，2000），公司战略决策与其所面临的市场环境紧密相关（徐虹等，2015）。产品市场竞争是公司外部环境的表现之一，许多学者认为产品市场竞争是通过企业内部治理来对上市公司的行为产生影响的，即产品市场竞争是一种重要的外部治理机制（Allen and Gale，2000；蒋荣、陈丽蓉，2007；谭云清等，2008；简泽等，2017；Chemmanur and Xuan，2018；王靖宇、张宏亮，2019；杨婧、许晨曦，2020）。产品市场竞争发挥治理效应的机制可以从三个方面来解释。首先，从激励机制视角来看，充分的市场竞争为相对业绩评价的使用创造了条件（Ozkan，2012），从而为企业内部引入市场化激励机制、提高管理层激励有效性提供了条件。市场竞争程度越大，管理者面临的风险越大，其激励强度也会越大，进而促进了对管理者的激励。其次，从破产威胁的视角来看，在激烈的市场竞争中，激烈的产品市场竞争使公司面临经营损失甚至破产清算，为避免竞争力被削弱或经营失败，失去对公司的控制和自身职位，管理层会加强自我约束，工作更为勤勉，并努力提高治理水平（Schmidt，1997）。如果企业跨境并购整合失败，企业面临控制权被转移的风险会增大，管理者也将面临更换职业的风险。最后，从声誉机制视角来看，在行业内竞争处于劣势的企业存在市场份额减少或损失投资机会的风险，该类企业的管理者所做的决策稍有差池就会使其市场竞争力进一步下降或被市场淘汰，而其

管理层也会遭到解聘或声誉败坏的威胁，为了在经理人市场中维持较好的职业声誉，能力较强的管理者更有动机通过提高效率将自己与能力较差的管理者区别开来。

Allen 和 Gale（2000）认为企业间的竞争其实就是一种重要的治理因素，甚至比控制权和管理层监督更为有效。无论是从激励视角、破产威胁视角，还是声誉视角看，激烈的市场竞争都会约束管理者在跨境并购整合过程中的低效率行为，也激发了海归董事充分发挥其资源与能力优势来提升企业跨境并购绩效的意愿。海归董事在海外学习或工作的经历使其可以适应不同国家的内外部环境，有助于催化企业快速实现管理的国际化转型，提升企业内部管理水平，提高企业跨境并购的整合能力。Zikic 等（2010）的研究发现，有海外工作经历的人在面对较大不确定性与压力时更有可能是积极主动的、高度激励和高容忍度的。因此，在面临更大的市场竞争压力时，海归董事具有更强的容忍能力和风险管理能力（Bouquet and Birkinshaw，2011），会促使其自发地坚持履职过程中的勤勉与审慎态度，竭尽所能提高企业整合效率，进而促进企业跨境并购绩效的提升。此外，在跨境并购整合过程中，管理者与股东之间代理问题的存在，可能导致管理者存在逆向选择和道德风险问题，使得企业不能达到预期的整合效果。当企业面临激烈的市场竞争时，海归董事作为公司内部治理的重要组成部分，与市场竞争这一外部治理机制会产生交互效应，进一步抑制管理层的懈怠、不作为对并购整合工作的不利影响，有效监督管理层，实质性地减少管理层有意识或无意识的低效率行为，以此促进跨境并购绩效的提升。

综上所述，产品市场竞争作为一种重要的外部治理机制，与内部治理机制的重要组成部分——海归董事的交互效应，不仅可以激发海归董事提升企业跨境并购绩效的意愿，还可以显著降低跨境并购整合过程中的监督成本，有效缓解代理问题，抑制管理者的机会主义行为，实质性地减小管理层有意识或无意识的低效率行为对并购整合的不利影响。基于此，本章提出如下研究假设。

H7.3：限定其他条件，激烈的国内市场竞争将会增强海归董事对企业跨境并购绩效提升的促进作用。

四 海归董事、股权性质与企业跨境并购绩效

除了外部的经济环境和产业环境会影响海归董事与企业跨境并购绩效之间的关系外，企业的内部环境也会对二者之间的关系产生影响。在中国独特的制度背景下，股权结构是产权在微观企业的体现，亦是企业的灵魂和基础。在企业层面，股权结构是公司治理问题的逻辑起点（Becht et al.，2003），企业不同的股权性质将伴生不同的资源禀赋和治理结构，最终影响着企业的微观行为和经营绩效（Alchian，1965）。所有权带来的委托代理问题以及国有企业的资源优势都可能导致海归董事在不同产权类型企业中发挥的效用不尽相同。一方面，相较于非国有企业，国有企业在资源获取上占有优势（Piotroski and Wong，2012），比如企业获得更多资金支持与融资便利（李维安等，2014）、政府补助（Faccio et al.，2016）、税率优势（Adhikari et al.，2006）以及控诉违规处罚成本下降（Correia，2014）等。海归董事能够利用这些资源和平台充分发挥自身的国际化优势，提升企业跨境并购绩效。而我国民营企业在金融信贷，如贷款额度和外汇额度方面受到很大的限制，限制了民营企业跨境并购整合的能力，也使其在并购后难以发挥国内资本对并购项目的支持作用。尽管海归董事可以在跨境并购整合过程中发挥其国际化优势，但也可能由于面临"巧妇难为无米之炊"的局面而难以真正发挥作用。另一方面，相较于民营企业将股东财富最大化或企业利润最大化作为首要目标，国有企业往往因为承担比如基础设施建设、解决就业问题等（Piotroski and Wong，2012）社会责任而具有多重目标。目标的多样化在一定程度上会造成企业管理层与股东之间的利益冲突，最终带来较为严重的代理冲突或道德风险问题（代昀昊、孔东民，2017），这些潜在的代理冲突问题会影响企业跨境并购绩效的提升。而海归董事可以凭借其所具备的知识技能及管理实践能力，更多地关注企业业绩与股东

利益，从而缓解跨境并购整合过程中潜在的委托代理问题，促进企业跨境并购绩效的提升。此外，相较于民营企业，国有企业海外并购历史更久，有更丰富的经验，跨境并购人才更多，这为海归董事发挥其资源与能力优势提供了便利与保障，能够更快更有效地整合并购资源，以实现预期的协同效应。

综上所述，我们可以合理预期，相较于民营企业，国有企业的海归董事更能够促进企业跨境并购绩效的提升。基于此，本章提出如下研究假设。

H7.4：限定其他条件，国有企业的海归董事更能够促进企业跨境并购绩效的提升。

第三节　研究设计

一　数据来源与样本选取

本章跨境并购数据主要来自 2009～2017 年 BvD-Zephyr 数据库，结合汤森路透旗下的 SDC Platinum 数据库和 Wind 数据库中的中国并购库对并购信息进行补充，同时选取中国 A 股上市公司发起且交易状态为"Completed"的信息条目作为研究样本，并手工验证全部并购信息，最大限度地保证研究区间内并购信息的完备性与真实性。在此基础上，对样本进行了如下处理：（1）剔除金融保险类公司；（2）剔除资产剥离、债务重组、资产置换与股份回购等形式的并购活动；（3）剔除目标企业的母公司为中国公司的样本；（4）剔除开曼群岛等"避税天堂"的目标企业样本；（5）如果同一公司同一年度发生多起并购，仅保留第一次并购；（6）剔除其他变量数据缺失的样本。最终，得到 266 个"公司－年度"观测值。海归董事数据通过翻阅公司年报中董事的简历并结合巨潮资讯、百度百科等网站披露的资料进行手工整理，其他财务数据取自国泰安数据库。另外，考虑到极端值对研究结论可靠性的影响，对所有连续变量均在 1% 和 99% 的分位数水平上进行缩尾处理。

二 变量定义

（一）被解释变量

本章被解释变量为企业跨境并购绩效（*M&A Performance*）。现有研究衡量并购绩效的方法主要有两种。一种是采取事件研究法来考察并购事件对股票价格变动的影响，通过计算并购前后主并方特定日期的股票超常收益率的方式来判断跨境并购是否为股东带来了财富（Du and Boateng，2015）。这种方法可以衡量股东或投资者对跨境并购事件的反应，侧重于股票市场对并购绩效的预期。但由于我国资本市场尚不完善，股票市场存在信息不对称等问题，股东财富往往并不代表跨境并购给企业带来的真实价值。基于此，一些学者采用另一种方法，即"会计研究方法"，使用并购前后若干年度有关财务指标的变化来评价企业跨境并购绩效。作为新兴经济体的代表，中国企业的跨境并购具有鲜明的经济与战略共生性，以事件研究法衡量的短期绩效指标并不能将国家战略及企业中长期发展战略等非显性绩效指标考虑进去，只有测量长期绩效才能准确判断跨境并购的效果。而且，财务操纵手段只具有短期效应，跨境并购的实质性影响最终将反映到财务报表之中。同时，海归董事更可能给企业跨境并购的长期绩效带来影响。因此，考虑到中国资本市场的弱势有效性及解释变量发挥作用的滞后效应，借鉴已有文献（Field and Mkrtchyan，2017；逯东等，2019），构建跨境并购经营绩效（*DROA*）和跨境并购市场绩效（*DTobinQ*）来刻画企业跨境并购绩效，即以跨境并购首次公告日前后一年资产收益率（ROA）的变化量衡量跨境并购经营绩效（*DROA*），以跨境并购首次公告日前后一年 TobinQ 的变化量来表示跨境并购市场绩效（*DTobinQ*）。

（二）解释变量

海归董事（*PForeign*）。参照宋建波和文雯（2016）的研究，选取曾经在海外工作（不包括在中国企业的海外分支机构或者中外合资企业的工作经历）或者学习的董事人数在董事会中所占比例作为海归董事的衡量指标。

（三）控制变量

考虑到其他因素对跨境并购绩效的影响，参考现有研究（Giannetti et al.，2015；刘柏、梁超，2017；孙淑伟等，2018；逯东等，2019），在模型中加入了公司规模、资产负债率、现金持有量、第一大股东持股比例、股权性质、市场竞争程度、沿海地区、并购类型、并购后持股比例及行业等控制变量。具体如下。

公司规模（*Size*）。企业实施并购战略是为了获取规模经济，提高获利能力，扩大企业整体规模。企业本身规模经济的大小是其实施并购的支撑条件。综观国内外文献，企业规模对跨境并购绩效的影响主要有以下两种观点。相对于小规模企业，大规模企业开展的并购通常会取得较差的收益，甚至出现显著的亏损（Moeller et al.，2004）。但也有学者认为企业规模越大，成本优势越大，越有可能在跨境并购浪潮中扮演一个先行者的角色（Popli and Sinha，2014）。由于规模较大的公司有更多的资源和更强的实力，更加便于实现并购后的资源整合和管理上的协同，进而实现并购所期望的规模效应。Mueller（1977）、Moeller 等（2004）的研究发现，并购企业的规模对其并购绩效的影响是显著的。Malmendier 和 Tate（2008）的研究发现，主并企业的规模越大，并购的市场反应越积极。可见，公司规模对并购绩效的影响作用尚未得出统一结论。因此，本章在实证研究中选取公司规模作为控制变量，考虑到内生性问题，借鉴 Popli 和 Sinha（2014）、孙淑伟等（2018）的做法，采用跨境并购首次公告日上一年期末资产总额的自然对数来度量公司规模。

资产负债率（*Lev*）。该指标反映企业利用债权人提供的资金进行经营活动的能力。Hart 和 Moore（2007）提出公司的债务能够约束管理者的投资行为，较高的债务减少了可供管理层自由控制的资金。同时，债务也是一项有效的监督指标，能够防止管理层因思虑不周或为了建造

"个人帝国"而进行无效率投资。但企业资产负债率较高时，会在一定程度上影响企业并购后的整合效果。因此，本章选取资产负债率作为控制变量，并采用跨境并购首次公告日上一年期末的负债总额与资产总额的比值来刻画资产负债率。

现金持有量（*CashHol*）。自由现金流假说认为，较高的现金持有水平与代理问题驱动的并购相关。Harford（1999）的研究发现，并购是现金持有超额公司做出的减少企业价值的特殊投资决策。张芳芳和刘淑莲（2015）的研究发现，现金持有水平与长期并购绩效负相关。因此，本章选取现金持有量作为控制变量，并借鉴 Habib 和 Hasan（2017）的研究，以跨境并购首次公告日上一年期末现金及现金等价物与资产总额的比值来衡量企业的现金持有量。

第一大股东持股比例（*Sratio*）。跨境并购决策的效率取决于企业管理层的治理行为，企业治理水平的提高有助于行业市场价值的提升。因此，本章选取第一大股东持股比例作为控制变量。

股权性质（*SOE*）。所有权带来的委托代理问题以及国有企业的资源优势都可能导致海归董事在不同产权类型企业中发挥的效用不尽相同。因此，在考察海归董事对企业跨境并购绩效的影响时选取股权性质作为控制变量，并采用虚拟变量来衡量股权性质，即若主并企业的实际控制人为国有性质，则取值为1，否则为0。

市场竞争程度（*HHI*）。在中国资本市场上，市场竞争程度作为一种较强的外部治理机制，可以通过市场竞争向公司管理者传递经营压力，发挥其外在监督与约束作用，迫使管理者在跨境并购整合过程中减少懈怠、努力工作，从而影响企业的跨境并购绩效。赫芬达尔－赫希曼指数是一种测量产业集中度的综合指数，参照 Ramaswamy（2001）的做法，使用赫芬达尔指数（Herfindahl-Hirschman Index，HHI）来衡量行业竞争程度。具体计算如下：用国泰安数据库中收录的年度研究行业中上市公司的主营业务收入，并根据中国证监会 2012 年版的行业分类标准分行业计算各自的赫芬达尔指数：

$$HHI = \sum (X_{ij} / \sum X_i)^2 \qquad\qquad (7-1)$$

其中，X_{ij} 代表行业 j 中公司 i 的主营业务收入，$\sum X_i$ 代表行业 j 中所有上市公司的主营业务收入之和。HHI 的取值介于 0 和 1 之间，在产业可容纳的企业数目一定的情况下，赫芬达尔指数越小，表明一个产业内相同规模的企业越多，产业内企业之间的竞争越激烈，因而企业行为的相互影响程度就越大。因此，赫芬达尔指数越小，说明市场竞争程度越大，反之则竞争程度越小。

沿海地区（$DIQU$）。参照《中国海洋统计年鉴》，若公司注册地所在省区市为广东、海南、广西、福建、浙江、江苏、山东、辽宁、河北、天津、上海等沿海地区则取值为 1，否则为 0。

并购类型（$Indmatch$）。在同一行业内的并购，由于规模、范围及学习效应的存在，更容易获得协同效应，提高并购绩效。相反，跨行业并购的双方需要经历一定时间的生产经营资源和技术融合的阶段，并购后的整合成本更高，企业将面临更大的经营风险。Gondhalekar 等（2004）的研究发现，非同一行业的并购的整合成本较高，整合的难度更大。因此，本章选取并购类型作为控制变量，并借鉴孙翔宇等（2019）的研究，如果 SDC 数据显示并购双方的 SIC 前四位相同，则认为并购双方属于同一行业，取值为 1，否则为 0。

并购后持股比例（$AfterPercent$）。并购后更高的持股比例意味着主并企业对目标企业的控制程度更大，在企业进行决策时，受到的阻碍相对较小，并购整合会进行得更为顺利。已有研究证实，当并购方收购的股权较大时，对标的企业的控制权也较大，这有利于整合过程中的决策执行，以获得更大的收益（Faccio et al.，2016；Aybar and Ficici，2009；Chari et al.，2007）。因此，本章选取主并企业在并购完成后持有目标企业的股权比例作为控制变量。

此外，考虑到不同行业特征的差异对研究结论可能产生的影响，根据中国证监会 2012 年版行业分类标准引入行业虚拟变量（Ind），以控制行业差异对研究结论的潜在影响。具体来说，采用 2012 年中国证监会发布的《上市公司行业分类指引》中定义的行业分类标准，制造业采用二级代码分类，非制造业采用一级代码分类。公司属于该行业时，取值为 1，否则为 0。表 7.1 报告了上述变量的定义方式。

表 7.1　主要变量定义

变量名称	变量符号	变量说明
跨境并购市场绩效	DTobinQ	并购首次公告日前后一年 TobinQ 变化量，其计算公式为并购后一年的 TobinQ – 并购前一年的 TobinQ
跨境并购经营绩效	DROA	并购首次公告日前后一年 ROA 变化量，其计算公式为并购后一年的 ROA – 并购前一年的 ROA
海归董事	PForeign	公司董事会中海归董事的比例，即公司中具有海外学习、工作经历的董事人数/董事会人数
公司规模	Size	并购首次公告日上一期末资产总额的自然对数
资产负债率	Lev	并购首次公告日上一期末负债总额/期末资产总额
现金持有量	CashHol	并购首次公告日上一期末现金及现金等价物/期末资产总额
第一大股东持股比例	Sratio	并购首次公告日上一年度第一大股东持股比例
股权性质	SOE	国有企业取值为 1，否则为 0
市场竞争程度	HHI	以并购公告宣告前一年期末主营业务收入计算的赫芬达尔指数
沿海地区	DIQU	若公司注册地所在省区市为广东、海南、广西、福建、浙江、江苏、山东、辽宁、河北、天津、上海等沿海地区则取值为 1，否则为 0
并购类型	Indmatch	并购是否为同行业并购。如果并购双方的 SIC 前四位相同，则认为并购双方属于同行业，取值为 1，否则为 0
并购后持股比例	AfterPercent	并购后主并企业对目标公司的持股比例
行业	Ind	采用 2012 年中国证监会发布的《上市公司行业分类指引》中定义的行业分类标准，制造业采用二级代码分类，非制造业采用一级代码分类。公司属于该行业时，取值为 1，否则取值为 0

三 模型构建

为了检验海归董事对企业跨境并购绩效的影响，借鉴逯东等（2019）、顾露露和 Reed（2011）的研究设计，构建如下模型：

$$M\&A\ Performance = \alpha_0 + \alpha_1\ PForeign + \alpha_2\ Size + \alpha_3\ Lev + \alpha_4\ CashHol +$$
$$\alpha_5\ Sratio + \alpha_6\ SOE + \alpha_7\ HHI + \alpha_8\ DIQU + \alpha_9\ Indmatch + \qquad (7-2)$$
$$\alpha_{10}\ AfterPercent + \alpha_{11}\ Ind + \varepsilon$$

为了检验地域差异、市场竞争程度、股权性质对海归董事与企业跨境并购绩效之间关系的调节效应，在模型（7-2）的基础上，构建如下模型：

$$M\&A\ Performance = \alpha_0 + \alpha_1\ PForeign + \alpha_2\ PForeign \times INT + \alpha_3\ Size +$$
$$\alpha_4\ Lev + \alpha_5\ CashHol + \alpha_6\ Sratio + \alpha_7\ SOE + \alpha_8\ HHI + \alpha_9\ DIQU + \qquad (7-3)$$
$$\alpha_{10}\ Indmatch + \alpha_{11}\ AfterPercent + \alpha_{12}\ Ind + \varepsilon$$

其中，INT 为调节变量的统称，选取地域差异（$DIQU$）、国内市场竞争程度（HHI）、股权性质（SOE）作为调节变量。

第四节　实证结果与分析

一　描述性统计分析

表7.2 报告了模型中主要变量的描述性统计结果。由此看出，跨境并购市场绩效 $DTobinQ$ 的平均值为 -0.1635，跨境并购经营绩效 $DROA$ 的平均值为 -0.0002，表明中国企业的跨境并购活动在并购后一年内并不能完全达到提高绩效的预期，并购效率普遍低下。海归董事变量 $PForeign$ 的平均值为 0.2379，最大值为 0.8182，海归董事比例平均值接近25%，表明我国发生跨境并购的企业中，董事国际化已经成为普遍现象，个别公司海归董事比例则高达81.82%。股权性质 SOE 的平均值为 0.2932，表明在完成跨境并购的企业中，民营企业居多；市场竞争

程度 *HHI* 的平均值为 0.2999，这说明中国企业面临的国内市场竞争较为激烈；沿海地区 *DIQU* 的平均值为 0.6316，表明超过一半的发生并购的企业位于沿海地区，这也进一步反映出我国经济发展在不同地区之间存在一定的非均衡性。其他相关变量的分布也都在合理的范围之内。

表 7.2　主要变量的描述性统计

变量	观测值	平均值	标准差	最小值	中位数	最大值
DTobinQ	266	−0.1635	2.4125	−7.0666	−0.3317	7.0405
DROA	266	−0.0002	0.0811	−0.2174	0.0033	0.2278
PForeign	266	0.2379	0.2008	0.0000	0.2222	0.8182
Size	266	22.5938	2.7590	11.1632	22.2857	30.2306
Lev	266	0.4716	0.2224	0.0298	0.4655	0.9389
CashHol	266	0.1794	0.1438	0.0088	0.1370	0.6768
Sratio	266	0.3719	0.1466	0.0877	0.3537	0.7584
SOE	266	0.2932	0.4561	0.0000	0.0000	1.0000
HHI	266	0.2999	0.1106	0.2047	0.2867	0.7316
DIQU	266	0.6316	0.4833	0.0000	1.0000	1.0000
Indmatch	266	0.3947	0.4897	0.0000	0.0000	1.0000
AfterPercent	266	0.6258	0.3666	0.0400	0.7000	1.0000

二　相关性分析

在进行多元回归分析之前，本章采用 Pearson 和 Spearman 相关性分析对各变量进行了相关性检验，初步判定各变量间的相关关系及是否存在多重共线性问题，各变量间的相关性水平如表 7.3 所示。跨境并购市场绩效 *DTobinQ* 及跨境并购经营绩效 *DROA* 与 *PForeign* 的相关系数均在 1% 的水平下显著为正，说明在不考虑其他因素的情况下，在完成跨境并购的公司中，其海归董事比例越大，跨境并购绩效越好，符合假设 H7.1 的预期。此外，模型整体 VIF 均值小于 2，各变量的 VIF 均值均远小于 10，且变量之间的相关系数最大值为 0.539。因此，本章的回归分析不存在多重共线性问题，可以保证估计系数的一致性。

表 7.3　主要变量的相关性分析

变量	DTobinQ	DROA	PForeign	Size	Lev	CashHol	Sratio	SOE	HHI	DIQU	Indmatch	AfterPercent
DTobinQ	1		0.324***	0.180***	0.135**	0.217***	0.178***	0.076	-0.096*	0.060*	0.235***	0.129**
DROA		1	0.523***	0.096	-0.049	0.199***	0.056	-0.048	-0.071*	0.119***	0.298***	0.291***
PForeign	0.356***	0.539***	1	0.249***	0.142**	-0.033	-0.038	-0.032	-0.020	-0.114*	0.197***	0.123**
Size	0.180***	0.165***	0.306***	1	0.607***	-0.214***	0.156**	0.502***	-0.142**	-0.239***	0.155**	-0.079
Lev	0.122**	0.019	0.173***	0.537***	1	-0.332***	0.138**	0.402***	-0.137**	-0.157**	0.137**	-0.072
CashHol	0.205***	0.147**	-0.078	-0.176***	-0.352***	1	-0.124**	-0.164***	0.075	0.050	0.048	0.203***
Sratio	0.184***	0.122**	-0.030	0.266***	0.163***	-0.117*	1	0.266***	-0.048	-0.107**	0.071	0.011
SOE	0.052	-0.039	-0.024	0.485***	0.425***	-0.154***	0.282***	1	-0.154**	-0.296***	0.139**	-0.025
HHI	-0.049*	-0.102*	-0.060	-0.108*	-0.214***	0.168***	-0.086	-0.123**	1	0.069	-0.024	-0.034
DIQU	0.091*	0.149***	-0.131**	-0.278***	-0.171***	0.057	-0.151***	-0.296***	-0.039	1	-0.037	-0.047
Indmatch	0.257***	0.281***	0.234***	0.167***	0.152***	0.045	0.067	0.139**	0.001	-0.037	1	0.212***
AfterPercent	0.165***	0.280***	0.127**	-0.024	-0.033	0.222***	0.035	-0.007	0.016	-0.065	0.234***	1

注：右上为 Spearman 相关系数矩阵，左下为 Pearson 相关系数矩阵；***、**、*分别表示在 1%、5%、10% 的水平下显著。

三 单变量分析

按照海归董事比例 *PForeign* 的中位数将全样本划分为海归董事比例高和海归董事比例低两组，采用分组均值差异检验的方法考察了主要变量在两组样本之间是否存在显著差异，结果如表 7.4 所示。可以发现，在海归董事比例较低的组，跨境并购市场绩效 *DTobinQ* 与跨境并购经营绩效 *DROA* 的均值均小于高海归董事比例组，其均值差异分别为 1.01、0.06，对应 t 值分别为 -3.47、-6.19，且均在 1% 的水平下显著，进一步支持了假设 H7.1。其他影响跨境并购绩效的因素在组间也存在显著差异，说明本章构建的模型具有较强的合理性。因此，本章将通过回归分析进一步控制其他因素的影响，以更好地检验假设。

表 7.4 单变量均值差异检验

变量	海归董事比例低		海归董事比例高		低 - 高	t 值
	样本量	均值	样本量	均值		
DTobinQ	151	-0.60	115	0.41	-1.01 ***	-3.47
DROA	151	-0.03	115	0.03	-0.06 ***	-6.19
Size	151	21.97	115	23.41	-1.44 ***	-4.37
Lev	151	0.43	115	0.52	-0.09 ***	-3.47
CashHol	151	0.16	115	0.19	-0.03 *	-1.81
Sratio	151	0.36	115	0.38	-0.02 *	-1.76
SOE	151	0.29	115	0.30	-0.01	-0.08
HHI	151	0.31	115	0.29	0.02 *	1.69
DIQU	151	0.68	115	0.57	0.11 *	1.96
Indmatch	151	0.33	115	0.48	-0.15 **	-2.45
AfterPercent	151	0.59	115	0.67	-0.08 *	-1.78

注：***、**、* 分别表示在 1%、5%、10% 的水平下显著。

四 回归结果分析

表 7.5 报告了海归董事对企业跨境并购绩效影响的回归结果。可以发现，海归董事比例 *PForeign* 的回归系数分别为 3.899、0.200，均在

1%的水平下显著为正，说明海归董事显著提升了企业跨境并购绩效，这一结果验证了假设 H7.1。海归董事的海外经历有利于董事们提高自身的认知水平、处理复杂问题的能力以及形成较为合理的知识结构和获取较为典型的海外关系资源，不仅可以有效抑制企业管理层的低效率行为，还可以利用组织学习效应提高企业的并购整合能力，因此跨境并购绩效的提升在情理之中。

表 7.5 海归董事对企业跨境并购绩效影响的回归结果

变量	（1） DTobinQ	（2） DROA
PForeign	3. 899 ***	0. 200 ***
	(4. 70)	(8. 13)
Size	− 0. 001	0. 001
	(− 0. 02)	(0. 34)
Lev	1. 249 *	− 0. 018
	(1. 68)	(− 0. 75)
CashHol	4. 802 ***	0. 082 **
	(4. 39)	(2. 30)
Sratio	3. 311 ***	0. 084 ***
	(3. 51)	(2. 89)
SOE	− 0. 165	− 0. 014
	(− 0. 60)	(− 1. 36)
HHI	− 0. 901 *	− 0. 005 *
	(− 1. 86)	(− 2. 12)
DIQU	0. 098 *	0. 074 *
	(1. 93)	(1. 77)
Indmatch	0. 666 **	0. 021 **
	(2. 14)	(2. 35)
AfterPercent	0. 161	0. 032 ***
	(0. 43)	(2. 76)
常数项	− 3. 735 ***	− 0. 114 ***
	(− 3. 10)	(− 2. 75)
行业固定效应	控制	控制
N	266	266
Adj. R^2	0. 26	0. 36

注：括号内报告的是 t 统计量；*** 、** 、* 分别表示在1% 、5% 、10% 的水平下显著。

表 7.6 的 Panel A 报告了地域差异对海归董事提升企业跨境并购绩效的调节效应的回归结果。可以看出，海归董事与地域差异的交互项（$PForeign \times DIQU$）的回归系数分别为 0.868、0.012，均在 10% 的水平下显著为正。这一结果表明，地域差异对海归董事与企业跨境并购绩效之间的关系具有正向的调节效应，即在沿海地区的企业中，海归董事更能促进企业跨境并购绩效的提升，验证了本章假设 H7.2。造成这一现象的原因不难理解，自古以来，中国沿海地区开展海外贸易就更为频繁，这一长期的文化积淀将会对企业的行为产生潜移默化的影响，进一步激发海归董事提升企业跨境并购绩效的信心和决心。除此之外，沿海地区对外开放时间较早，相关制度和基础配套设施更为成熟，这也在一定程度上为海归董事促进企业跨境并购绩效的提升提供了便利。

表 7.6 的 Panel B 报告了国内市场竞争程度对海归董事提升企业跨境并购绩效的调节效应的回归结果。可以发现，海归董事与市场竞争程度的交互项（$PForeign \times HHI$）的回归系数分别为 -10.866、-0.368，至少在 10% 的水平下显著为负。因为赫芬达尔指数是个负向指标，赫芬达尔指数越小，说明行业集中度越高，市场竞争越激烈，因此交互项系数为负，说明市场竞争程度越激烈，越强化主效应的正向关系，即市场竞争程度对海归董事与企业跨境并购绩效之间的关系具有正向的调节效应。这一结果表明，当企业面临较大的市场竞争时，海归董事可以充分发挥其优势，提升企业的跨境并购绩效，验证了本章假设 H7.3。对此可能的解释是，市场竞争作为一种较强的外部治理机制，可以通过产品市场上的价格信息以及激烈的市场竞争给公司管理者带来压力与威胁，对公司管理者具有监督与约束作用。因此，当市场竞争程度较大时，海归董事将会更加勤勉和谨慎，充分发挥其海外经历所带来的资源与能力优势，进而促进企业跨境并购绩效的提升。

表 7.6 的 Panel C 报告了股权性质对海归董事提升企业跨境并购绩效的调节效应的回归结果。可以发现，海归董事与股权性质的交互项

（$PForeign \times SOE$）的回归系数分别为 2.204、0.052，均在 10% 的水平
下显著，这表明当企业为国有企业时，海归董事可以充分发挥其优势，
促进企业跨境并购绩效的提升，验证了本章假设 H7.4。一般来说，转
轨经济体中股权性质差异会对企业利益主体的行为产生深刻影响。在中
国制度背景下，国有企业的诸多优惠政策为海归董事充分发挥自身的国
际化优势提供了资源与平台。因此，海归董事对企业跨境并购绩效的促
进作用在国有企业中更加显著。

表 7.6　地域差异、市场竞争程度及股权性质的调节效应回归结果

变量	Panel A：地域差异		Panel B：市场竞争程度		Panel C：股权性质	
	DTobinQ	DROA	DTobinQ	DROA	DTobinQ	DROA
PForeign	4.411 ***	0.207 ***	0.594 *	0.088 *	4.375 ***	0.201 ***
	(3.57)	(5.69)	(2.25)	(1.93)	(4.47)	(7.08)
PForeign × DIQU	0.868 *	0.012 *				
	(1.95)	(2.24)				
PForeign × HHI			− 10.866 **	− 0.368 *		
			(− 2.43)	(− 1.92)		
PForeign × SOE					2.204 *	0.052 *
					(1.99)	(2.04)
Size	− 0.005	0.001	0.010	0.001	0.019	0.001
	(− 0.10)	(0.31)	(0.20)	(0.55)	(0.38)	(0.36)
Lev	1.182	− 0.019	1.219 *	− 0.019	1.406 *	− 0.018
	(1.60)	(− 0.79)	(1.69)	(− 0.82)	(1.87)	(− 0.73)
CashHol	4.695 ***	0.081 **	4.907 ***	0.086 **	4.996 ***	0.083 **
	(4.27)	(2.23)	(4.40)	(2.38)	(4.45)	(2.29)
Sratio	3.346 ***	0.085 ***	3.278 ***	0.083 ***	3.319 ***	0.084 ***
	(3.54)	(2.91)	(3.49)	(2.87)	(3.53)	(2.89)
SOE	− 0.165	− 0.014	− 0.138	− 0.013	0.248	0.014
	(− 0.60)	(− 1.36)	(− 0.50)	(− 1.29)	(0.67)	(0.91)
HHI	− 0.921	− 0.006	− 3.170	− 0.082	− 1.011	− 0.006
	(− 0.58)	(− 0.13)	(− 1.63)	(− 1.21)	(− 0.64)	(− 0.13)
DIQU	0.111	0.011	0.079	0.013	0.140	0.014
	(0.27)	(0.75)	(0.27)	(1.41)	(0.46)	(1.48)

变量	Panel A：地域差异		Panel B：市场竞争程度		Panel C：股权性质	
	DTobinQ	*DROA*	*DTobinQ*	*DROA*	*DTobinQ*	*DROA*
Indmatch	0.664 **	0.021 **	0.674 **	0.021 **	0.682 **	0.021 **
	(2.13)	(2.34)	(2.19)	(2.41)	(2.19)	(2.37)
AfterPercent	0.176	0.032 ***	0.131	0.031 ***	0.166	0.032 ***
	(0.47)	(2.80)	(0.36)	(2.71)	(0.45)	(2.76)
常数项	−3.737 ***	−0.114 ***	−3.274 ***	−0.099 **	−4.328 ***	−0.115 ***
	(−3.10)	(−2.74)	(−2.68)	(−2.33)	(−3.50)	(−2.76)
行业固定效应	控制	控制	控制	控制	控制	控制
N	266	266	266	266	266	266
Adj. R^2	0.24	0.38	0.24	0.39	0.24	0.37

注：括号内报告的是 t 统计量；*** 、** 、* 分别表示在 1%、5%、10%的水平下显著。

五　稳健性检验

（一）内生性检验

事实上，本章所用海归董事变量可能存在一定的内生性问题。例如，海归董事比例高的公司可能本身的国际经营管理水平也较高，相应地，如果此类公司开展跨境并购活动，其并购绩效也会较好。又如，可能存在某个未观测到的遗漏变量同时影响着海归董事和企业跨境并购绩效。尽管本章回归模型中的自变量和控制变量已经滞后因变量一期，已经在一定程度上消除了内生性问题对研究结论的干扰。但为了保证本章研究结论的稳健性，借鉴朱冰等（2018）的内生性处理逻辑，分别使用 PSM 配对回归分析和工具变量两阶段回归的方法对研究假设进行进一步的内生性检验。

1. PSM 配对回归分析

假设检验部分的实证结果表明，海归董事可以提升企业跨境并购绩效，且地域差异、市场竞争程度和股权性质会调节二者之间的关系。但是，这一结果可能会受到样本选择偏差的影响。为了避免样本选择偏误导致的内生性问题对模型估计效率的影响，采用倾向得分匹配（PSM）方法，在海归董事比例低的公司当中，选取一组与海归董事比例高的公司在其他特征上相似的公司来构建对照组进行分析。具体地，第一步，按照 *PForeign* 是否高于年度、行业中位数生成 *PForeign_Dum* 哑变量；第二步，构建海归董事比例高低的 Logit 回归模型，回归的因变量为第一步生成的哑变量，用来匹配的协变量为本章基准模型中的控制变量；第三步，根据最近邻匹配的原则，按照 1 : 1 无放回地从低海归董事比例组的公司中选择倾向得分最接近的样本进行匹配，当出现与实验组距离一样的两个控制组样本时，允许并列，以便提高匹配的效率，最终经匹配得到 136 个公司 - 年度观测值；第四步，利用 PSM 配对后的样本对上文所有检验结果重新进行验证。

　　为了保证匹配结果的可靠性，本章对倾向得分的平衡性进行了检验，结果如表 7.7 所示。可以发现，在匹配实施后，实验组与控制组之间差异检验的 p 值均大于 10%，这说明经过 PSM 配对后，实验组与控制组的上述基本特征已经不存在明显的差异。因此本章的匹配过程是有效的，满足倾向得分匹配的平衡性假设。综上所述，本章的倾向得分匹配较合理地控制了样本选择偏差问题。

表 7.7　PSM 匹配变量平衡性检验

变量	匹配	平均值		标准偏差（％）	偏差减少幅度（％）	t 值	p 值
		实验组	控制组				
Size	匹配前	23.452	21.936	54.6	93.4	4.42	0.000
	匹配后	22.280	22.381	-3.6		-0.26	0.798
Lev	匹配前	0.529	0.426	47.3	84.5	3.79	0.000
	匹配后	0.451	0.435	7.3		0.44	0.662
CashHol	匹配前	0.162	0.194	-21.8	77.6	-1.71	0.089
	匹配后	0.182	0.174	4.9		0.26	0.792
Sratio	匹配前	0.363	0.382	-12.8	43.8	-1.02	0.311
	匹配后	0.376	0.386	-7.2		-0.36	0.722

续表

变量	匹配	平均值		标准偏差（%）	偏差减少幅度（%）	t 值	p 值
		实验组	控制组				
SOE	匹配前	0.264	0.236	10.0	−97.4	0.80	0.422
	匹配后	0.232	0.295	−19.8		−1.39	0.167
HHI	匹配前	0.288	0.315	−24.8	98.6	−1.96	0.051
	匹配后	0.296	0.294	0.2		−0.02	0.984
DIQU	匹配前	0.575	0.664	−18.9	71.9	−1.92	0.092
	匹配后	0.667	0.632	3.5		0.39	0.698
Indmatch	匹配前	0.478	0.336	29.1	38.3	2.32	0.021
	匹配后	0.421	0.333	18.0		0.96	0.338
AfterPercent	匹配前	0.668	0.595	19.9	90.3	1.58	0.115
	匹配后	0.630	0.637	−1.9		−0.10	0.920

表 7.8 和表 7.9 报告了匹配后的新样本的回归结果。可以发现，在控制了样本选择偏差后，海归董事的回归系数分别为 6.320、0.276，均在 1% 的水平下正向影响企业跨境并购市场绩效和经营绩效，而且，沿海地区、国内市场竞争程度、股权性质与海归董事的交互项的回归系数至少在 10% 的水平下显著。这说明在考虑了样本选择偏差的内生性问题后，本章的研究结论并未发生改变。

表 7.8　PSM 的回归结果（*DTobinQ*）

变量	（1）	（2）	（3）	（4）
PForeign	6.320***	6.636***	3.164***	7.523***
	(4.78)	(4.42)	(4.30)	(4.18)
PForeign × SOE		1.528*		
		(1.97)		
PForeign × HHI			−17.857**	
			(−2.33)	
PForeign × DIQU				2.084*
				(1.93)
Size	−0.025	−0.020	−0.023	−0.027
	(−0.33)	(−0.26)	(−0.32)	(−0.35)

续表

变量	（1）	（2）	（3）	（4）
Lev	4.214***	4.263***	4.008***	4.136***
	（3.38）	（3.41）	（3.81）	（3.49）
CashHol	8.188***	8.310***	8.281***	7.942***
	（5.00）	（4.85）	（4.97）	（4.83）
Sratio	4.850***	4.820***	4.747***	4.835***
	（3.39）	（3.34）	（3.33）	（3.42）
SOE	0.035*	0.067*	0.105*	0.042*
	（1.88）	（1.86）	（1.94）	（1.80）
HHI	−4.994**	−4.839**	−4.356**	−5.503***
	（−2.90）	（−2.87）	（−2.76）	（−3.26）
DIQU	0.092*	0.061*	0.129*	0.569**
	（1.83）	（0.75）	（1.94）	（2.88）
Indmatch	0.888**	0.867**	0.919**	0.916**
	（2.26）	（2.18）	（2.37）	（2.34）
AfterPercent	0.293	0.251	0.167	0.383
	（0.48）	（0.40）	（0.27）	（0.61）
常数项	−7.991***	−8.087***	−7.944***	−8.577***
	（−2.92）	（−2.99）	（−3.02）	（−3.18）
行业固定效应	控制	控制	控制	控制
N	136	136	136	136
Adj. R^2	0.38	0.38	0.40	0.39

注：括号内报告的是 t 统计量；***、**、* 分别表示在 1%、5%、10% 的水平下显著。

表 7.9　PSM 的回归结果（*DROA*）

变量	（1）	（2）	（3）	（4）
PForeign	0.276***	0.277***	0.113***	0.296***
	（7.68）	（7.11）	（4.20）	（5.68）
PForeign × SOE		0.014*		
		（1.86）		
PForeign × HHI			−0.565*	
			（−1.74）	
PForeign × DIQU				0.035*
				（1.96）

续表

变量	(1)	(2)	(3)	(4)
Size	−0.001 (−0.22)	−0.001 (−0.21)	−0.001 (−0.21)	−0.001 (−0.22)
Lev	0.044 (1.00)	0.044 (0.99)	0.037 (0.90)	0.042 (0.97)
CashHol	0.138** (2.50)	0.139** (2.49)	0.141** (2.53)	0.134** (2.43)
Sratio	0.146*** (3.44)	0.146*** (3.43)	0.143*** (3.38)	0.146*** (3.42)
SOE	0.015* (1.83)	0.015* (1.88)	0.017* (1.88)	0.015* (1.84)
HHI	−0.112* (−1.72)	−0.112* (−1.72)	−0.092* (−1.73)	−0.121* (−1.76)
DIQU	0.017* (1.83)	0.017* (1.82)	0.022* (1.93)	0.018* (1.83)
Indmatch	0.017 (1.32)	0.017 (1.28)	0.018 (1.39)	0.018 (1.34)
AfterPercent	0.036* (1.85)	0.036* (1.86)	0.032 (1.65)	0.037* (1.94)
常数项	−0.268** (−2.51)	−0.268** (−2.50)	−0.266*** (−2.75)	−0.277** (−2.61)
行业固定效应	控制	控制	控制	控制
N	136	136	136	136
Adj. R^2	0.43	0.43	0.45	0.43

注：括号内报告的是 t 统计量；***、**、* 分别表示在 1%、5%、10%的水平下显著。

2. 工具变量两阶段回归

考虑到董事会组成可能具有内生性，海归董事对企业跨境并购绩效的影响可能会因遗漏变量而产生偏误，导致估计系数不一致，影响结论的合理性。因此，本章将采用工具变量两阶段回归法（2SLS）进行回归，缓解潜在的内生性问题。同年度同地区同行业的上市公司可能面临类似的市场环境及政策，它们的海归人才引进可能具有一定的相关性，而且尚未有证据表明同地区同行业的其他上市公司的海归董事会影响本公司的跨境并购绩效。因此，本章选取同年度同地区同行业其他公司的海归董事比例的中位数作为工具变量，对上述研究结论重新进行检验，表 7.10 和表 7.11 报告了工具变量第二阶段的回归结果。可以发现，在控制了遗漏变量的内生性问题之后，海归董事的回归系数分别为 2.013、0.151，至少在 10% 的水平下显著为正。而且，沿海地区、国内市场竞争程度、股权性质与海归董事的交互项的回归系数至少在 10% 的水平下显著。这表明在考虑了内生性问题之后，本章的研究结论并未发生改变。

表 7.10　工具变量第二阶段回归结果（*DTobinQ*）

变量	（1）	（2）	（3）	（4）
PForeign	2.013 *	2.200 *	5.757 *	3.078 **
	(1.85)	(1.84)	(1.87)	(2.04)
PForeign × SOE		1.894 *		
		(1.93)		
PForeign × HHI			− 10.348 ***	
			(− 3.24)	
PForeign × DIQU				1.754 *
				(2.00)
Size	0.084	0.095	− 0.003	0.053
	(1.38)	(1.46)	(− 0.03)	(0.86)
Lev	2.157 **	2.179 **	2.181 **	2.248 **
	(2.19)	(2.17)	(2.34)	(2.32)
CashHol	5.078 ***	4.968 ***	5.535 ***	5.184 ***
	(4.27)	(4.11)	(4.65)	(4.41)
Sratio	2.785 ***	2.632 ***	3.359 ***	2.940 ***
	(2.96)	(2.69)	(3.12)	(3.17)
SOE	0.443 *	0.895 *	0.491 *	0.354 *
	(1.86)	(1.93)	(1.81)	(1.81)
HHI	− 5.002 **	− 4.786 **	− 6.716 **	− 5.375 **
	(− 2.23)	(− 2.14)	(− 2.76)	(− 2.36)
DIQU	0.169 *	0.180 *	0.157 *	0.235 **
	(1.81)	(1.83)	(1.86)	(2.44)
Indmatch	0.911 ***	0.983 ***	0.662 **	0.819 **
	(2.82)	(2.81)	(2.06)	(2.52)
AfterPercent	0.390	0.420	0.205	0.375
	(1.04)	(1.10)	(0.51)	(1.02)

续表

变量	(1)	(2)	(3)	(4)
常数项	-7.957***	-7.889***	-7.213***	-7.895***
	(-3.88)	(-3.72)	(-3.43)	(-3.93)
行业固定效应	控制	控制	控制	控制
N	266	266	266	266
Adj. R²	0.22	0.19	0.25	0.24

注：括号内报告的是 t 统计量；***、**、*分别表示在 1%、5%、10%的水平下显著。

表 7.11　工具变量第二阶段回归结果（DROA）

变量	(1)	(2)	(3)	(4)
$PForeign$	0.151***	0.142***	0.261**	0.137***
	(3.52)	(2.86)	(2.48)	(2.76)
$PForeign \times SOE$		0.021*		
		(1.80)		
$PForeign \times HHI$			-0.305*	
			(-1.86)	
$PForeign \times DIQU$				0.023*
				(1.77)
$Size$	0.003	0.003	0.000	0.003
	(1.40)	(1.44)	(0.12)	(1.52)
Lev	-0.005	-0.005	-0.004	-0.006
	(-0.15)	(-0.14)	(-0.13)	(-0.18)
$CashHol$	0.072*	0.071*	0.085**	0.070*
	(1.83)	(1.81)	(2.09)	(1.80)
$Sratio$	0.080***	0.079**	0.097***	0.078***
	(2.68)	(2.54)	(2.87)	(2.67)
SOE	0.017*	0.021*	0.016*	0.018*
	(1.80)	(1.87)	(1.82)	(1.81)
HHI	-0.111*	-0.109*	0.162*	-0.106*
	(-1.81)	(-1.78)	(-1.84)	(-1.77)
$DIQU$	0.010*	0.011*	0.007*	0.016*
	(1.82)	(1.83)	(1.69)	(1.98)

续表

变量	（1）	（2）	（3）	（4）
Indmatch	0.023 ** (2.28)	0.024 ** (2.25)	0.015 (1.32)	0.024 ** (2.31)
AfterPercent	0.041 *** (3.40)	0.041 *** (3.45)	0.035 *** (2.59)	0.041 *** (3.40)
常数项	− 0.267 *** (− 3.82)	− 0.266 *** (− 3.76)	− 0.245 *** (− 3.33)	− 0.268 *** (− 3.82)
行业固定效应	控制	控制	控制	控制
N	266	266	266	266
Adj. R²	0.32	0.31	0.34	0.31

注：括号内报告的是 t 统计量；***、**、* 分别表示在 1%、5%、10% 的水平下显著。

（二）其他稳健性检验

1. 替换被解释变量

考虑到中国上市公司完成跨境并购的样本量较少，如果添加年度虚拟变量，会使模型存在多重共线性问题，可能会影响估计系数的一致性。因此，本章在构建实证模型时主要借鉴了顾露露和 Reed（2011）的回归方法，并未控制年度虚拟变量。但是本章的研究结论可能会受到不同年度间经济政策差异的影响。为了缓解这一问题，以同时期同行业的跨境并购市场绩效 *DTobinQ*、跨境并购经营绩效 *DROA* 的均值对被解释变量进行调整，并以调整后的并购绩效指标 *DTobinQ＿year＿Ind*、*DROA_year_Ind* 为被解释变量，重新检验海归董事与企业跨境并购绩效之间的关系，回归结果如表 7.12 和表 7.13 所示。可以发现，海归董事的回归系数分别为 4.914、0.205，均在 1% 的水平下显著为正。而且，沿海地区、国内市场竞争程度、股权性质与海归董事的交互项的回归系数至少在 10% 的水平下显著。以上经验证据联合表明，考虑了不同年度间经济政策差异对企业跨境并购绩效指标的影响后，本章的研究结论并未发生改变，实证结果依然成立。

表 7.12 替换被解释变量的回归结果 （*DTobinQ_year_Ind*）

变量	（1）	（2）	（3）	（4）
PForeign	4.914***	5.103***	3.543***	6.425***
	(3.81)	(3.50)	(3.29)	(2.92)
PForeign × SOE		1.136**		
		(2.44)		
PForeign × HHI			-14.183*	
			(-1.68)	
PForeign × DIQU				2.520*
				(2.02)
Size	-0.049	-0.045	-0.038	-0.055
	(-0.73)	(-0.66)	(-0.58)	(-0.84)
Lev	2.552*	2.524*	2.426*	2.420*
	(1.86)	(1.86)	(1.83)	(1.80)
CashHol	4.058**	4.024**	4.020**	3.799**
	(2.56)	(2.55)	(2.53)	(2.43)
Sratio	2.666*	2.692*	2.659*	2.728**
	(1.94)	(1.95)	(1.94)	(1.97)
SOE	0.222*	0.412*	0.257*	0.234*
	(1.81)	(1.92)	(1.88)	(1.84)
HHI	-30.132**	-30.006**	-27.496*	-30.607***
	(-2.58)	(-2.57)	(-1.95)	(-2.64)
DIQU	0.185*	0.166*	0.227*	0.184*
	(1.88)	(1.74)	(1.87)	(1.98)
Indmatch	0.337	0.334	0.330	0.336
	(0.71)	(0.70)	(0.70)	(0.71)
AfterPercent	0.423	0.416	0.363	0.469
	(0.73)	(0.72)	(0.65)	(0.81)
常数项	-15.785***	-15.861***	-14.984**	-16.279***
	(-3.09)	(-3.09)	(-2.55)	(-3.21)
行业固定效应	控制	控制	控制	控制
N	266	266	266	266
Adj. R^2	0.48	0.48	0.48	0.48

注：括号内报告的是 t 统计量；***、**、*分别表示在 1%、5%、10%的水平下显著。

表 7.13　替换被解释变量的回归结果（*DROA_year_Ind*）

变量	（1）	（2）	（3）	（4）
PForeign	0.205 ***	0.199 ***	0.141 ***	0.203 ***
	（6.76）	（5.81）	（3.43）	（4.54）
PForeign × SOE		0.040 *		
		（1.73）		
PForeign × HHI			− 0.556 *	
			（− 1.71）	
PForeign × DIQU				0.083 *
				（2.05）
Size	0.002	0.002	0.003	0.002
	（1.10）	（1.04）	（1.30）	（1.10）
Lev	− 0.033	− 0.032	− 0.033	− 0.033
	（− 0.93）	（− 0.91）	（− 0.95）	（− 0.92）
CashHol	0.050	0.051	0.050	0.050
	（0.98）	（1.00）	（0.99）	（0.98）
Sratio	0.101 ***	0.100 ***	0.101 ***	0.100 ***
	（2.73）	（2.69）	（2.75）	（2.73）
SOE	0.015 *	0.022 *	0.014 *	0.015 *
	（1.83）	（1.88）	（1.81）	（1.83）
HHI	− 0.033 *	− 0.037 *	− 0.027 *	− 0.032 *
	（− 1.81）	（− 1.84）	（− 1.87）	（− 1.91）
DIQU	0.086 *	0.081 *	0.081 *	0.086 *
	（2.04）	（1.99）	（1.98）	（2.01）
Indmatch	0.017	0.017	0.016	0.017
	（1.45）	（1.45）	（1.43）	（1.44）
AfterPercent	0.046 ***	0.047 ***	0.045 ***	0.046 ***
	（3.31）	（3.29）	（3.26）	（3.32）
常数项	− 0.246 ***	− 0.243 ***	− 0.233 ***	− 0.245 ***
	（− 2.97）	（− 2.93）	（− 2.94）	（− 2.93）
行业固定效应	控制	控制	控制	控制
N	266	266	266	266
Adj. R^2	0.32	0.32	0.33	0.32

注：括号内报告的是 t 统计量；*** 、* 分别表示在 1% 、10% 的水平下显著。

2. 替换解释变量

借鉴现有的研究，本章进一步采用董事会中是否有海归董事（*DForeign*）及海归董事的人数（*NForeign*）作为解释变量，检验海归董事对企业跨境并购绩效的作用，回归结果如表 7.14、表 7.15、表 7.16 和表 7.17 所示。可以发现，*DForeign* 的回归系数分别为 1.293、0.103，均在 1% 的水平下显著为正；*NForeign* 的回归系数分别为 0.423、0.021，均在 1% 的水平下显著为正。上述实证结果证明，替换自变量的衡量方式后，本章的研究结论仍然稳健。

表 7.14　使用董事会中是否有海归董事作为自变量的回归结果（*DTobinQ*）

变量	（1）	（2）	（3）	（4）
DForeign	1.293***	1.440***	1.397***	1.998***
	(3.75)	(3.34)	(3.30)	(2.95)
DForeign × SOE		0.584*		
		(1.90)		
DForeign × HHI			−5.445**	
			(−2.21)	
DForeign × DIQU				1.029*
				(1.86)
Size	0.075	0.076	0.076	0.069
	(1.39)	(1.42)	(1.41)	(1.35)
Lev	2.187**	2.192**	2.237**	2.088*
	(2.01)	(2.01)	(2.07)	(1.95)
CashHol	4.824***	4.851***	4.870***	4.683***
	(3.83)	(3.82)	(3.89)	(3.76)
Sratio	2.653***	2.677***	2.577***	2.641***
	(2.75)	(2.76)	(2.68)	(2.73)
SOE	0.572*	0.125	0.473	0.564*
	(1.69)	(0.21)	(1.37)	(1.68)
HHI	−4.428*	−4.338*	−1.071	−4.805*
	(−1.91)	(−1.89)	(−1.18)	(−1.92)
DIQU	0.257*	0.249*	0.220*	0.564*
	(1.73)	(1.71)	(1.62)	(1.86)

续表

变量	（1）	（2）	（3）	（4）
Indmatch	1.002 ***	0.989 ***	0.966 ***	1.024 ***
	（2.93）	（2.90）	（2.83）	（3.00）
AfterPercent	0.233	0.220	0.231	0.220
	（0.56）	（0.52）	（0.56）	（0.53）
常数项	− 7.725 ***	− 7.904 ***	− 6.660 ***	− 8.332 ***
	（− 3.48）	（− 3.58）	（− 2.63）	（− 3.99）
行业固定效应	控制	控制	控制	控制
N	266	266	266	266
Adj. R^2	0.19	0.18	0.19	0.19

注：括号内报告的是 t 统计量；*** 、** 、* 分别表示在 1%、5%、10% 的水平下显著。

表 7.15　使用董事会中是否有海归董事作为自变量的回归结果（*DROA*）

变量	（1）	（2）	（3）	（4）
DForeign	0.103 ***	0.105 ***	0.049 *	0.094 ***
	（10.25）	（8.60）	（1.97）	（4.58）
DForeign × SOE		0.018 *		
		（1.76）		
DForeign × HHI			− 0.175 *	
			（− 1.69）	
DForeign × DIQU				0.014 *
				（1.79）
Size	0.002	0.002	0.002	0.002
	（1.22）	（1.24）	（1.30）	（1.24）
Lev	− 0.002	− 0.002	− 0.001	− 0.001
	（− 0.06）	（− 0.06）	（− 0.01）	（− 0.02）
CashHol	0.053	0.054	0.055	0.055
	（1.55）	（1.56）	（1.60）	（1.62）
Sratio	0.072 **	0.072 **	0.069 **	0.072 **
	（2.34）	（2.35）	（2.30）	（2.34）
SOE	0.026 **	0.019	0.022 **	0.026 **
	（2.43）	（0.95）	（2.13）	（2.45）
HHI	− 0.069 *	− 0.068 *	− 0.039 *	− 0.064 *
	（− 1.88）	（− 1.88）	（− 1.81）	（− 1.85）

续表

变量	（1）	（2）	（3）	（4）
DIQU	0.017 *	0.017 *	0.016	0.028
	（1.78）	（1.76）	（1.56）	（1.40）
Indmatch	0.030 ***	0.029 ***	0.028 ***	0.029 ***
	（2.97）	（2.95）	（2.89）	（2.90）
AfterPercent	0.028 **	0.027 **	0.028 **	0.028 **
	（2.26）	（2.22）	（2.29）	（2.26）
常数项	− 0.247 ***	− 0.249 ***	− 0.213 ***	− 0.239 ***
	（− 3.52）	（− 3.53）	（− 2.65）	（− 3.49）
行业固定效应	控制	控制	控制	控制
N	266	266	266	266
Adj. R^2	0.35	0.35	0.36	0.35

注：括号内报告的是 t 统计量；*** 、** 、* 分别表示在 1%、5%、10% 的水平下显著。

表 7.16　使用董事会中海归董事人数作为自变量的回归结果（*DTobinQ*）

变量	（1）	（2）	（3）	（4）
NForeign	0.423 ***	0.467 ***	0.432 ***	0.490 ***
	（4.71）	（4.18）	（4.39）	（3.96）
NForeign × SOE		0.152 *		
		（1.96）		
NForeign × HHI			− 1.035 **	
			（− 2.85）	
NForeign × DIQU				0.118 *
				（1.80）
Size	0.026	0.032	0.028	0.022
	（0.50）	（0.62）	（0.54）	（0.43）
Lev	2.300 **	2.252 **	2.252 **	2.278 **
	（2.16）	（2.14）	（2.20）	（2.14）
CashHol	5.694 ***	5.598 ***	5.663 ***	5.650 ***
	（4.47）	（4.40）	（4.41）	（4.44）
Sratio	3.016 ***	3.094 ***	3.039 ***	2.992 ***
	（3.10）	（3.14）	（3.11）	（3.09）
SOE	0.298 *	0.251 *	0.258 *	0.299 *
	（1.94）	（1.93）	（1.82）	（1.95）

续表

变量	（1）	（2）	（3）	（4）
HHI	- 5.988 **	- 5.929 **	- 4.504 *	- 6.115 **
	（- 2.43）	（- 2.43）	（- 1.92）	（2.47）
DIQU	0.151 *	0.175 *	0.134 *	0.097 *
	（1.83）	（1.85）	（1.88）	（1.82）
Indmatch	0.842 **	0.827 **	0.816 **	0.844 **
	（2.51）	（2.45）	（2.41）	（2.52）
AfterPercent	0.358	0.358	0.330	0.365
	（0.89）	（0.89）	（0.82）	（0.90）
常数项	- 7.504 ***	- 7.682 ***	- 7.019 ***	- 7.657 ***
	（- 3.47）	（- 3.58）	（- 3.07）	（- 3.57）
行业固定效应	控制	控制	控制	控制
N	266	266	266	266
Adj. R^2	0.22	0.22	0.22	0.22

注：括号内报告的是 t 统计量；*** 、** 、* 分别表示在 1%、5%、10% 的水平下显著。

表 7.17　使用董事会中海归董事人数作为自变量的回归结果（*DROA*）

变量	（1）	（2）	（3）	（4）
NForeign	0.021 ***	0.023 ***	0.017 ***	0.021 ***
	（7.50）	（6.81）	（4.77）	（5.03）
NForeign × SOE		0.015 *		
		（1.85）		
NForeign × HHI			- 0.053 *	
			（- 1.70）	
NForeign × DIQU				0.041 *
				（1.92）
Size	0.001	0.001	0.001	0.001
	（0.59）	（0.70）	（0.69）	（0.61）
Lev	0.001	- 0.001	- 0.002	0.001
	（0.02）	（- 0.03）	（- 0.05）	（0.02）
CashHol	0.094 **	0.091 **	0.092 **	0.094 **
	（2.16）	（2.11）	（2.13）	（2.16）
Sratio	0.085 ***	0.087 ***	0.086 ***	0.085 ***
	（2.69）	（2.74）	（2.72）	（2.68）

变量	（1）	（2）	（3）	（4）
SOE	0.016* （1.88）	0.017* （1.89）	0.014* （1.81）	0.016* （1.87）
HHI	-0.143* （-1.95）	-0.141* （-1.94）	0.148* （-1.92）	-0.142* （-1.94）
DIQU	0.011* （1.99）	0.011* （1.98）	0.010* （1.92）	0.013* （1.85）
Indmatch	0.022** （2.10）	0.021** （2.05）	0.021** （1.99）	0.022** （2.09）
AfterPercent	0.041*** （3.22）	0.041*** （3.23）	0.040*** （3.15）	0.041*** （3.23）
常数项	-0.249*** （-3.16）	-0.255*** （-3.27）	-0.225*** （-2.92）	-0.248*** （-3.14）
行业固定效应	控制	控制	控制	控制
N	266	266	266	266
Adj. R^2	0.29	0.29	0.30	0.29

注：括号内报告的是 t 统计量；***、**、*分别表示在 1%、5%、10% 的水平下显著。

六 进一步分析

不同的海外经历及董事会职位赋予董事不同的"发声"能力和影响力，拥有直接经验和实质性话语权才有能力和动力去做出更有利于公司发展的决策。前文分析表明，海归董事可以促进企业跨境并购绩效的提升，但海归董事的不同海外经历及职位类型对企业跨境并购绩效的影响是否存在差异，仍然需要进行进一步的考察。

（一）董事海外经历类型

相对于董事的海外学习经历，具有海外工作经历的海归董事对海外企业的运作模式、管理技能要更加熟悉，可以给企业带来更加直接的国际经验，并且以更高效率和质量将其运用到所任职公司的管理实践中，在企业决策中拥有更大的话语权，可以更有效地发挥其职能。基于此，可以预期，相较于董事的海外学习经历，董事的海外工作经历对企业跨境并购绩效的边际效应更大。因此，在模型（7－2）的基础上，本章进一步将海归董事区分为具有海外学习经历的海归董事（*PForeign Study*）和具有海外工作经历的海归董事（*PForeign Work*）进行回归，结果如表7.18的第（1）列、第（3）列所示。从表7.18的第（1）列可以看出，具有海外学习经历的海归董事（*PForeign Study*）与跨境并购市场绩效正相关但不显著，具有海外工作经历的海归董事（*PForeign Work*）与跨境并购市场绩效在1%的水平下显著正相关，且后者的标准化系数更大；同理，从表7.18的第（3）列可以发现，虽然具有海外学习经历的海归董事和具有海外工作经历的海归董事与跨境并购经营绩效至少在5%的水平下显著正相关，但具有海外工作经历的海归董事的标准化系数更大，上述理论预期得以证实。

表7.18　海归董事的海外经历类型及职位类型的回归结果

变量	DTobinQ		DROA	
	（1）	（2）	（3）	（4）
PForeign Study	1.267		0.111 **	
	(0.83)		(2.38)	
PForeign Work	4.034 ***		0.192 ***	
	(3.13)		(5.06)	
KeyForeign		2.489 **		0.172 ***
		(2.40)		(5.79)
NoKeyForeign		1.797 ***		0.066 ***
		(4.70)		(5.73)
Size	0.028	0.034	0.001	0.001
	(0.52)	(0.67)	(0.38)	(0.67)
Lev	1.934 **	1.915 **	－ 0.002	－ 0.009
	(2.05)	(2.27)	(－ 0.05)	(－ 0.27)
CashHol	5.482 ***	5.518 ***	0.103 **	0.098 **
	(4.43)	(4.87)	(2.56)	(2.59)
Sratio	2.772 ***	1.857 *	0.093 ***	0.063 *
	(3.00)	(1.97)	(2.90)	(1.95)
Indmatch	0.871 ***	0.731 ***	0.021 **	0.018 *
	(2.95)	(2.60)	(2.28)	(1.95)

续表

变量	DTobinQ		DROA	
	（1）	（2）	（3）	（4）
AfterPercent	0.263	0.021	0.037 ***	0.029 ***
	(0.73)	(0.06)	(3.07)	(2.61)
常数项	− 5.574 ***	− 4.884 ***	− 0.200 ***	− 0.184 ***
	(− 3.81)	(− 3.40)	(− 4.11)	(− 3.88)
行业固定效应	控制	控制	控制	控制
N	266	266	266	266
Adj. R^2	0.25	0.31	0.34	0.39

注：括号内报告的是 t 统计量；*** 、** 、* 分别表示在 1% 、5% 、10% 的水平下显著。

（二）董事职位类型

如前所述，海归董事可以凭借其海外经历所积累的独特资源与能力优势来更有效地发挥监督与咨询职能，从而带来更好的跨境并购绩效。诚然，海外经历为海归董事有效履行职能提供了保障，但在一定程度上，董事的决策权及影响力受制于其在董事会中的职位。因此，不同职位的海归董事对企业跨境并购绩效的提升效应是否有差异，依然需要进行进一步的分析。不同的董事会职位赋予董事不同的"发声"能力和影响力，只有拥有实质性话语权才有能力和动力去做出更有利于公司发展的决策。根据现行公司治理制度的安排，董事长和总经理作为公司关键职位董事，在企业决策中发挥着至关重要的作用。周泽将等（2017）的研究也证实，处于关键职位的海归董事对企业国际化水平的提升效应更显著。综上所述，可以预期，关键职位的海归董事对提升企业跨境并购绩效的增量贡献更大。为了检验海归董事不同职位类型对企业跨境并购绩效的影响，本章在模型（7 - 2）的基础上，进一步将海归董事区分为海归关键职位董事 KeyForeign（若关键职位董事比如总经理或董事长具有海归背景，则取值为 1，否则为 0）和海归非关键职位董事 NoKeyForeign（董事会中非关键职位董事若具有海归背景，则取值为 1，否则为 0）进行回归，结果如表 7.18 的第（2）列和第（4）列所示。可以发现，海归关键职位董事（*KeyForeign*）和海归非关键职位董事（*NoKeyForeign*）的标准化系数至少在 5% 的水平下显著为正，但前者的系数更大。这表明，海归关键职位董事之于跨境并购绩效的提升效用较海归非关键职位董事更显著。一般来说，在中国情境下，相较于其他普通董事，关键职位董事（董事长或总经理）在企业决策中的话语权和分量更大。因此，当海归董事处于董事长或总经理的关键职位时，其更能促进跨境并购绩效的提升，这一结果符合企业的运营逻辑。

（三）海归董事作用于企业跨境并购绩效的路径分析

如前文理论分析与研究假设所述，海归董事可以凭借其自身在海外学习及工作过程中所形成的独特资源与能力优势，提高企业跨境并购整合能力，进而促进企业跨境并购绩效的提升。究竟这一路径是否如预期所述，本章借鉴权小锋等（2015）的 Sobel 中介因子检验方法，采用以下三阶段回归模型进行检验。

$$M\&A\ Performance = \alpha_0 + \alpha_1\ PForeign + \alpha_2\ Size + \alpha_3\ Lev + \alpha_4\ CashHol +$$
$$\alpha_5\ Sratio + \alpha_6\ SOE + \alpha_7\ HHI + \alpha_8\ DIQU + \alpha_9\ Indmatch +$$
$$\alpha_{10}\ AfterPercent + \alpha_{11}\ Ind + \varepsilon \qquad \text{（路径 1）}$$

$$InterMedia = \beta_0 + \beta_1\ PForeign + \beta_2\ Size + \beta_3\ Lev + \beta_4\ CashHol +$$
$$\beta_5\ Sratio + \beta_6\ SOE + \beta_7\ HHI + \beta_8\ DIQU + \beta_9\ Indmatch +$$
$$\beta_{10}\ AfterPercent + \beta_{11}\ Ind + \varepsilon \qquad \text{（路径 2）}$$

$$M\&A\ Performance = \gamma_0 + \gamma_1\ PForeign + \gamma_2\ InterMedia + \gamma_3\ Size + \gamma_4\ Lev +$$
$$\gamma_5\ CashHol + \gamma_6\ Sratio + \gamma_7\ SOE + \gamma_8\ HHI + \gamma_9\ DIQU +$$
$$\gamma_{10}\ Indmatch + \gamma_{11}\ AfterPercent + \gamma_{12}\ Ind + \varepsilon \qquad \text{（路径 3）}$$

根据上述文献，该方法共分三个步骤来检验海归董事对企业跨境并购绩效的传导路径。传导路径在该设计中又被称为中介变量 *InterMedia*。第一步是在不添加中介变量的基础上，检验海归董事对跨境并购绩效的影响，即路径 1 的回归系数 α_1 是否显著；第二步考察海归董事对中介变量 *InterMedia* 的影响，即路径 2 的回归系数 β_1 是否显著；第三步是在添加中介变量的基础上，同时考察 γ_1 和 γ_2 回归系数的显著性。当 α_1 显著、β_1 显著、γ_1 显著，但 γ_2 不显著，Sobel Z 值显著时，存在完全的中介效应。当 α_1 显著、β_1 显著、γ_1 和 γ_2 同时显著，但 γ_1 的系数小于 α_1 的值，Sobel Z 值显著时，存在部分中介效应。

为了检验海归董事对企业跨境并购绩效作用的整合能力路径，我们借鉴逯东等（2019）的做法，选用跨境并购后是否计提商誉减值准备的虚拟变量 IMP 来刻画企业并购后的整合能力。众所周知，商誉是由企业非同一控制下的溢价并购带来的。当并购对象的经营成果未达到预期时，企业就需要计提商誉减值准备。换言之，如果企业计提了商誉减值准备，事实上就意味着并购对象未得到很好的整合，企业并购整合能力较低。考虑到并购整合的周期较长且存在高度的不确定性，为了更准确地刻画企业商誉减值准备的计提情况，本章构造了跨境并购完成后一年的商誉减值准备计提变量，即跨境并购完成后一年内是否计提商誉减值准备，若计提了商誉减值准备，则取值为 1，表示企业跨境并购完成后表现出较弱的整合能力，反之取值为 0，象征着企业跨境并购完成后并购整合能力较强。

表 7.19 报告了以整合能力为中介因子的路径回归结果。其中 Panel A 与 Panel B 是分别以跨境并购市场绩效（*DTobinQ*）、跨境并购经营绩效（*DROA*）作为 *M&A Performance* 的回归结果。首先，考察不包含中介因子的路径 1，回归结果表明，*PForeign* 的回归系数分别为 3.899、0.200，均在 1% 的水平下显著为正。然后，考察以中介因子（*IMP*）为因变量的路径 2 可知，*PForeign* 的回归系数均为 -1.994，均在 1% 的水平下显著为负，表明海归董事比例越高的公司，跨境并购后的整合能力越强。最后，考察同时包括海归董事（*PForeign*）和中介因子（*IMP*）的路径 3 的回归结果，发现 *PForeign* 的回归系数仍然为正，*IMP* 的回归系数为负，且至少在 10% 的水平下显著，但是相比路径 1 海归董事的系数有所下降，系数从 3.899（0.200）下降到 3.586（0.185）。在 Panel A 和 Panel B 中，Sobel Z 统计值分别为 1.965 与 2.122，且至少在 10% 的水

平下显著。以上经验证据联合表明，海归董事影响企业跨境并购绩效存在部分的整合能力路径。

表 7.19　整合能力的路径回归结果

变量	Panel A：DTobinQ			Panel B：DROA		
	路径 1	路径 2	路径 3	路径 1	路径 2	路径 3
PForeign	3.899***	-1.994***	3.586***	0.200***	-1.994***	0.185***
	(4.70)	(-3.78)	(4.18)	(8.13)	(-3.78)	(6.88)
IMP			-0.456*			-0.021**
			(-1.92)			(-2.23)
Size	-0.001	-0.009	-0.002	0.001	-0.009	0.001
	(-0.02)	(-0.22)	(-0.04)	(0.34)	(-0.22)	(0.32)
Lev	1.249*	0.156	1.262*	-0.018	0.156	-0.017
	(1.68)	(0.32)	(1.71)	(-0.75)	(0.32)	(-0.73)
CashHol	4.802***	-0.884	5.388***	0.082**	-0.884	0.076**
	(4.39)	(-1.39)	(4.19)	(2.30)	(-1.39)	(2.08)
Sratio	3.311***	-0.281	3.272***	0.084***	-0.281	0.082***
	(3.51)	(-0.42)	(3.46)	(2.89)	(-0.42)	(2.87)
SOE	0.165	0.160	0.188	0.014	0.160	0.015
	(0.60)	(0.68)	(0.67)	(1.36)	(0.68)	(1.46)
HHI	-0.901*	-0.730	-0.810	-0.015*	0.730	-0.001
	(-1.86)	(-0.93)	(-1.50)	(-2.12)	(0.93)	(-0.03)
DIQU	0.098*	0.050	0.106	0.074*	0.050	0.014
	(1.93)	(0.26)	(1.35)	(1.77)	(0.26)	(1.55)
Indmatch	0.666**	-0.054	0.656**	0.021**	-0.054	0.021**
	(2.14)	(-0.29)	(2.14)	(2.35)	(-0.29)	(2.35)
AfterPercent	0.161	-0.546**	0.084	0.032***	-0.546**	0.028**
	(0.43)	(-2.08)	(0.24)	(2.76)	(-2.08)	(2.55)
常数项	-3.735***	1.570*	-3.264**	-0.114***	1.570*	-0.092**
	(-3.10)	(1.80)	(-2.57)	(-2.75)	(1.80)	(-2.21)
行业固定效应	控制	控制	控制	控制	控制	控制
Sobel Z	1.965*			2.122**		
p 值	0.093			0.034		
N	266	266	266	266	266	266
Adj. R²	0.26	0.11	0.24	0.36	0.13	0.39

注：括号内报告的是 z 统计量；***、**、*分别表示在 1%、5%、10%的水平下显著。

第五节 本章小结

本章聚焦海归董事与企业跨境并购绩效之间的关系，以 2009 ~ 2017 年完成跨境并购的中国 A 股上市公司为样本，检验海归董事能否凭借其海外经历所积累的独特资源与能力优势提升企业跨境并购绩效。在此基础上，进一步考察不同的决策情境、海归董事的不同海外经历类型及职位类型是否会影响海归董事对企业跨境并购绩效的提升效应以及海归董事影响企业跨境并购绩效的作用路径。实证研究得出了以下结论。首先，海归董事可以显著促进企业跨境并购绩效的提升。在进行了包括内生性检验在内的多组稳健性检验后，上述结论依然成立。其次，主并企业的注册地是否为沿海地区、所处地区市场竞争程度以及企业的股权性质均能够显著强化海归董事对企业跨境并购绩效的正向影响。再次，在对海归董事的分类检验中发现，相较于海外学习经历，海归董事的海外工作经历对跨境并购绩效提升的增量贡献更大；相较于普通职位的海归董事，关键职位的海归董事对促进跨境并购绩效提升的边际效应更显著。最后，路径分析结果表明，海归董事对企业跨境并购绩效的提升效应存在部分的整合能力路径。

第八章 研究结论与政策建议

本章从总体上对前文研究的内容和结果进行全面的归纳和总结，得出四个方面的主要研究结论，并结合中国当前"走出去""引进来""一带一路"的具体背景，从政策制定者、企业管理者及个体投资者三个层面分别提出相应的政策建议，同时对本书研究中所存在的不足及未来的研究思路和方向进行阐述。

第一节 研究结论

本书通过对与海归董事和跨境并购相关的国内外文献和理论进行梳理，分析在中国企业跨境并购的过程中，海归董事如何凭借其海外经历所积累的独特能力与资源优势提高跨境并购质量；并在此基础上，系统考察海归董事对企业跨境并购发起、跨境并购溢价和跨境并购绩效的影响，明确海归董事影响企业跨境并购的机理及决策情境。本书得出的主要结论如下。

一 海归董事的存在促使企业更倾向于发起跨境并购

众所周知，是否发起并购以及发起何种并购是并购交易流程中企业面临的第一个选择，也是最重要的选择。董事会作为企业权力结构的重要实体，是并购战略的决策和实施控制部门，海归董事的海外经历所积累的独特资源与能力优势势必会影响我国上市公司发起跨境并购的决策。本书以 2009～2017 年发起并购交易的中国 A 股上市公司为样本，考察海归董事对企业跨境并购发起的影响。结果发现：海归董事可以凭借其海外经历所积累的独特资源与能力优势，提升企业进行跨境并购的能力，帮助企业制定清晰的并购战略规划，同时也可作为信息渠道，使企业更容易识别出不同国家或地区中存在的并购机会并确定合适的目标企业，降低跨境并购的不确定性与模糊性，增强企业发起跨境并购获取潜在收益的动机。因此，当企业意图并购时，海归董事促使企业更倾向于发起跨境并购。

二　海归董事有助于降低企业跨境并购溢价

在跨境并购过程中，并购定价直接关系到交易的效率和效果，成为并购决策的核心内容。在跨境并购定价的实践中，由于国际化知识经验不足及制度环境约束，我国企业缺乏对价格的合理掌控以及讨价还价的博弈能力，使得"中国溢价"现象在国际并购市场广泛存在。如何提高并购决策效率、缓解"中国溢价"现象成为跨境并购的实践焦点与理论热点。本书以 2009～2017 年披露跨境并购溢价的中国 A 股上市公司交易为样本，考察海归董事对企业跨境并购溢价的影响。结果发现：在企业跨境并购定价过程中，海归董事可以凭借自身积累的独特资源与能力优势，帮助主并企业更好地开展尽职调查，提高对目标企业价值评估的准确性，降低跨境并购定价过程中的风险，从而提高企业跨境并购定价效率，降低跨境并购溢价的支付。

三　海归董事可以促进企业跨境并购绩效的提升

跨境并购能否创造价值，一直是学术界关注的热点话题。在利用跨境并购快速做大企业的同时，通过提高并购效率来实现做强、做优才是保证中国企业转型升级和跨越式发展的关键。本书以 2009～2017 年完成跨境并购的中国 A 股上市公司为样本，检验海归董事对企业跨境并购绩效的影响。结果发现：海归董事作为公司治理结构的重要组成部分，不仅可以为企业跨境并购活动提供额外的信息渠道和解决问题的新视角，还能够有效监督管理层，实质性地减少管理层有意识或无意识的低效率行为，以此促进企业并购整合能力的提高，最终带来跨境并购绩效的提升。路径分析结果表明，海归董事对企业跨境并购绩效的提升效应存在部分的整合能力路径。

四 主并企业所处地域差异对海归董事与企业跨境并购（跨境并购发起、跨境并购溢价及跨境并购绩效）之间的关系产生影响

企业所处的外部决策情境（如制度环境）将会对企业行为产生明显影响。海归董事与企业跨境并购之间的关系也同样会受到其所处的制度环境的影响。具体到中国的社会现实，不同省份之间经济发展不均衡，宏观环境和文化氛围存在较大差异，这势必会进一步对海归董事与企业跨境并购之间的关系产生交互影响。本书在考察海归董事对企业跨境并购的影响时引入了地域差异这一决策情境。结果发现：当主并企业所处区域为沿海地区时，海归董事对企业跨境并购发起的促进作用更显著；相较于非沿海地区企业，沿海地区企业的海归董事更能抑制跨境并购溢价的支付；在沿海地区企业任职的海归董事对企业跨境并购绩效提升的增量贡献更大。

五 主并企业所处市场竞争程度对海归董事与企业跨境并购（跨境并购发起、跨境并购溢价及跨境并购绩效）之间的关系产生影响

市场环境是公司战略决策的触发因素，公司战略决策与其所面临的市场环境紧密相关。跨境并购作为企业开拓市场的一种方式，必然会受到其所处市场环境的影响。当前，由于我国经济产能过剩、内需拉动不足，同时受到汇率波动与国际税收的影响，我国企业普遍面临着较为激烈的市场竞争。市场竞争作为一种较强的外部治理机制，影响着公司内部治理并与之产生互动。海归董事作为公司治理的重要组成部分，在企

业内部运行以及与产品市场竞争的关系方面有其隐匿化的互动路径。本书在考察海归董事对企业跨境并购的影响时引入了市场竞争程度这一决策情境，并从内外部治理机制交互效应的角度考察其对海归董事与企业跨境并购发起之间关系的影响，有助于明确海归董事对企业跨境并购发起影响的作用边界，加深内外部治理机制的交互效应对企业影响的理解。结果发现：当主并企业面临激烈的国内市场竞争时，海归董事更倾向于发起跨境并购；海归董事对企业跨境并购溢价的抑制效应在面临更大的国内市场竞争的企业中更显著；市场竞争程度可以显著强化海归董事对企业跨境并购绩效的正向影响。

六　主并企业股权性质对海归董事与企业跨境并购（跨境并购发起、跨境并购溢价及跨境并购绩效）之间的关系产生影响

股权结构是产权在微观企业的体现，亦是企业的灵魂和基础，企业不同的股权性质将伴生不同的资源禀赋和治理结构，最终影响着企业的微观行为和经营绩效。此外，所有权带来的委托代理问题以及国有企业的资源优势也可能导致海归董事在不同产权类型企业中发挥的效用不尽相同。本书在考察海归董事对企业跨境并购的影响时结合企业的股权性质进行分析。结果发现：海归董事对企业跨境并购发起的促进作用在国有企业中更显著；相较于民营企业，国有企业的海归董事对跨境并购溢价的抑制效应更大；当主并企业为国有企业时，海归董事对企业跨境并购绩效提升的增量贡献更大。

七　海归董事对企业跨境并购（跨境并购发起、跨境并购溢价及跨境并购绩效）的影响因其海外经历类型及职位类型的不同而存在差异

从海归董事的分类检验中我们发现，相较于海外学习经历，海归董事的海外工作经历对企业跨境并购的影响更显著；相较于普通职位的海归董事，关键职位的海归董事对企业跨境并购发起和跨境并购绩效的边

际效应更大；相较于具有海归背景的执行董事，具有海归背景的非执行董事和独立董事对跨境并购溢价的抑制效应更显著。

第二节 政策建议

本书的研究结论强调了海归董事的海外经历对企业跨境并购战略决策的重要作用，揭示了我国上市公司董事会在专业化的基础上促进企业"走出去"这一必然趋势，为进一步评估国际化管理人才的人力资本溢出效应提供了新证据，这对政府完善高层次人才引进政策、企业优化跨境并购决策和加强人才储备及投资者理解跨境并购具有一定的实践指导意义。因此，本书从政策制定者、企业管理者及个体投资者层面分别提出相应的政策建议，以期为他们提供一定的借鉴和启示。具体政策建议如下。

一 针对政策制定部门的建议

（一）重视海归人才的社会资本积累

由于中国早期的科学技术相对落后，无论学术界还是实务界，往往对海归人才的科学技术知识积累关注更多。在经济全球化进程不断加快的今天，提升国际竞争力与影响力对中国企业来说是极为重要的。本书的研究表明，海归董事的海外社会资本积累在企业跨境并购中发挥了关键作用。因此，现阶段，中国政府应积极鼓励海归人才在学习科学技术知识的同时，注意积累国际社会资本，使海归人才更好地服务于企业，适应国际化竞争。进一步地，可以考虑以熟悉国际市场规则和需求为导向对海归人才进行专门的选拔，以更好地促进中国企业"走出去"战略的实施。

（二）健全有关董事会的制度

海归董事可以作为一种非正式的关系机制，缓解跨境并购双方因正式制度缺失而产生的信息摩擦问题，加强跨境并购双方的协调合作，降低跨境并购过程中的不确定性与模糊性，促进跨境并购的价值创造。但是，从目前我国的相关法律法规来看，例如《公司法》或《证券法》都只对公司董事会的设立和运行做出了相关规定，其中对董事会的形式规定较多，如会议记录、董事任职资格等，而对董事会的实质规定较少，如董事会总体的成员特征、董事会是否符合公司的发展要求等。本书的研究可以为完善现有的董事会制度、更好地发挥董事作用提供一些建议。

（三）加强对海外高层次人才政策体系的优化

为适应"走出去"的战略要求，我国政府应该加强海外高层次人才引进与管理工作中的顶层制度设计，发挥政策体系的宏观协调指导作用。实施更加积极开放的海外高层次人才政策，大力吸引海外高层次人才回国就业创业，并为海外人才在出入境管理、长期居留、税收保险、生活安置等方面提供必要的便利条件，以此打破人才流动的壁垒。此外，还要建立健全海外高层次人才信息库以及人才需求发布平台，形成覆盖全球的国际人力搜寻网络与数据库，并根据需求调查进行分类细化，以实现与海外成熟人才的精准对接与近距离沟通。

（四）完善外派留学人员的现行培养体系建设

现阶段，我国政府已建立国家留学基金委员会、省级政府留学基金等各类鼓励和资助出国进修或学习的完整机制，甚至某些单位内部也设立了相应的专门人才培养基金。但值得注意的是，目前我国外派学习人员的培养体系还有待完善，这也在一定程度上限制了海外留学人员效用的切实发挥。因此，中国政府及相关部门应进一步完善现行外派留学人员的培养体系，尤其是要注重构建科学的选拔制度、严格的考核体制和有效的激励机制，从而促使外派留学人员在获取独特资源与能力后选择回国发展，进而提升海归人才在经济建设中的积极作用。

（五）加强我国不同区域的制度建设

中国不同地区之间经济发展不均衡，造成不同地区之间制度差异很大。同沿海地区相比，非沿海地区的制度建设相对落后，已在一定程度上影响了企业乃至地区经济的发展，这一点可以从沿海地区显著增进了海归董事和企业跨境并购之间的相关关系中窥见一斑。因此，非沿海地区应积极依靠东北老工业基地振兴、中部崛起及西部大开发等国家宏观政策，参考发达地区的先进经验和做法，进一步加强立法、司法等配套制度建设，进而改善企业赖以生存的软环境质量，为海归人才有效发挥作用提供更好的制度环境。

二　针对企业的建议

（一）引入海归董事，加强对董事会的建设，完善现行董事会治理机制

一方面，跨境并购亟须具有国际化视野的管理团队作为智库支撑，我国企业要主动拓展人力资源管理的新思路，积极吸纳熟悉国外社会文化、制度背景以及法律法规的海外人才进入董事会，提高跨境并购能力与决策水平。另一方面，本书研究发现，海归董事对企业跨境并购的影响受到其海外经历类型和职位类型的影响。相较于海外学习经历，海归董事的海外工作经历对跨境并购影响的边际效应更大；相较于非关键职位董事，关键职位的海归董事对跨境并购的影响更大。因此，在斟酌董事会构成时，应结合企业自身情况及战略需要，对海归董事的海外经历及职位类型有所侧重，通过有序引入不同海外经历及职位类型的海归董事来完善现行董事会治理机制，提高跨境并购质量。

（二）加强风险评估和防范，进一步优化跨境并购

跨境并购是一项系统工程，涉及并购前、并购中和并购后三个不同的阶段。在跨境并购前，企业必须首先确定并购的战略目标，并详细考

虑并购项目是否符合公司的整体战略;其次应综合自身资金、人才和抗风险能力,审慎选择目标企业所处的行业,并科学理性地分析跨境并购目标企业的具体情况;最后应认真研究相关法律法规及政策,并加强对东道国的风险量化评估,关注其经济金融状况、债务违约水平、政治稳定性以及法律环境的变化。在跨境并购中,企业要加强对目标企业的定价风险和融资风险的防范,提高企业定价效率,降低并购溢价的支付。在跨境并购后,企业要在组织设计和功能整合上高效调整,提高并购整合效果,促进跨境并购后研发产出和生产效率的提高。

三 针对投资者的建议

由于中国证券市场发展时间较短,投资者主要为中小散户,大多数投资者财务知识匮乏,财务素养低,对跨境并购事件缺乏正确的认识,导致盲目跟风投资现象出现,损害投资者财富。本书研究发现,海归董事的海外求学或工作经历往往使其拥有广泛的国外关系网络、合理的知识结构及丰富的跨国跨文化的管理技能等资源与能力优势,这些优势不仅有助于企业发起跨境并购,而且还可以降低跨境并购溢价,提升跨境并购绩效。鉴于海归董事可以加强跨境并购价值创造的结论,资本市场中的投资者在考虑投资对象时,可以将主并企业董事会中是否存在海归董事作为考量标准之一,帮助投资者做出更为合理的投资决策,减少资本市场过热时因对跨境并购事件的盲目跟风而造成的投资损失,规避投资风险。

第三节 研究创新点、局限性与展望

一 研究创新点

本书在对现有海归董事和跨境并购相关资料进行深入研究的基础上,综合运用高阶理论、资源依赖理论和委托代理理论,全面系统地分析了海归董事对企业跨境并购的影响。本书主要的创新点体现在如下三个方面。

第一，从跨境并购决策主体视角，探索海归董事对企业跨境并购不同阶段的影响，为企业跨境并购相关研究提供一个新思路。跨境并购是中国企业"走出去"的重要途径和战略转型的重要推手，是中国企业提升国际竞争力的必由之路，并作为国际市场上一股不可忽视的力量，引起了学术界和实务界的广泛关注。众多学者强调了企业难以控制的宏观层面因素对企业跨境并购的影响，虽然政治、经济、文化等宏观层面要素会对企业跨境并购产生影响，但这些因素对企业来说都是"既定"的约束，企业更多的是被动接受。而微观层面因素的探讨更有助于找出企业在面临相同的并购环境时所呈现出的差异化行为的症结所在。现有微观层面因素对企业跨境并购的影响主要聚焦企业规模、股权性质、管理水平、并购前绩效、管理者特征等方面，尚未有文献考察董事的海归背景对企业跨境并购活动的影响。本书首次从海归董事的视角，将企业跨境并购的全过程纳入考察范围，并以层层递进的剖析方式，深入探索海归董事对企业跨境并购活动的影响，为企业跨境并购影响因素的相关研究提供了一个新视角。

第二，通过系统考察海归董事对企业跨境并购发起、跨境并购溢价及跨境并购绩效的影响，明确海归董事影响企业跨境并购的作用机理。董事会是公司治理的核心机构，拥有公司重大事项的决策权，对企业的日常经营管理、战略发展甚至生死存亡起着至关重要的作用。本书查阅国内外文献后发现，现有研究大多关注董事会的独立性、社会网络资本、过度自信的非理性行为及学历、年龄、任期等对企业并购的影响，迄今为止尚未发现有文献从海归董事视角对企业跨境并购活动全过程的影响进行考察。本书不仅综合运用高阶理论、资源依赖理论和委托代理理论将跨境并购活动事前（跨境并购发起）、事中（跨境并购溢价）及事后（跨境并购绩效）的不同因素放在一个框架考察，从机理上分析了海归董事对企业跨境并购关键点行为的影响，并通过实证手段进行了验证。而且，本书进一步分析了海归董事对企业跨境并购的影响是否因其海外经历类型、职位类型的不同而有所差异。上述研究有效地揭示了海归董事与企业跨境并购之间的内在关联，不仅有效弥补了前期研究的不足，还拓展了人们对海归董事在企业跨境并购过程中扮演何种角色的认识，为海归董事经济后果的研究提供一个新视角，同时也从企业战略层面为海外高层次人才的引进效能评估和高效利用提供一个新思路。

第三，尽管前期探讨海归董事与企业国际化决策关系的研究已经辨识了一系列情境因素（Laufs et al.，2016；李竞等，2017），但这些多是以欧美发达国家和地区的公司为研究对象，目前从中国资本市场和上市公司治理实践出发，对何种情况下海归董事将对企业跨境并购产生较强、较弱乃至无影响进行的研究不足。本书在研究海归董事对企业跨境并购影响的基础上，基于开放系统视角和中国市场特征，在跨境并购不同阶段引入相应的决策情境，分析并检验了这些决策情境对海归董事与企业跨境并购不同阶段行为的调节机制，明确海归董事作用于企业跨境并购的边界条件，不仅加深了董事职能领域的研究深度，也从企业战略决策角度完善了高阶理论。

二 研究局限性

在实证模型构建方面，尽管本书以诸多现有文献为基础，参考和选择了较为成熟的实证模型，并根据本书研究问题对实证模型进行了较为合理的修正，但依然无法保证也不可能使所构建的模型包含所有影响跨境并购（跨境并购发起、跨境并购溢价及跨境并购绩效）的变量。因此，模型构建中存在的个别变量遗漏问题可能导致研究结论存在一定的偏差。

为考察海归董事对企业跨境并购的影响，在数据收集过程中由于未上市公司对董事背景资料和跨境并购信息的数据披露不全面，所以，本书以上市公司的跨境并购事件为研究样本。但上市公司与非上市公司在跨境并购与董事聘任方面存在一定的差异，这将会导致本书结论的潜在偏差。针对这一不足，需要在未来数据允许的情况下进行探讨。

三　研究展望

关于海归董事与企业跨境并购之间的关系，本书仅做了一定探索性的考察，对于未来该领域的深入研究，本书考虑可能从以下方面展开。

由于并购前跨境并购的发起和并购中跨境并购溢价的确定是跨境并购交易的两个重要节点，而跨境并购交易后取得的绩效则是跨境并购创造价值的最终体现。因此，本书分别从跨境并购交易的前期、中期和后期，围绕跨境并购发起、跨境并购溢价和跨境并购绩效三个方面考察海归董事对企业跨境并购的影响。但在跨境并购过程中，还有一些内容值得在未来予以关注，如跨境并购税务筹划、跨境并购融资决策及跨境并购其他效应等。对这些问题的深入考察，将进一步丰富海归董事与企业跨境并购之间关系的研究。

本书的研究只关注了海归董事对跨境并购这一企业战略的影响。然而，董事会作为公司治理的核心结构，是企业权力结构的重要实体。海归董事的存在，势必会对企业其他战略产生影响。因此，本书的研究结论可以向企业其他战略领域拓展，进一步丰富对海归董事经济后果的研究。

参考文献

［1］〔美〕彼得·德鲁克，2018，《管理前沿》，间佳译，机械工业出版社。

［2］陈冬华、胡晓莉、梁上坤、新夫，2013，《宗教传统与公司治理》，《经济研究》第9期。

［3］陈仕华、姜广省、卢昌崇，2013，《董事联结、目标公司选择与并购绩效——基于并购双方之间信息不对称的研究视角》，《管理世界》第12期。

［4］陈仕华、卢昌崇、姜广省、王雅茹，2015，《国企高管政治晋升对企业并购行为的影响——基于企业成长压力理论的实证研究》，《管理世界》第9期。

［5］陈怡安，2015，《我国人才创新创业环境测算与评价——基于31个省份的实证》，《经济体制改革》第5期。

［6］陈泽、侯俊东、肖人彬，2012，《我国企业海外并购价值创造决定因素实证研究》，《中国科技论坛》第12期。

［7］崔永梅、余璇，2011，《基于流程的战略性并购内部控制评价研究》，《会计研究》第6期。

［8］代彬、彭程，2019，《国际化董事会是高管自利行为的"避风港"还是"防火墙"？——来自中国A股上市公司的经验证据》，《中南财经政法大学学报》第4期。

［9］代昀昊、孔东民，2017，《高管海外经历是否能提升企业投资效率》，《世界经济》第1期。

[10] 邓伟、王涛、成园园，2018，《券商背景独立董事对企业并购影响的实证研究》，《南京审计大学学报》第 4 期。

[11] 邓秀嫒、傅超、傅代国，2018，《企业社会责任对海外并购影响的实证研究》，《中国软科学》第 1 期。

[12] 丁潇君、杨秀智、徐磊，2020，《国际化董事会、研发操纵与创新绩效》，《财经论丛》第 5 期。

[13] 杜健、郑秋霞、郭斌，2020，《坚持独立或寻求依赖？"蛇吞象"式跨国并购的整合策略研究》，《南开管理评论》第 6 期。

[14] 杜健、郑秋霞、丁飒飒、郭斌，2021，《资源依赖、制度逻辑与跨国并购后整合》，《科学学研究》第 3 期。

[15] 杜兴强、谭雪，2016，《董事会国际化与审计师选择：来自中国资本市场的经验证据》，《审计研究》第 3 期。

[16] 杜兴强、熊浩，2018，《外籍董事对上市公司违规行为的抑制效应研究》，《厦门大学学报》（哲学社会科学版）第 1 期。

[17] 段明明、杨军敏，2011，《文化差异对跨国并购绩效的影响机制研究：一个整合的理论框架》，《科学学与科学技术管理》第 10 期。

[18] 樊秀峰、李稳，2014，《基于 PSM 方法的中国上市公司海外并购绩效评估与分析》，《国际经贸探索》第 12 期。

[19] 范建红、陈怀超，2015，《中国企业海外溢价并购问题研究——基于东道国管制距离与规范距离维度的分析》，《价格理论与实践》第 4 期。

[20] 范黎波、张岚，2015，《母国和东道国经验的博弈对跨国并购决策的影响——影响机理与实证检验》，《国际商务（对外经济贸易大学学报）》第 2 期。

[21] 顾露露、Robert Reed，2011，《中国企业海外并购失败了吗?》，《经济研究》第 7 期。

[22] 郭冰、吕巍、周颖，2011，《公司治理、经验学习与企业连续并

购——基于我国上市公司并购决策的经验证据》，《财经研究》第 10 期。

[23] 郭健全、韩亦秦，2021，《政治关联、收购方能力和中国私企并购绩效——基于不同目标国视角》，《重庆工商大学学报》（社会科学版）第 2 期。

[24] 海本禄、聂鸣，2012，《国际化、创新与企业绩效：基于湖北省的实证研究》，《科研管理》第 4 期。

[25] 贺远琼、陈昀，2009，《不确定环境中高管团队规模与企业绩效关系的实证研究——基于中国制造业上市公司的证据》，《科学学与科学技术管理》第 2 期。

[26] 洪进、杨娜娜、杨洋，2017，《地理距离对并购后企业绩效的影响——基于中国上市公司并购事件的实证研究》，《华南理工大学学报》（社会科学版）第 5 期。

[27] 胡杰武、韩丽，2017，《东道国国家风险对我国上市公司跨国并购绩效的影响》，《外国经济与管理》第 9 期。

[28] 胡彦宇、吴之雄，2011，《中国企业海外并购影响因素研究——基于新制度经济学视角的经验分析》，《财经研究》第 8 期。

[29] 扈文秀、杨栎、章伟果，2016，《高管社会联结与并购绩效——来自中国 A 股上市公司的经验证据》，《软科学》第 11 期。

[30] 黄灿、贾凡胜、蒋青嬗，2019，《中国宗教传统与企业创新——基于佛教传统的经验证据》，《管理科学》第 4 期。

[31] 黄嫚丽、张明、皮圣雷、陆诗夏，2019，《中国企业逆向跨国并购整合组态与并购整合绩效关系研究》，《管理学报》第 5 期。

[32] 季华、刘海波，2019，《跨国并购溢价度、公司国际化程度与并购绩效》，《宏观经济研究》第 6 期。

[33] 贾镜渝、孟妍，2022，《经验学习、制度质量与国有企业海外并购》，《南开管理评论》第 3 期。

[34] 贾玉成、张诚，2018，《经济周期、经济政策不确定性与跨国并

购：基于中国企业跨国并购的研究》，《世界经济研究》第 5 期。

[35] 简泽、谭利萍、吕大国、符通，2017，《市场竞争的创造性、破坏性与技术升级》，《中国工业经济》第 5 期。

[36] 江若尘、莫材友、徐庆，2013，《政治关联维度、地区市场化程度与并购——来自上市民营企业的经验数据》，《财经研究》第 12 期。

[37] 江珊、魏炜、张金鑫，2016，《文化距离和制度距离对我国企业跨国并购溢价的影响研究》，《投资研究》第 7 期。

[38] 蒋冠宏、蒋殿春，2017，《绿地投资还是跨国并购：中国企业对外直接投资方式的选择》，《世界经济》第 7 期。

[39] 蒋冠宏、曾靓，2020，《融资约束与中国企业对外直接投资模式：跨国并购还是绿地投资》，《财贸经济》第 2 期。

[40] 蒋丽娜、薄澜、姚海鑫，2011，《国外并购溢价决定因素研究脉络梳理与未来展望》，《外国经济与管理》第 10 期。

[41] 蒋荣、陈丽蓉，2007，《产品市场竞争治理效应的实证研究：基于 CEO 变更视角》，《经济科学》第 2 期。

[42] 蒋尧明、赖妍，2019，《高管海外背景对企业社会责任信息披露的影响——基于任职地区规制压力的调节作用》，《山西财经大学学报》第 1 期。

[43] 康书生、穆君，2020，《中国国有企业境外投资方式分析与选择》，《河北经贸大学学报》第 3 期。

[44] 李洪、叶广宇，2020，《并购顾问与中国企业海外并购溢价——基于关系结构的分析》，《软科学》第 5 期。

[45] 李洪、叶广宇、赵文丽，2019，《距离产生美：跨国并购中个人/集体主义价值观差异的不对称效应》，《南开管理评论》第 6 期。

[46] 李洪、叶广宇、赵文丽，2019，《知识距离与中国企业跨国并购的创新绩效研究》，《管理学报》第 9 期。

[47] 李进龙、吕巍、郭冰，2012，《制度约束、国家文化差异与企业

跨国并购绩效——文化差异的竞争性中介作用》，《上海管理科学》第 4 期。

［48］李竞、李文、吴晓波，2017，《跨国公司高管团队国际经验多样性与海外建立模式研究——管理自主权的调节效应》，《经济理论与经济管理》第 3 期。

［49］李平、许家云，2011，《国际智力回流的技术扩散效应研究——基于中国地区差异及门槛回归的实证分析》，《经济学》（季刊）第 3 期。

［50］李强，2015，《制度距离对我国企业跨国并购绩效的影响研究——基于上市公司数据的实证分析》，《软科学》第 10 期。

［51］李卿云、王行、吴晓晖，2018，《董事会国际化、地区廉洁程度与研发投资》，《管理科学》第 5 期。

［52］李善民、公淑玉、杨继彬，2019a，《CEO 文化背景对并购绩效的影响研究——基于南北文化差异视角》，《中山大学学报》（社会科学版）第 5 期。

［53］李善民、杨继彬、钟君煜，2019b，《风险投资具有咨询功能吗？——异地风投在异地并购中的功能研究》，《管理世界》第 12 期。

［54］李诗田、邱伟年，2015，《管理者过度自信与跨国并购》，《国际经贸探索》第 7 期。

［55］李世刚，2017，《高管团队的国际化视野、企业社会责任履行与公司价值》，《当代财经》第 11 期。

［56］刘飔、李元旭，2016，《我国企业跨国并购绩效影响因素的研究》，《国际商务（对外经济贸易大学学报)》第 3 期。

［57］李维安、刘振杰、顾亮，2014，《董事会异质性、断裂带与跨国并购》，《管理科学》第 4 期。

［58］梁雯、刘淑莲、李济含，2018，《网络位置、董事经验与企业并购》，《山西财经大学学报》第 7 期。

[59] 林季红、刘莹，2013，《中国企业海外并购绩效研究——以并购整合为视角》，《厦门大学学报》（哲学社会科学版）第 6 期。

[60] 刘柏、郭书妍，2017，《董事会人力资本及其异质性与公司绩效》，《管理科学》第 3 期。

[61] 刘柏、梁超，2017，《董事会过度自信与企业国际并购绩效》，《经济管理》第 12 期。

[62] 刘传志、杨根宁、余兴发，2017，《海外背景董事对企业国际化程度的影响研究——来自中国上市公司的证据》，《国际商务（对外经济贸易大学学报)》第 1 期。

[63] 刘凤朝、默佳鑫、马荣康，2017，《高管团队海外背景对企业创新绩效的影响研究》，《管理评论》第 7 期。

[64] 刘锴、纳超洪，2015，《大股东控制、公司治理与跨国并购决策》，《金融经济学研究》第 5 期。

[65] 刘璐、杨蕙馨、崔恺媛，2019，《文化距离、母公司能力与跨国并购绩效——基于中国上市公司跨国并购样本的实证研究》，《山东大学学报》（哲学社会科学版）第 4 期。

[66] 刘青、张超、吕若思、卢进勇，2013，《"海归"创业经营业绩是否更优：来自中国民营企业的证据》，《世界经济》第 12 期。

[67] 刘晓宁，2019，《绿地投资还是跨国并购：中国企业 OFDI 模式选择研究》，《南方经济》第 2 期。

[68] 刘烨、于涛、曲怡霏，2017，《我国 CEO 人力资本、激励机制与跨国并购绩效——来自沪深股市的经验数据（2010—2015)》，《产业经济评论》第 3 期。

[69] 卢昌崇、陈仕华，2009，《断裂联结重构：连锁董事及其组织功能》，《管理世界》第 5 期。

[70] 陆瑶、闫聪、朱玉杰，2011，《对外跨国并购能否为中国企业创造价值?》，《清华大学学报》（自然科学版）第 8 期。

[71] 逯东、黄丹、杨丹，2019，《国有企业非实际控制人的董事会权

力与并购效率》，《管理世界》第 6 期。

[72] 罗进辉、郑威、席夏菲，2014，《"政府背景"是否阻碍了企业实施国际化战略》，《山西财经大学学报》第 7 期。

[73] 罗思平、于永达，2012，《技术转移、"海归"与企业技术创新——基于中国光伏产业的实证研究》，《管理世界》第 11 期。

[74] 买生、杨英英、李俊亭，2015，《公司社会责任治理：多理论融合的理论模型》，《管理评论》第 6 期。

[75] 潘爱玲、刘文楷、王雪，2018，《管理者过度自信、债务容量与并购溢价》，《南开管理评论》第 3 期。

[76] 潘红波、夏新平、余明桂，2008，《政府干预、政治关联与地方国有企业并购》，《经济研究》第 4 期。

[77] 裴瑱、彭飞，2019，《文化距离与中国海外并购绩效：基于跨国并购经验的实证研究》，《经济经纬》第 5 期。

[78] 彭伟、符正平，2015，《基于扎根理论的海归创业行为过程研究——来自国家"千人计划"创业人才的考察》，《科学学研究》第 12 期。

[79] 祁继鹏、何晓明，2015，《高管团队的社会资本能否改变企业并购绩效？》，《财经问题研究》第 12 期。

[80] 綦建红，2020，《海外背景董事可以提高企业的海外投资效率吗？——来自中国的证据》，《中山大学学报》（社会科学版）第 4 期。

[81] 綦建红、杨文慧，2020，《海外背景董事对企业出口行为的影响：增量还是提质？》，《财贸研究》第 7 期。

[82] 乔璐、赵广庆、吴剑峰，2020，《距离产生美感还是隔阂？国家间距离与跨国并购绩效的元分析》，《外国经济与管理》第 12 期。

[83] 权小锋、吴世农、尹洪英，2015，《企业社会责任与股价崩盘风险："价值利器"或"自利工具"？》，《经济研究》第 11 期。

[84] 沈克正、马抗美，2018，《基于国际化背景的上市公司跨国并购影响因素研究》，《河南科学》第 3 期。

［85］ 宋建波、文雯，2016，《董事的海外背景能促进企业创新吗?》，《中国软科学》第11期。

［86］ 宋建波、文雯、王德宏，2017，《海归高管能促进企业风险承担吗——来自中国A股上市公司的经验证据》，《财贸经济》第12期。

［87］ 孙慧、任鸽，2019，《董事会深度与广度资本能促进企业国际化战略吗?——基于两职合一调节作用的分析》，《南京审计大学学报》第4期。

［88］ 孙淑伟、何贤杰、王晨，2018，《文化距离与中国企业海外并购价值创造》，《财贸经济》第6期。

［89］ 孙淑伟、何贤杰、赵瑞光、牛建军，2017，《中国企业海外并购溢价研究》，《南开管理评论》第3期。

［90］ 孙翔宇、孙谦、胡双凯，2019，《中国企业海外并购溢价的影响因素》，《国际贸易问题》第6期。

［91］ 谭云清、朱荣林、韩忠雪，2008，《产品市场竞争、经理报酬与公司绩效：来自中国上市公司的证据》，《管理评论》第2期。

［92］ 田高良、韩洁、李留闯，2013，《连锁董事与并购绩效——来自中国A股上市公司的经验证据》，《南开管理评论》第6期。

［93］ 田海峰、黄祎、孙广生，2015，《影响企业跨国并购绩效的制度因素分析——基于2000~2012年中国上市企业数据的研究》，《世界经济研究》第6期。

［94］ 万良勇、胡璟，2014，《网络位置、独立董事治理与公司并购——来自中国上市公司的经验证据》，《南开管理评论》第2期。

［95］ 王瀚轮、蔡莉，2011，《风险投资与人力资源获取对新创企业绩效的影响》，《经济纵横》第8期。

［96］ 王弘书、周绍杰、施新伟、胡鞍钢，2021，《地方国有企业海外并购中战略资产寻求动机的实证研究》，《管理学报》第3期。

［97］ 王德宏、文雯、宋建波，2018，《董事海外背景能否降低股价崩

盘风险？——来自中国 A 股上市公司的经验证据》，《金融评论》
第 3 期。

[98] 王靖宇、张宏亮，2019，《产品市场竞争与企业投资效率：一项
准自然实验》，《财经研究》第 10 期。

[99] 王良辉、张俊瑞、曹建安，2018，《论董事联结的"双刃剑效
应"——基于并购绩效的实证研究》，《山西财经大学学报》第
12 期。

[100] 魏江、王丁、刘洋，2020，《来源国劣势与合法化战略——新兴
经济企业跨国并购的案例研究》，《管理世界》第 3 期。

[101] 危平、唐慧泉，2016，《跨国并购的财富效应及其影响因素研
究——基于双重差分方法的分析》，《国际贸易问题》第 11 期。

[102] 温日光，2015，《风险观念、并购溢价与并购完成率》，《金融研
究》第 8 期。

[103] 文雯、宋建波，2017，《高管海外背景与企业社会责任》，《管理
科学》第 2 期。

[104] 吴静芳、陈俊颖，2008，《影响我国企业跨国并购因素的实证分
析——基于 2000 年~2005 年上市公司并购案例》，《上海经济研
究》第 4 期。

[105] 吴先明、杨兴锐，2014，《跨国并购与企业价值：资产寻求视
角》，《经济管理》第 1 期。

[106] 吴小节、陈小梅、汪秀琼、王雪丽，2021，《绩效期望差距对中
国企业跨国并购进入模式的影响研究》，《管理学报》第 4 期。

[107] 吴小节、曾华、汪秀琼，2017，《多层次情境嵌入视角下的委托
代理理论研究现状及发展》，《管理学报》第 6 期。

[108] 谢红军、蒋殿春，2017，《竞争优势、资产价格与中国海外并
购》，《金融研究》第 1 期。

[109] 谢获宝、丁龙飞、廖珂，2019，《海外背景董事与债务融资成
本——基于董事会咨询和监督职能的中介效应》，《管理评论》

第 11 期。

[110] 谢志华、张庆龙、袁蓉丽，2011，《董事会结构与决策效率》，《会计研究》第 1 期。

[111] 徐虹、林钟高、芮晨，2015，《产品市场竞争、资产专用性与上市公司横向并购》，《南开管理评论》第 3 期。

[112] 徐细雄、朱红艳、淦未宇、李万利，2018，《"海归"高管回流与企业社会责任绩效改善——基于文化趋同视角的实证研究》，《外国经济与管理》第 5 期。

[113] 徐晓慧、李杰、黄先海，2019，《企业内部治理对跨国并购绩效的影响——基于不同制度环境的研究》，《国际贸易问题》第 3 期。

[114] 徐雨婧、胡珺，2019，《货币政策、管理者过度自信与并购绩效》，《当代财经》第 7 期。

[115] 徐昭，2017，《高管特征、激励机制与行为选择：基于并购企业价值创造视角》，《现代财经（天津财经大学学报）》第 11 期。

[116] 许家云、孙文娜，2017，《海外留学经历促进了企业出口吗》，《国际贸易问题》第 10 期。

[117] 薛新红、王忠诚，2018，《东道国金融自由化与跨国并购——来自全球金融危机后中国企业的经验证据》，《国际经贸探索》第 7 期。

[118] 薛琰如、张海亮、邹平，2016，《所有制差异、套利动机与对外直接投资区位决策——基于矿产资源型国有企业的分析》，《经济评论》第 2 期。

[119] 阎大颖，2009，《制度约束与中国企业跨国并购的经营绩效》，《山西财经大学学报》第 1 期。

[120] 杨波、柯佳明，2021，《国家形象是软实力吗——基于跨国并购的视角》，《世界经济与政治》第 4 期。

[121] 杨婧、许晨曦，2020，《产品市场竞争、内部治理与内部控制缺陷认定标准》，《会计研究》第 6 期。

[122] 杨娜、陈烨、李昂，2019，《高管海外经历、管理自主权与企业后续海外并购等待时间》，《国际贸易问题》第 9 期。

[123] 杨忠、张骁，2009，《企业国际化程度与绩效关系研究》，《经济研究》第 2 期。

[124] 叶会、李善民，2011，《大股东地位、产权属性与控制权利益获取——基于大宗股权交易视角的分析》，《财经研究》第 9 期。

[125] 于成永、滕颖，2015，《制度质量、金融发展与并购溢价》，《国际商务财会》第 11 期。

[126] 于东智、池国华，2004，《董事会规模、稳定性与公司绩效：理论与经验分析》，《经济研究》第 4 期。

[127] 余珮、李珉迪，2019，《跨国并购战略性新兴企业的绩效研究——基于资源基础观与制度基础相结合的视角》，《财经科学》第 12 期。

[128] 余鹏翼、王满四，2014，《国内上市公司跨国并购绩效影响因素的实证研究》，《会计研究》第 3 期。

[129] 余鹏翼、王满四，2018，《上市公司董事多重职位与企业并购绩效研究》，《中国软科学》第 1 期。

[130] 袁东、李霖洁、余淼杰，2015，《外向型对外直接投资与母公司生产率——对母公司特征和子公司进入策略的考察》，《南开经济研究》第 3 期。

[131] 袁柳，2019，《制度距离与中国企业 OFDI 的进入模式选择——基于上市企业的数据检验》，《经济与管理》第 6 期。

[132] 张芳芳、刘淑莲，2015，《现金持有状况与并购对价方式》，《技术经济》第 6 期。

[133] 张建红、卫新江、海柯·艾伯斯，2010，《决定中国企业海外收购成败的因素分析》，《管理世界》第 3 期。

[134] 张建红、周朝鸿，2010，《中国企业走出去的制度障碍研究——以海外收购为例》，《经济研究》第 6 期。

[135] 张双鹏、周建，2018，《企业并购战略的决策动因述评：从理性预期到行为研究》，《外国经济与管理》第 10 期。

[136] 赵曼、赵德志、綦颖，2018，《高管的政治关联对民营企业并购绩效的影响研究》，《技术经济与管理研究》第 9 期。

[137] 赵息、张西栓，2013，《内部控制、高管权力与并购绩效——来自中国证券市场的经验证据》，《南开管理评论》第 2 期。

[138] 钟熙、宋铁波、陈伟宏、唐元佑，2018，《促进抑或阻碍？董事会资本对企业国际化战略的影响研究》，《科学学与科学技术管理》第 3 期。

[139] 周绍妮、王中超、操群，2019，《高管权力、机构投资者与并购绩效》，《财经论丛》第 9 期。

[140] 周泽将、刘中燕、伞子瑶，2017，《海归背景董事能否促进企业国际化?》，《经济管理》第 7 期。

[141] 朱冰、张晓亮、郑晓佳，2018，《多个大股东与企业创新》，《管理世界》第 7 期。

[142] 左志刚、杨帆，2021，《东道国文化特质与跨国并购失败风险——基于中国企业海外并购样本的实证研究》，《外国经济与管理》第 1 期。

[143] Adams, R. B., Hermalin, B. E., Weisbach, M. S. 2010. "The Role of Boards of Directors in Corporate Governance: A Conceptual Framework and Survey." *Journal of Economic Literature* 48 (1): 58 – 107.

[144] Adhikari, A., Derashid, C., Zhang, H. 2006. "Public Policy, Political Connections, and Effective Tax Rates: Longitudinal Evidence from Malaysia." *Journal of Accounting and Public Policy* 25 (5): 574 – 595.

[145] Agnihotri, A., Bhattacharya, S. 2015. "Determinants of Export Intensity in Emerging Markets: An Upper Echelon Perspective." *Journal of World Business* 50 (4): 687 – 695.

[146] Aguilera, R. V. , Dencker, J. C. 2004. "The Role of Human Re-
source Management in Cross-Border Mergers and Acquisitions." *In-
ternational Journal of Human Resource Management* 15 (8): 1355 –
1370.

[147] Ahammada, M. F. , Glaister, K. W. 2013. "The Pre-Acquisition
Evaluation of Target Firms and Cross Border Acquisition Performance."
International Business Review 22 (5): 894 – 904.

[148] Ahern, K. R. , Daminelli, D. , Fracassi, C. 2015. "Lost in Trans-
lation? The Effect of Cultural Values on Mergers around the World."
Journal of Financial Economics 117 (1): 165 – 189.

[149] Ahern, K. R. , Dittmar, A. K. 2012. "The Changing of the Boards:
The Impact on Firm Valuation of Mandated Female Board Representa-
tion." *Quarterly Journal of Economics* 127 (2): 137 – 197.

[150] Alchian, A. A. 1965. "The Economics of Property Rights." *Politico*
30 (4): 816 – 829.

[151] Alimov, A. 2015. "Labor Market Regulations and Cross-Border Mer-
gers and Acquisitions." *Journal of International Business Studies* 46
(8): 984 – 1009.

[152] Allen, F. , Gale, D. 2000. "Financial Contagion." *Journal of Po-
litical Economy* 108 (1): 1 – 33.

[153] Alli, K. L. , Chan, K. C. , Subrahmanyam, V. , Thapa, S. 2010.
"Multinational Board Diversity and Firm Value." *International Journal
of the Academic Business World* 4 (1): 1 – 9.

[154] Amighini, A. , Rabellotti, R. , Sanfilippo, M. 2013. "Do Chi-
nese State-Owned and Private Enterprises Differ in Their Internationali-
sation Strategies? ." *China Economic Review* 27 (12): 312 – 325.

[155] Amihud, Y. , Lev, B. 1981. "Risk Reduction as a Managerial Mo-
tive for Conglomerate Mergers." *The Bell Journal of Economics* 12

(2): 605 – 617.

[156] Anand, J. , Delios, A. 2002. "Absolute and Relative Resources as Determinants of International Acquisitions. " *Strategic Management Journal* 23 (2): 119 – 134.

[157] Andersen, T. B. , Dalgaard, C. 2011. "Flows of People, Flows of Ideas and the Inequality of Nations. " *Journal of Economic Growth* 16 (1): 1 – 32.

[158] Anderson, R. C. , Reeb, D. M. , Upadhyay, A. , Zhao, W. 2011. "The Economics of Director Heterogeneity. " *Financial Management* 40 (1): 5 – 38.

[159] Andriosopoulos, D. , Yang, S. 2015. "The Impact of Institutional Investors on Mergers and Acquisitions in the United Kingdom. " *Journal of Banking & Finance* 50: 547 – 561.

[160] Ange, T. , Kohers, N. 2001. "The Take-Over Market for Privately Held Companies: The US Experience. " *Cambridge Journal of Economics* 25 (6): 723 – 748.

[161] Angrow, D. B. , Schepker, D. J. , Barker, V. L. I. 2015. "Managerial Discretion: An Empirical Review and Focus on Future Research Directions. " *Journal of Management* 41 (1): 99 – 135.

[162] Angwin, D. 2004. "Speed in M&A Integration: The First 100 Days. " *European Management Journal* 22 (4): 418 – 430.

[163] Arslan, A. , Dikova, D. 2015. "Influences of Institutional Distance and MNEs' Host Country Experience on the Ownership Strategy in Cross-Border M&As in Emerging Economies. " *Journal of Transnational Management* 20 (4): 231 – 256.

[164] Arslan, A. , Wang, Y. 2015. "Acquisition Entry Strategy of Nordic Multinational Enterprises in China: An Analysis of Key Determinants. " *Journal of Global Marketing* 28 (1): 32 – 51.

[165] Arthaud-Day, M. L. , Certo, S. T. , Dalton, C. M. , Dalton, D. R. 2006. "A Changing of the Guard: Executive and Director Turnover Following Corporate Financial Restatements." *Academy of Management Journal* 49 (6): 1119 – 1136.

[166] Athanassiou, N. , Nigh, D. 2002. "The Impact of the Top Management Team's International Business Experience on the Firm's Internationalization: Social Networks at Work." *Management International Review* 42 (2): 157 – 181.

[167] Axioglou, C. , Skouras, S. 2011. "Markets Change Every Day: Evidence from the Memory of Trade Direction." *Journal of Empirical Finance* 18 (3): 423 – 446.

[168] Aybar, B. , Ficici, A. 2009. "Cross-Border Acquisitions and Firm Value: An Analysis of Emerging-Market Multinationals." *Journal of International Business Studies* 40 (8): 1317 – 1338.

[169] Bae, S. C. , Chang, K. , Kang, E. 2012. "Culture, Corporate Governance, and Dividend Policy: International Evidence." *Journal of Financial Research* 35 (2): 289 – 316.

[170] Baik, B. , Cho, K. , Choi, W. , Kang, J. K. 2015. "The Role of Institutional Environments in Cross-Border Mergers: A Perspective from Bidder's Earnings Management Behavior." *Management International Review* 55 (5): 615 – 646.

[171] Bantel, K. A. , Jackson, S. E. 1989. "Top Management and Innovations in Banking: Does the Composition of the Top Team Make a Difference? ." *Strategic Management Journal* 10 (S1): 107 – 124.

[172] Barbopoulos, L. , Marshall, A. , MacInnes, C. , McColgan, P. 2014. "Foreign Direct Investment in Emerging Markets and Acquirers' Value Gains." *International Business Review* 23 (3): 604 – 619.

[173] Bargeron, L. L. , Schlingemann, F. P. , Stulz, R. M. , Zutter, C.

J. 2008. "Why Do Private Acquirers Pay so Little Compared to Public Acquirers? ." *Journal of Financial Economics* 89 (3): 375 – 390.

[174] Barkema, H. G. , Bell, J. H. J. , Pennings, J. M. 1996. "Foreign Entry, Cultural Barriers, and Learning." *Strategic Management Journal* 17 (2): 151 – 166.

[175] Barkema, H. G. , Drogendijk, R. 2007. "Internationalising in Small, Incremental or Larger Steps? ." *Journal of International Business Studies* 38 (7): 1132 – 1148.

[176] Barkema, H. G. , Shvyrkov, O. 2007. "Does Top Management Team Diversity Promote or Hamper Foreign Expansion? ." *Strategic Management Journal* 28 (7): 663 – 680.

[177] Barkema, H. G. , Vermeulen, F. 1998. "International Expansion Thro-ugh Start-up or Acquisition: A Learning Perspective." *Academy of Management Journal* 41 (1): 7 – 26.

[178] Bartlett, C. A. , Ghoshal, S. 1998. "Beyond Strategic Planning to Organization Learning: Lifeblood of the Individualized Company." *Strategy and Leadership* 26 (1): 34 – 39.

[179] Basu, N. , Chevrier, M. 2011. "Distance, Information Asymmetry and Mergers: Evidence from Canadian Firms." *Managerial Finance* 37 (2): 21 – 33.

[180] Bates, T. W. 2005. "Asset Sales, Investment Opportunities and the Use of Proceeds." *The Journal of Finance* 60 (1): 105 – 135.

[181] Bauer, F. , Matzler, K. 2014. "Antecedents of M&A Success: The Role of Strategic Complementarity, Cultural Fit and Degree and Speed of Integration." *Strategic Management Journal* 35 (2): 269 – 291.

[182] Beaudry, P. , Doms, M. , Lewis, E. 2010. "Should the Personal Computer Be Considered a Technological Revolution: Evidence from U. S. Metropolitan Areas." *Journal of Political Economy* 118 (5):

988 - 1036.

[183] Becht, M., Bolton, P., Röell, A. 2003. "Corporate Governance and Control." *Handbook of the Economics of Finance* (1): 1 - 109.

[184] Beck, H. P., Davidson, W. D. 2011. "Establishing an Early Warning System: Predicting Low Grades in College Students from Survey of Academic Orientations Scores." *Research in Higher Education* 42 (6): 709 - 723.

[185] Beckman, C. M., Haunschild, P. R. 2002. "Network Learning: The Effects of Partners Heterogeneity of Experience on Corporate Acquisitions." *Administrative Science Quarterly* 47 (1): 92 - 124.

[186] Beladi, H., Chakrabarti, A., Marjit, S. 2013. "Cross-Border Mergers in Vertically Related Industries." *European Economic Review* 59: 97 - 108.

[187] Bena, J., Li, K. 2014. "Corporate Innovations and Mergers and Acquisitions." *Journal of Finance* 69 (5): 1923 - 1960.

[188] Berle, A., Means, G. 1932. *The Modern Corporation and Private Property*. New York, The commerce Clearing House.

[189] Bessler, W., Schneck, C., Zimmermann, J. 2015. "Bidder Contests in International Mergers and Acquisitions: The Impact of Toeholds, Preemptive Bidding, and Termination Fees." *International Review of Financial Analysis* 42: 4 - 23.

[190] Bhagat, S., Malhotra, S., Zhu, P. C. 2011. "Emerging Country Cross-Border Acquisitions: Characteristics, Acquirer Returns and Cross-Sectional Determinants." *Emerging Markets Review* 12 (3): 250 - 271.

[191] Biemann, T., Wolf, J. 2009. "Career Patterns of Top Management Team Members in Five Countries: An Optimal Matching Analysis." *International Journal of Human Resource Management* 20

(5): 975 – 991.

[192] Bijlsma-Frankema, K. 2001. "On Managing Cultural Integration and Cultural Change Processes in Mergers and Acquisitions." *Journal of European Industrial Training* 25 (2/3/4): 192 – 207.

[193] Blomstermo, A., Eriksson, K., Lindstrand, A., Sharma, D. D. 2004. "The Perceived Usefulness of Network Experiential Knowledge in the Internationalizing Firm." *Journal of International Management* 10 (3): 355 – 373.

[194] Bloom, N., Eifert, B., Mahajan, A. 2013. "Does Management Matter? Evidence from India." *Quarterly Journal of Economics* 128 (1): 1 – 51.

[195] Bloom, N., Reenen, J. V. 2007. "Measuring and Explaining Management Practices Across Firms and Countries." *Quarterly Journal of Economics* 122 (1): 1351 – 1408.

[196] Boateng, A., Naraidoo, R., Uddin, M. 2011. "An Analysis of the Inward Cross-Border Mergers and Acquisitions in the UK: A Macroeconomic Perspective." *Journal of International Financial Management and Accounting* 22 (2): 91 – 113.

[197] Boone, A. L., Mulherin, J. H. 2007. "How Are Firms Sold?." *Journal of Finance* 62 (2): 847 – 875.

[198] Boter, H., Holmquist, C. 1996. "Industry Characteristics and Internationalization Process in Small Firms." *Journal of Business Venturing* 11 (6): 471 – 487.

[199] Boudier, F., Lochard, J. 2013. "How Do Cross-Border Mergers and Acquisitions Answer to Deregulation in Services?." *World Economy* 36 (11): 1424 – 1441.

[200] Bouquet, C., Birkinshaw, J. 2011. "How Global Strategies Emerge: An Attention Perspective." *Global Strategy Journal* 1 (3 – 4): 243 –

262.

[201] Bris, A., Cabolis, C. 2008. "The Value of Investor Protection: Firm Evidence from Cross-Border Mergers." *Review of Financial Studies* 21 (2): 605 – 648.

[202] Brocke, J. V., Sinnl, T. 2011. "Culture in Business Process Management: A Literature Review." *Business Process Management Journal* 17 (2): 357 – 378.

[203] Brouthers, K. D. 2013. "A Retrospective on: Institutional, Cultural and Transaction Cost Influences on Entry Mode Choice and Performance." *Journal of International Business Studies* 44 (1): 14 – 22.

[204] Brouthers, K. D., Brouthers, L. E. 2000. "Acquisition or Greenfield Start-up? Institutional, Cultural and Transaction Cost Influences." *Strategic Management Journal* 21 (1): 89 – 97.

[205] Bruhn, N. C. P., de Alcântara, J. N., Tonelli, D. F., Reis, R. P., Antonialli, L. M. 2016. "Why Firms Invest Abroad? A Bibliometric Study on OFDI Determinants from Developing Economies." *Global Business Review* 17 (2): 271 – 302.

[206] Buckley, P. J., Casson, M. 1976. *Future of the Multinational Enterprise*. Springer.

[207] Buckley, P. J., Clegg, L. J., Crsss, A. R. 2007. "The Determinants of Chinese Outward Foreign Direct Investment." *Journal of International Business Studies* 38 (4): 499 – 518.

[208] Buckley, P. J., Cross, A. R., Tan, H., Xin, L., Voss, H. 2008. "Historic and Emergent Trends in Chinese Outward Direct Investment." *Management International Review* 48 (6): 715 – 748.

[209] Burt, R. S. 1992. *Structural Holes: The Social Structure of Competition*. Cambridge, MA: Harvard University Press.

[210] Caiazza, R. 2013. "Advisors' Role in Cross-Border Acquisitions: New

Challenges and Opportunities. " *Journal of Strategy and Management* 6 (3): 309 – 314.

[211] Caiazza, R. , Dauber, D. 2015. "Research on M&As—Time for Consolidation. " *Journal of Organizational Change Management* 28 (5).

[212] Caiazza, R. , Hsieh, W. , Tiwari, M. , Topf, D. 2013. "M&A Between Giants: The Fastest Way to Dominate the World Economy. " *Foresight* 15 (3): 228 – 239.

[213] Caiazza, R. 2016. "New Drivers and Challenges in a Multi-polar World. " *Benchmarking: An International Journal* 23 (2): 329 – 337.

[214] Caiazza, R. , Volpe, T. 2015. "Interaction Despite of Diversity: Is It Possible? . " *Journal of Management Development* 34 (6): 743 – 750.

[215] Caiazza, R. , Volpe, T. 2015. "M&A Process: A Literature Review and Research Agenda. " *Business Process Management Journal* 21 (1): 205 – 220.

[216] Caiazza, R. , Volpe, T. 2014. "The Emerging Factors Affecting China's Outward Foreign Direct Investments. " *Management and Organizational Studies* 1 (2): 18 – 22.

[217] Cai, Y. , Sevilir, M. 2012. "Board Connections and M&A Transactions. " *Journal of Financial Economics* 103 (2): 327 – 349.

[218] Cannella, A. A. , Park, J. H. , Lee, H. U. 2008. "Top Management Team Functional Background Diversity and Firm Performance: Examining the Roles of Team Member Colocation and Environmental Uncertainty. " *The Academy of Management Journal* 51 (4): 768 – 784.

[219] Carpenter, M. A. , Fredrickson, J. W. 2001. "Top Management Teams Global Strategic Posture and the Moderating Role of Uncertainty. " *The Academy of Management Journal* 44 (3): 533 – 545.

[220] Carpenter, M. A. , Geletkanycz, M. A. , Sanders, W. G. 2004. "Upper Echelons Research Revisited: Antecedents, Elements, and Conse-

quences of Top Management Team Composition. " *Journal of Management* 30（6）: 749 - 778.

[221] Carpenter, M. A. 2002. "The Implications of Strategy and Social Context for the Relationship Between Top Management Team Heterogeneity and Firm Performance. " *Strategic Management Journal* 23 （3）: 275 - 284.

[222] Chahine, S. , Ismail, A. 2009. "Premium, Merger Fees and the Choice of Investment Banks: A Simultaneous Analysis. " *The Quarterly Review of Economics and Finance* 49（2）: 159 - 177.

[223] Chakrabarti, A. , Mitchell, W. 2016. "The Role of Geographic Distance in Completing Related Acquisitions: Evidence from U. S. Chemical Manufacturers. " *Strategic Management Journal* 37（4）: 673 - 694.

[224] Chakrabarti, R. , Gupta-Mukherjee, S. , Jayaraman, N. 2009. "Mars-Venus Marriages: Culture and Cross-Border M&A. " *Journal of International Business Studies* 40（2）: 216 - 236.

[225] Chari, M. , Acikgoz, S. 2016. "What Drives Emerging Economy Firm Acquisitions in Tax Havens? . " *Journal of Business Research* 69 （2）: 664 - 671.

[226] Chari, M. , Chang, K. 2009. "Determinants of the Share of Equity Sought in Cross-border Acquisitions. " *Journal of International Business Studies* 40（8）: 1277 - 1297.

[227] Chari, V. V. , Kehoe, P. J. , McGrattan, E. R. 2007. "Business Cycle Accounting. " *Econometrica* 75（3）: 781 - 836.

[228] Chemmanur, T. J. , Xuan, T. 2018. "Do Antitakeover Provisions Spur Corporate Innovation? A Regression Discontinuity Analysis. " *Journal of Financial and Quantitative Analysis* 53（3）: 1163 - 1194.

[229] Chen, C. J. , Ding, Y. , Xu, B. 2014. "Convergence of Account-

ing Standards and Foreign Direct Investment." *The International Journal of Accounting* 49 (1): 53 – 86.

[230] Chen, F., Hope, O. K., Li, Q., Wang, X. 2011. "Financial Reporting Quality and Investment Efficiency of Private Firms in Emerging Markets." *The Accounting Review* 86 (4): 1255 – 1288.

[231] Chen, H. L. 2011. "Does Board Independence Influence the Top Management Team? Evidence from Strategic Decisions toward Internationalization." *Corporate Governance: An International Review* 19 (4): 334 – 350.

[232] Chen, H. Q., Li, X. D., Zeng, S. X. 2016a. "Does State Capitalism Matter in Firm Internationalization? Pace, Rhythm, Location Choice and Product Diversity." *Management Decision* 54 (6): 1320 – 1342.

[233] Chen, V. Z., Li, Y., Hambright, S. 2016b. "Regulatory Institutions and Chinese Outward FDI: An Empirical Review." *Multinational Business Review* 24 (4): 302 – 333.

[234] Chen, Y. Y., Young, M. N. 2010. "Cross-Border Mergers and Acquisitions by Chinese Listed Companies: A Principal-Principal Perspective." *Asia Pacific Journal of Management* 27 (3): 523 – 539.

[235] Child, J., Faulkner, D., Pitkethly, R. 2001. *The Management of International Acquisitions*. Oxford University Press.

[236] Child, J., Rodrigues, S. B. 2005. "The Internationalization of Chinese Firms: A Case for Theoretical Extension?." *Management and Organization Review* 1 (3): 381 – 410.

[237] Chiles, T. H., McMackin, J. F. 1996. "Integrating Variable Risk Preferences, Trust, and Transaction Cost Economics." *Academy of Management Review* 21 (1): 73 – 99.

[238] Chittoor, R., Aulakh, P. S., Ray, S. 2015. "What Drives Overseas Acquisitions by Indian Firms? A Behavioral Risk-Taking Per-

spective. " *Management International Review* 55 (2): 255 – 275.

[239] Christensen, C. , M. , Alton, R. , Rising, C. , Waldeck, A. 2011. "The New M&A Playbook. " *Harvard Business Review* 36 (11): 48 – 57.

[240] Collins, J. D. , Holcomb, T. R. , Certo, S. T. 2009. "Learning by Doing: Cross-Border Mergers and Acquisitions. " *Journal of Business Research* 62 (12): 1329 – 1334.

[241] Colman, H. L. , Grogaard, B. 2013. "Integration Vacuum: Creating Action Space for Global Strategy Implementation in International Acquisitions. " *Thunderbird International Business Review* 55 (4): 405 – 418.

[242] Comment, R. , Schwert, G. W. 1995. "Poison or Placebo? Evidence on the Deterrence and Wealth Effects of Modern Antitakeover Measures. " *Journal of Financial Economics* 39 (1): 3 – 43.

[243] Contractor, F. J. , Lahiri, S. , Elango, B. , Kundu, S. K. 2014. "Institutional, Cultural and Industry Related Determinants of Ownership Choices in Emerging Market FDI Acquisitions. " *International Business Review* 23 (5): 931 – 941.

[244] Correia, M. 2014. "Political Connections and SEC Enforcement. " *Journal of Accounting & Economics* 57 (2 – 3): 241 – 262.

[245] Cotter, J. F. , Shivdasani, A. , Zenner, M. 1997. "Do Independent Directors Enhance Target Shareholder Wealth during Tender Offers. " *Journal of Financial Economics* 43 (2): 195 – 218.

[246] Cui, L. , Jiang, F. 2012. "State Ownership Effect on Firms FDI Ownership Decisions under Institutional Pressure: A Study of Chinese Outward-Investing Firms. " *Journal of International Business Studies* 43 (3): 264 – 284.

[247] Cui, L. , Li, Y. , Meyer, K. E. , Li, Z. 2015. "Leadership Ex-

perience Meets Ownership Structure: Returnee Managers and Interna-
tionalization of Emerging Economy Firms." *Management International
Review* 55 (3): 355 – 387.

[248] Cuypers, I., Ertug, G., Hennart, J. F. 2015. "The Effects of
Linguistic Distance and Lingua Franca Proficiency on the Stake Taken
by Acquirers in Cross-Border Acquisitions." *Journal of International
Business Studies* 46 (4): 429 – 442.

[249] Cyert, R. M., March, J. G. 1955. "Organizational Structure and
Pricing Behavior in an Oligopolistic Market." *The American Economic
Review* 45 (1): 129 – 139.

[250] Dabic, M., González-Loureiro, M., Harvey, M. 2015. "Evolving
Research on Expatriates: What Is 'Known' after Four Decades
(1970 – 2012)." *The International Journal of Human Resource Man-
agement* 26 (3): 316 – 337.

[251] Dailami, M., Kurlat, S., Lim, J. J. 2012. "Bilateral M&A Ac-
tivity from the Global South." *The North American Journal of Eco-
nomics and Finance* 23 (3): 345 – 364.

[252] Daily, C., Certo, T., Dalton, D. 2000. "International Experi-
ence in the Executive Suite: The Path to Prosperity?." *Strategic
Management Journal* 21 (4): 515 – 523.

[253] Das, K. C., Banik, N. 2015. "What Motivates Indian Firms to In-
vest Abroad?." *International Journal of Commerce and Management*
25 (3): 330 – 355.

[254] Datta, D. K., Musteen, M., Basuil, D. A. 2015. "Influence of
Managerial Ownership and Compensation Structure on Establishment
Mode Choice: The Moderating Role of Host Country Political Risk."
Management International Review 55 (5): 593 – 613.

[255] Dauth, T., Tomczak, A. 2016. "Internationalization of Top Man-

agement Teams: A Comprehensive Analysis of Polish Stock-Listed Firms." *Journal for East European Management Studies* 21 (2): 167 - 183.

[256] Dawar, N., Frost, T. 1999. "Competing with Giants: Survival Strategies for Local Companies in Emerging Markets." *Harvard Business Review* 77: 119 - 132.

[257] Deng, P., Yang, M. 2015. "Cross-Border Mergers and Acquisitions by Emerging Market Firms: A Comparative Investigation." *International Business Review* 24 (1): 157 - 172.

[258] Deng, X., Kang, J., Low, B. S. 2013. "Corporate Social Responsibility and Stakeholder Value Maximization: Evidence from Mergers." *Journal of Financial Economics* 110 (1): 87 - 109.

[259] Denk, N., Kaufmann, L., Roesch, J. F. 2012. "Liabilities of Foreignness Revisited: A Review of Contemporary Studies and Recommendations for Future Research." *Journal of International Management* 18 (4): 322 - 334.

[260] Dess, G. G., Beard, D. W. 1984. "Dimensions of Organizational Task Environments." *Administrative Science Quarterly* 29 (1): 52 - 73.

[261] Dhaliwal, D. S., Radhakrishnan, S., Tsang, A., Yang, Y. G. 2012. "Nonfinancial Disclosure and Analyst Forecast Accuracy: International Evidence on Corporate Social Responsibility Disclosure." *The Accounting Review* 87 (3): 723 - 759.

[262] Di Giovanni, J. 2005. "What Drives Capital Flows? The Case of Cross-Border M&A Activity and Financial Deepening." *Journal of International Economics* 65 (1): 127 - 149.

[263] Di Guardo, M. C., Marrocu, E., Paci, R. 2016a. "The Concurrent Impact of Cultural, Political and Spatial Distances on International Mergers and Acquisitions." *The World Economy* 39 (6): 824 - 852.

[264] Di Guardo, M. C. , Marrocu, E. , Paci, R. 2016b. "The Effect of Local Corruption on Ownership Strategy in Cross-Border Mergers and Acquisitions." *Journal of Business Research* 69 (10): 4225 – 4241.

[265] Dikova, D. , Panibratov, A. , Veselova, A. , Ermolaeva, L. 2016. "The Joint Effect of Investment Motives and Institutional Context on Russian International Acquisitions." *International Journal of Emerging Markets* 11 (4): 674 – 692.

[266] Dikova, D. , Sahib, P. R. 2013. "Is Cultural Distance a Bane or a Boon for Cross-Border Acquisition Performance? ." *Journal of World Business* 48 (1): 77 – 86.

[267] Dikova, D. , Sahib, P. R. , Van Witteloostuijn, A. 2010. "Cross-Border Acquisition Abandonment and Completion: The Effect of Institutional Differences and Organizational Learning in the Business Service Industry (1981 – 2001)." *Journal of International Business Studies* 41 (1): 223 – 245.

[268] Dinc, I. S. , Erel, I. 2013. "Economic Nationalism in Mergers and Acquisitions." *The Journal of Finance* 68 (6): 2471 – 2514.

[269] Dow, D. , Cuypers, I. R. P. , Ertug, G. 2016. "The Effects of Within-Country Linguistic and Religious Diversity on Foreign Acquisitions." *Journal of International Business Studies* 47 (3): 319 – 346.

[270] Draper, P. , Paudyal, K. 2008. "Information Asymmetry and Bidders' Gains." *Journal of Business Finance & Accounting* 35 (3 – 4): 376 – 405.

[271] Duanmu, J. L. 2014. "State-Owned MNCs and Host Country Expropriation Risk: The Role of Home State Power and Economic Gunboat Diplomacy." *Journal of International Business Studies* 45 (8): 1044 – 1060.

[272] Du, M. , Boateng, A. 2015. "State Ownership, Institutional Effects and Value Creation in Cross-Border Mergers and Acquisitions by Chi-

nese Firms. " *International Business Review* 24 （3）: 430 – 442.

[273] Dutta, D. K., Malhotra, S., Zhu, P. 2016. "Internationalization Process, Impact of Slack Resources and Role of the CEO: The Duality of Structure and Agency in Evolution of Cross-Border Acquisition Decisions. " *Journal of World Business* 51 （2）: 212 – 225.

[274] Dutta, S., Saadi, S., Zhu, P. 2013. "Does Payment Method Matter in Cross-Border Acquisitions? . " *International Review of Economics and Finance* 25 （1）: 91 – 107.

[275] Dutton, J. M., Thomas, A. 1984. "Treating Progress Functions as a Managerial Opportunity. " *Academy of Management Review* 9 （2）: 235 – 247.

[276] Duysters, G., Cloodt, M., Schoenmakers, W., Jacob, J. 2015. "Internationalisation Efforts of Chinese and Indian Companies: An Empirical Perspective. " *Tijdschrift Voor Economische En Sociale Geografie* 106 （2）: 169 – 186.

[277] Ekkayokkaya, M., Holmes, P., Paudyal, K. 2009. "Limited Information and the Sustainability of Unlisted-Target Acquirers' Returns. " *Journal of Business Finance & Accounting* 36 （9 – 10）: 1201 – 1227.

[278] Elango, B., Pattnaik, C. 2011. "Learning Before Making the Big Leap: Acquisition Strategies of Emerging Market Firms. " *Management International Review* 51 （4）: 461 – 481.

[279] Elnahas, A. M., Kim, D. 2017. "CEO Political Ideology and Mergers and Acquisitions Decisions. " *Journal of Corporate Finance* 45: 162 – 175.

[280] Elron, E. 1997. "Top Management Teams within Multinational Companies: Effects of Cultural Heterogeneity. " *The Leadership Quarterly* 8 （4）: 4620 – 4620.

[281] Erel, I., Liao, R. C., Weisbach, M. S. 2012. "Determinants of

Cross-Border Mergers and Acquisitions. " *The Journal of Finance* 67 (3): 1045 – 1082.

[282] Faccio, M. , Marchica, M. T. , Mura, R. 2016. "CEO Gender, Corporate Risk-Taking and the Efficiency of Capital Allocation. " *Journal of Corporate Finance* 39 (8): 193 – 209.

[283] Faccio, M. , Masulis, R. W. 2005. "The Choice of Payment Method in European Mergers and Acquisitions. " *The Journal of Finance* 60 (3): 1345 – 1388.

[284] Fama, E. F. , Jensen, M. C. 1983. "Separation of Ownership and Control. " *The Journal of Law & Economics* 26 (2): 301 – 325.

[285] Ferreira, M. A. , Massa, M. , Matos, P. 2010. "Shareholders at the Gate? Institutional Investors and Cross-Border Mergers and Acquisitions. " *Review of Financial Studies* 23 (2): 601 – 644.

[286] Fiegener, M. K. 2010. "Locus of Ownership and Family Involvement in Small Private Firms. " *Journal of Management Studies* 47 (2): 296 – 321.

[287] Field, L. C. , Mkrtchyan, A. 2017. "The Effect of Director Experience on Acquisition Performance. " *Journal of Financial Economics* 123 (3): 488 – 511.

[288] Finkelstein, S. , Hambrick, D. C. 1990. "Top Management Team Tenure and Organizational Outcomes: The Moderating Role of Managerial Discretion. " *Administrative Science Quarterly* 35 (3): 484 – 503.

[289] Forbes, D. P. , Milliken, F. J. 1999. "Cognition and Corporate Governance: Understanding Boards of Directors as Strategic Decision-Making Groups. " *Academy of Management Review* 24 (3): 489 – 505.

[290] Francis, B. B. , Hasan, I. , Sun, X. 2008. "Financial Market Integration and the Value of Global Diversification: Evidence for US Acquirers in Cross-Border Mergers and Acquisitions. " *Journal of*

Banking & Finance 32（8）: 1522 – 1540.

［291］ Frijns, B., Gilbert, A., Lehnert, T., Tourani-Rad, A. 2013. "Uncertainty Avoidance, Risk Tolerance and Corporate Takeover Decisions." *Journal of Banking & Finance* 37（7）: 2457 – 2471.

［292］ Gammeltoft, P., Barnard, H., Madhok, A. 2010. "Emerging Multinationals, Emerging Theory: Macro and Micro Level Perspectives." *Journal of International Business Studies* 16（2）: 95 – 101.

［293］ Georgakakis, D., Dauth, T., Ruigrok, W. 2016. "Too Much of a Good Thing: Does International Experience Variety Accelerate or Delay Executives' Career Advancement? ." *Journal of World Business* 51（3）: 425 – 437.

［294］ García-García, R., García-Canal, E., Guillén, M. F. 2017. "Rapid Internationalization and Long-term Performance: The Knowledge Link." *Journal of World Business* 52（1）: 97 – 110.

［295］ Geringer, J. M., Tallman, S., Olsen, D. M. 2000. "Product and International Diversification among Japanese Multinational Firms." *Strategic Management Journal* 21（1）: 51 – 80.

［296］ Giannetti, M., Liao, G., Yu, X. 2015. "The Brain Gain of Corporate Boards: Evidence from China." *Journal of Finance* 70（4）: 1629 – 1682.

［297］ Gielens, K., Dekimpe, M. G. 2001. "Do International Entry Decisions of Retail Chains Matter in the Long Run? ." *International Journal of Research in Marketing* 18（3）: 235 – 259.

［298］ Goerzen, A., Beamish, P. W. 2003. "Geographic Scope and Multinational Enterprise Performance." *Strategic Management Journal* 24（13）: 1289 – 1306.

［299］ Golubov, A., Yawson, A., Zhang, H. 2015. "Extraordinary Acquirers." *Journal of Financial Economics* 116（2）: 314 – 330.

[300] Gomes, L., Ramaswamy, K. 1999. "An Empirical Examination of the Form of the Relationship Between Multinationality and Performance." *Journal of international business studies* 30 (1): 173 – 187.

[301] Gompers, P., Kaplan, S. N., Mukharlyamov, V. 2016. "What Do Private Equity Firms Say They Do?." *Journal of Financial Economics* 121 (3): 449 – 476.

[302] Gondhalekar, V. B., Sant, R. R., Ferris, S. P. 2004. "The Price of Corporate Acquisition: Determinants of Cash Takeover Premia." *Applied Economics Letters* 11 (12): 735 – 739.

[303] Gradstein, M., Justman, M. 2002. "Education, Social Cohesion and Economic Growth." *American Economic Review* 92 (4): 1192 – 1204.

[304] Graebner, M. E. 2004. "Momentum and Serendipity: How Acquired Leaders Create Value in the Integration of Technology Firms." *Strategic Management Journal* 25 (8 – 9): 751 – 777.

[305] Greve, P., Nielsen, S., Ruigrok, W. 2009. "Transcending Borders with International Top Management Teams: A Study of European Financial Multinational Companies." *European Management Journal* 27 (3): 213 – 224.

[306] Gubbi, S. R., Aulakh, P. S., Ray, S., Sarkar, M. B., Chittoor, R. 2010. "Do International Acquisitions by Emerging-Economy Firms Create Shareholder Value? The Case of Indian Firms." *Journal of International Business Studies* 41 (3): 397 – 418.

[307] Gugler, K., Mueller, D. C., Yurtoglu, B. B., Zulehner, C. 2003. "The Effects of Mergers: An International Comparison." *International Journal of Industrial Organization* 21 (5): 625 – 653.

[308] Habib, A., Hasan, M. M. 2017. "Social Capital and Corporate Cash Holdings." *International Review of Economics & Finance* 52: 1 – 20.

[309] Haleblian, J., Finkelstein, S. 1999. "The Influence of Organizational

Acquisition Experience on Acquisition Performance: A Behavioral Learning Perspective. " *Administrative Science Quarterly* 44 (1): 29 – 56.

[310] Haleblian, J., Kim, J. Y., Rajagopalan, N. 2006. "The Influence of Acquisition Experience and Performance on Acquisition Behavior: Evidence from the US Commercial Banking Industry. " *Academy of Management Journal* 49 (2): 357 – 370.

[311] Halevi, M. Y., Carmeli, A., Brueller, N. N. 2015. "Ambidexterity in SBUs: TMT Behavioral Integration and Environmental Dynamism. " *Human Resource Management* 54 (S1): 223 – 238.

[312] Hambrick, D. C., Cho, T. S., Chen, M. J. 1996. "The Influence of Top Management Team Heterogeneity on Firm's Competitive Moves. " *Administrative Science Quarterly* 41 (4): 659 – 684.

[313] Hambrick, D. C., Finkelstein, S. 1987. "Managerial Discretion: A Bridge Between Polar Views of Organizational Outcomes. " *Research in Organizational Behavior* 9 (4): 369 – 406.

[314] Hambrick, D. C., Finkelstein, S., Mooney, A. C. 2005. "Executive Job Demands: New Insights for Explaining Strategic Decisions and Leader Behaviors. " *The Academy of Management Review* 30 (3): 472 – 491.

[315] Hambrick, D. C., Mason, P. A. 1984. "Upper Echelons: The Organization as a Reflection of Its Top Managers. " *Academy of Management Review* 9 (2): 193 – 206.

[316] Hambrick, D. C. 2007. "Upper Echelons Theory: An Update. " *Academy of Management Review* 32 (2): 334 – 343.

[317] Hansen, R. G. 1987. "A Theory for the Choice of Exchange Medium in Mergers and Acquisitions. " *Journal of Business* 60 (1): 75 – 95.

[318] Harford, J. 1999. "Corporate Cash Reserves and Acquisitions. " *The Journal of Finance* 54 (6): 1969 – 1997.

［319］ Harford, J. 2005. "What Drives Merger Waves?." *Journal of Financial Economics* 77 (3): 529 – 560.

［320］ Harris, R. S., Ravenscraft, D. 1991. "The Role of Acquisitions in Foreign Direct Investment: Evidence from the US Stock Market." *The Journal of Finance* 46 (3): 825 – 844.

［321］ Hart, O., Moore, J. 2007. "Incomplete Contracts and Ownership: Some New Thoughts." *American Economic Review* 97 (2): 182 – 186.

［322］ Haspeslagh, P. C., Jemison, D. B. 1991. *Managing Acquisitions: Creating Value through Corporate Renewal.* New York: Free Press.

［323］ Haunschild, P. R., Miner, A. S. 1997. "Modes of Interorganizational Imitation: The Effects of Outcome Salience and Uncertainty." *Administrative Science Quarterly* 42 (3): 472 – 500.

［324］ Haunschild, P. R. 1993. "Interorganizational Imitation: The Impact of Interlocks on Corporate Acquisition Activity." *Administrative Science Quarterly* 38 (4): 564 – 592.

［325］ Hayward, M. L. A., Hambrick, D. C. 1997. "Explaining the Premiums Paid for Large Acquisitions: Evidence of CEO Hubris." *Administrative Science Quarterly* 42 (1): 103 – 127.

［326］ Healy, P. M., Palepu, K. G., Ruback, R. S. 1997. "Which Takeovers Are Profitable? Strategic or Financial." *MIT Sloan Management Review* 38 (4): 45.

［327］ Helpman, E., Melitz, M. J., Yeaple, S. R. 2004. "Export versus FDI with Heterogeneous Firms." *American Economic Review* 94 (1): 300 – 316.

［328］ Herrmann, P., Datta, D. K. 2002. "CEO Successor Characteristics and the Choice of Foreign Market Entry Mode: An Empirical Study." *Journal of International Business Studies* 33 (3): 551 – 569.

［329］ Herrmann, P., Datta, D. K. 2005. "Relationships Between Top

Management Team Characteristics and International Diversification: An Empirical Investigation. " *British Journal of Management* 16 (1): 69 – 78.

[330] Hillman, A. J. , Dalziel, T. 2003. "Boards of Directors and Firm Performance: Integrating Agency and Resource Dependence Perspectives. " *Academy of Management Review* 28 (3): 383 – 396.

[331] Hillman, S. C. , Pretlove, S. , Coomarasamy, A. , McMullan, D. J. , Davison, E. V. , Maher, E. R. , Kilby, M. D. 2011. "Additional Information from Array Comparative Genomic Hybridization Technology over Conventional Karyotyping in Prenatal Diagnosis: A Systematic Review and Meta-Analysis. " *Ultrasound in Obstetrics & Gynecology* 37 (1): 6 – 14.

[332] Hitt, M. A. , Hoskisson, R. E. , Kim, H. 1997. "International Diversification: Effects on Innovation and Firm Performance in Product Diversified Firms. " *Academy of Management Journal* 40 (4): 767 – 798.

[333] Hitt, M. A. , Xu, K. 2016. "The Transformation of China: Effects of the Institutional Environment on Business Actions. " *Long Range Planning* 49 (5): 589 – 593.

[334] Håkanson, L. , Dow, D. 2012. "Markets and Networks in International Trade: On the Role of Distances in Globalization. " *Management International Review* 52 (7): 761 – 789.

[335] Hong, J. , Wang, C. , Kafouros, M. 2015. "The Role of the State in Explaining the Internationalization of Emerging Market Enterprises. " *British Journal of Management* 26 (1): 45 – 62.

[336] Hope, O. , Thomas, W. , Vyas, D. 2011. "The Cost of Pride: Why Do Firms from Developing Countries Bid Higher? . " *Journal of International Business Studies* 42 (1): 128 – 151.

[337] Hsu, W. T. , Chen, H. L. , Cheng, C. Y. 2013. "Internationalization and Firm Performance of SMEs: The Moderating Effects of CEO Attributes. " *Journal of World Business* 48 (1): 1 – 12.

[338] Hubert, D. B. 2013. "Crossing Takeover Premiums and Mix of Payment: An Empirical Test of Contractual Setting in M&A Transactions. " *Journal of Banking Finance* 37 (6): 2106 – 2123.

[339] Huizinga, H. , Voget, J. , Wagner, W. 2012. "Who Bears the Burden of International Taxation? Evidence from Cross-Border M&As. " *Journal of International Economics* 88 (1): 186 – 197.

[340] Hunter, W. C. , Jagtiani, J. 2003. "An Analysis of Advisor Choice, Fees, and Effort in Mergers and Acquisitions. " *Review of Financial Economics* 12 (1): 65 – 81.

[341] Hutzschenreuter, T. , Horstkotte, J. 2013. "Performance Effects of International Expansion Processes: The Moderating Role of Top Management Team Experiences. " *International Business Review* 22 (1): 259 – 277.

[342] Hyun, H. J. , Kim, H. H. 2010. "The Determinants of Cross-Border M&As: The Role of Institutions and Financial Development in the Gravity Model. " *The World Economy* 33 (2): 292 – 310.

[343] Ishii, J. , Xuan, Y. 2014. "Acquirer-Target Social Ties and Merger Outcomes. " *Journal of Financial Economics* 112 (3): 344 – 363.

[344] Ismail, A. 2011. "Does the Management Forecast of Merger Synergies Explain the Premium Paid, the Method of Payment and Merger Motives? . " *Financial Management* 40 (4): 879 – 910.

[345] Jackson, S. E. , Schuler, R. S. 1995. "Understanding Human Resource Management in the Context of Organizations and Their Environments. " *Annual Review of Psychology* 46 (9): 45 – 74.

[346] Jaffe, J. , Jindra, J. , Pedersen, D. , Voetmann, T. 2015. "Re-

turns to Acquirers of Public and Subsidiary Targets. " *Journal of Corporate Finance* 31 （c）: 246 – 270.

[347] Jaffe, J. , Pedersen, D. , Voetmann, T. 2013. "Skill Differences in Corporate Acquisitions. " *Journal of Corporate Finance* 23 （4）: 166 – 181.

[348] Jaw, Y. L. , Lin, W. T. 2009. "Corporate Elite Characteristics and Firm's Internationalization: CEO-Level and TMT-Level Roles. " *The International Journal of Human Resource Management* 20 （1）: 220 – 233.

[349] Jayanthi, B. , Sivakumar, S. N. V. , Haldar, A. 2016. "Cross-Border Acquisitions and Host Country Determinants: Evidence from Indian Pharmaceutical Companies. " *Global Business Review* 17 （3）: 684 – 699.

[350] Jean, R. J. B. , Tan, D. , Sinkovics, R. R. 2011. "Ethnic Ties, Location Choice and Firm Performance in Foreign Direct Investment: A Study of Taiwanese Business Groups FDI in China. " *International Business Review* 20 （6）: 627 – 635.

[351] Jensen, M. C. 1986. "Agency Costs of Free Cash Flow Corporate Finance and Takeovers. " *American of Economic Review* 76 （2）: 323 – 329.

[352] Jensen, M. C. , Meckling, W. H. 1976. "Theory of the Firm: Managerial Behavior Agency Costs and Ownership Structure. " *Journal of Financial Economics* 3 （4）: 77 – 132.

[353] Jensen, M. , Zajac, E. J. 2004. "Corporate Elites and Corporate Strategy: How Demographic Preferences and Structural Position Shape the Scope of the Firm. " *Strategic Management Journal* 25 （6）: 507 – 524.

[354] Jenter, D. , Lewellen, K. 2015. "CEO Preferences and Acquisitions. " *Journal of Finance* 70 （6）: 2813 – 2852.

[355] Johanson, J. , Vahlne, J. 1977. "The Internationalization Process of the Firm—A Model of Knowledge Development and Increasing For-

eign Market Commitments. " *Journal of International Business Studies* 8 (1): 145 – 154.

[356] Johanson, J., Wiedersheim, P. F. 1975. "The Internationalization of the Firm—Four Swedish Cases. " *Journal of Management Studies* 12 (3): 305 – 322.

[357] John, K., Freund, S., Nguyen, D., Vasudevan, G. K. 2010. "Investor Protection and Cross-Border Acquisitions of Private and Public Targets. " *Journal of Corporate Finance* 16 (3): 259 – 275.

[358] Jongwanich, J., Brooks, D. H., Kohpaiboon, A. 2013. "Cross-Border Mergers and Acquisitions and Financial Development: Evidence from Emerging Asia. " *Asian Economic Journal* 27 (3): 265 – 284.

[359] Kaczmarek, S., Ruigrok, W. 2013. "In at the Deep End of Firm Internationalization. " *Management International Review* 53 (4): 513 – 534.

[360] Kallunki, J., Kallunki, J. P., Nilsson, H., Puhakka, M. 2018. "Do an Insider's Wealth and Income Matter in the Decision to Engage in Insider Trading? . " *Journal of Financial Economics* 130 (1): 135 – 165.

[361] Kang, J. K. 1993. "The International Market for Corporate Control: Mergers and Acquisitions of US Firms by Japanese Firms. " *Journal of Financial Economics* 34 (3): 345 – 371.

[362] Karolyi, G. A., Taboada, A. G. 2015. "Regulatory Arbitrage and Cross-Border Bank Acquisitions. " *The Journal of Finance* 70 (6): 2395 – 2450.

[363] Kaufmann, D., Kraay, A., Mastruzzi, M., 2011. "The Worldwide Governance Indicators: Methodology and Analytical Issues. " *Hague journal on the Rule of Law* 3 (2): 220 – 246.

[364] Khorana, A., Zenner, M. 1998. "Executive Compensation of Large

Acquirors in the 1980s. " *Journal of Corporate Finance* 4 (3): 209 – 240.

[365] Kim, E. H. , Lu, Y. 2013. "Corporate Governance Reforms around the World and Cross-Border Acquisitions. " *Journal of Corporate Finance* 22 (5): 236 – 253.

[366] Kim, J. Y. , Haleblian, J. , Finkelstein, S. 2011. "When Firms Are Desperate to Grow Via Acquisition. " *Administrative Science Quarterly* 56 (1): 26 – 60.

[367] Kim, W. C. , Burgers, H. 1993. "Multinational Diversification and the Risk-Return Tradeoff. " *Strategic Management Journal* 14 (4): 275 – 286.

[368] King, D. R. , Dalton, D. R. , Daily, C. M. , Covin, J. G. 2004. "Meta-Analysis of Post-Acquisition Performance: Indications of Unidentified Moderators. " *Strategic Management Journal* 25 (2): 187 – 200.

[369] Kirca, A. H. 2010. "A Multilevel Examination of the Drivers of Firm Multinationality: A Meta-Analysis. " *Journal of Management* 38 (2): 502 – 530.

[370] Kiymaz, H. 2004. "Cross-Border Acquisitions of US Financial Institutions: Impact of Macroeconomic Factors. " *Journal of Banking & Finance* 28 (6): 1413 – 1439.

[371] Knyazeva, A. , Knyaze, D. , Masulis, R. W. 2013. "The Supply of Corporate Directors and Board Independence. " *The Review of Financial Studies* 26 (6): 1561 – 1605.

[372] Kobrin, S. J. 1984. "Expropriation as an Attempt to Control Foreign Firms in LDCs: Trends from 1960 to 1979. " *International Studies Quarterly* 28 (3): 329 – 348.

[373] Kogut, B. 1985. "Designing Global Strategies: Comparative and

Competitive Value-Added Chains. " *Sloan Management Review* 26 (4): 15.

[374] Kohli, R., Mann, B. J. S. 2013. "Analyzing the Likelihood and the Impact of Earnout Offers on Acquiring Company Wealth Gains in India. " *Emerging Markets Review* 16: 203 – 222.

[375] Kolasinski, A., Li, X. 2013. "Can Strong Boards and Trading Their Own Firm's Stock Help CEOs Make Better Decisions? Evidence from Acquisitions by Overconfident CEOs. " *Journal of Financial and Quantitative Analysis* 48 (4): 1173 – 1206.

[376] Kor, Y. Y., Misangyi, V. 2008. "Outside Director's Industry-Specific Experience and Firms' Liability of Newness. " *Strategic Management Journal* 29 (12): 1345 – 1355.

[377] Kosnik, R. D. 1990. "Effects of Board Demography and Directors' Incentives on Corporate Greenmail Decisions. " *Academy of Management Journal* 33 (1): 129 – 150.

[378] Laamanen, T. 2007. "On the Role of Acquisition Premium in Acquisition Research. " *Strategic Management Journal* 28 (13): 1359 – 1369.

[379] Lai, H., O'Hara, S., Wysoczanska, K. 2015. "Rationale of Internationalization of China's National Oil Companies: Seeking Natural Resources, Strategic Assets or Sectoral Specialization? . " *Asia Pacific Business Review* 21 (1): 77 – 95.

[380] Lambsdorff, J. G. 2002. "Corruption and Rent-See-king. " *Public Choice* 113 (1 – 2): 97 – 125.

[381] La Porta, R., Lopez-de-Silanes, F., Shleifer, A., Vishny, R. 2000. "Agency Problems and Dividend Policy around the World. " *Journal of Finance* 55 (1): 1 – 33.

[382] La Porta, R., Lopez-de-Silanes, F., Shleifer, A., Vishny, R. 2002. "Investor Protection and Corporate Valuation. " *The Journal of*

Finance 57 (3): 1147 - 1170.

[383] Lau, D. C., Murnighan, J. K. 1998. "Demographic Diversity and Faultlines: The Compositional Dynamics of Organizational Groups. " *The Academy of Management Review* 23 (2): 325 - 340.

[384] Laufs, K., Bembom, M., Schwens, C. 2016. "CEO Characteristics and SME Foreign Market Entry Mode Choice: The Moderating Effect of Firm's Geographic Experience and Host-Country Political Risk. " *International Marketing Review* 33 (2): 246 - 275.

[385] Lee, H. U., Park, J. H. 2008. "The Influence of Top Management Team International Exposure on International Alliance Formation. " *Journal of Management Studies* 45 (5): 961 - 981.

[386] Lee, H. U., Park, J. H. 2006. "Top Team Diversity, Internationalization and the Mediating Effect of International Alliances. " *British Journal of Management* 17 (3): 195 - 213.

[387] Lee, Y., Hemmert, M., Kim, J. 2014. "What Drives the International Ownership Strategies of Chinese Firms? The Role of Distance and Home-country Institutional Factors in Outward Acquisitions. " *Asian Business & Management* 13 (3): 197 - 225.

[388] Levi, M., Li, K., Zhang, F. 2014. "Director Gender and Mergers and Acquisitions. " *Journal of Corporate Finance* 28: 185 - 200.

[389] Lian, Y., Zhi, S., Gu, Y. 2011. "Evaluating the Effects of Equity Incentives Using PSM: Evidence from China. " *Frontiers of Business Research in China* 5 (2): 266 - 290.

[390] Li, J., Hambrick, D. C. 2005. "Factional Groups: A New Vantage on Demographic Faultlines Conflict and Disintegration in Work Teams. " *The Academy of Management Journal* 48 (5): 794 - 813.

[391] Li, J., Rajan, R. S., Hattari, R. 2013. "Drivers of Intraregional M&As within Developing Asia. " *Journal of the Asia Pacific Economy*

21 (1): 116 – 131.

[392] Li, J., Tang, Y. 2010. "CEO Hubris and Firm Risk Taking in China: The Moderating Role of Managerial Discretion." *Academy of Management Journal* 53 (1): 45 – 68.

[393] Li, J., Xie, Z. 2013. "Examining the Cross-Border Acquisition Strategy of Chinese Companies the Moderating Roles of State Ownership and Institutional Transition." *Journal of Leadership and Organizational Studies* 20 (4): 436 – 447.

[394] Li, J., Yue, D. R. 2007. "Identity, Community and Audience: How Wholly Owned Foreign Subsidiaries Gain Legitimacy in China." *Academy of Management Journal* 50 (1): 175 – 190.

[395] Li, L. 2009. "Information Asymmetry in the Takeover Market." The Hong Kong Polytechnic University.

[396] Lim, M. H., Lee, J. H. 2016. "The Effects of Industry Relatedness and Takeover Motives on Cross-Border Acquisition Completion." *Journal of Business Research* 69 (11): 4787 – 4792.

[397] Lin, W. T., Liu, Y. S. 2012. "Success or Characteristics, Change in the Degree of Firm Internationalization and Firm Performance: The Moderating Role of Environmental Uncertainty." *Journal of Management and Organization* 18 (1): 16 – 35.

[398] Li, S., Tallman, S. 2011. "MNC Strategies, Exogenous Shocks, and Performance Outcomes." *Strategic Management Journal* 32 (10): 1119 – 1127.

[399] Liu, T., Wu, J. J. 2014. "Merger Arbitrage Short Selling and Price Pressure." *Journal of Corporate Finance* 27 (8): 36 – 54.

[400] Liu, X., Wright, M., Filatotchev, I. 2010. "Human Mobility and International Knowledge Spillovers: Evidence from High-Tech Small and Medium Enterprises in an Emerging Market." *Strategic Entrepre-*

neurship Journal 4 （4）： 340 – 355.

[401] Liu, Y. , Deng, P. 2014. "Chinese Cross-Border M&A： Past Achievement： Contemporary Debates and Future Direction. " *Advances in Mergers and Acquisitions* 13： 85 – 107.

[402] Loughran, T. , Ritter, J. R. 1997. "The Operating Performance of Firms Conducting Seasoned Equity Offerings. " *The Journal of Finance* 52 （5）： 1823 – 1850.

[403] Lu, J. W. , Beamish, P. W. 2001. "The Internationalization and Performance of SMEs. " *Strategic Management Journal* 22 （6 – 7）： 565 – 586.

[404] Luostarinen, R. 1980. *Internationalization of the Firm.* Helsinki： Helsinki School of Economics.

[405] Luo, Y. , Tung, R. L. 2007. "International Expansion of Emerging Market Enterprises： A Spring Board Perspective. " *Journal of International Business Studies* 38 （4）： 481 – 498.

[406] Madhok, A. , Keyhani, M. 2012. "Acquisitions as Entrepreneurship： Asymmetries, Opportunities and the Internationalization of Multinationals from Emerging Economies. " *Global Strategy Journal* 2 （1）： 26 – 40.

[407] Maksimovic, V. , Phillips, G. , Prabhala, N. 2011. "Post-Merger Restructuring and the Boundaries of the Firm. " *Journal of Financial Economics* 102 （2）： 317 – 343.

[408] Maksimovic, V. , Phillips, G. , Yang, L. 2013. "Private and Public Merger Waves. " *The Journal of Finance* 68 （5）： 2177 – 2217.

[409] Malhotra, S. , Zhu, P. , Reus, T. H. 2015. "Anchoring on the Acquisition Premium Decisions of Others. " *Strategic Management Journal* 36 （12）： 1866 – 1876.

[410] Malmendier, U. , Opp, M. , Saidi, F. 2016. "Target Revaluation after Failed Takeover Attempts： Cash Versus Stock. " *Journal of Fi-*

nancial Economics 119 （1）: 92 – 106.

[411] Malmendier, U. , Tate, G. 2008. "Who Makes Acquisitions? CEO Overconfidence and the Market's Reaction. " *Journal of Financial Economics* 89 （1）: 20 – 43.

[412] Manzon, Jr. G. B. , Sharp, D. J. , Travlos, N. G. 1994. "An Empirical Study of the Consequences of US Tax Rules for International Acquisitions by US Firms. " *The Journal of Finance* 49 （5）: 1893 – 1904.

[413] Markides, C. C. , Ittner, C. D. 1994. "Shareholder Benefits from Corporate International Diversification: Evidence from US International Acquisitions. " *Journal of International Business Studies* 25 （2）: 343 – 366.

[414] Martynova, M. , Renneboog, L. 2011. "The Performance of the European Market for Corporate Control: Evidence from the Fifth Takeover Wave. " *European Financial Management* 17 （2）: 208 – 259.

[415] Martynova, M. , Renneboog, L. 2008. "Spillover of Corporate Governance Standards in Cross-Border Mergers and Acquisitions. " *Journal of Corporate Financal* 14 （3）: 200 – 223.

[416] Masulis, R. W. , Nahata, R. 2011. "Venture Capital Conflicts of Interest: Evidence from Acquisitions of Venture-Backed Firms. " *Journal of Financial and Quantitative Analysis* 46 （2）: 395 – 430.

[417] Masulis, R. W. , Wang, C. , Xie, F. 2012. "Globalizing the Boardroom—The Effects of Foreign Directors on Corporate Governance and Firm Performance. " *Journal of Accounting Economics* 53 （3）: 527 – 554.

[418] Mathews, J. A. 2006. "Dragon Multinationals: New Players in 21st Century Globalization. " *Asia Pacific Journal of Management* 23 （1）: 5 – 27.

[419] McDonald, M. L. , Westphal, J. D. , Graebner, M. E. 2008. "What

Do They Know? The Effects of Outside Director Acquisition Experience on Firm Acquisition Performance. " *Strategic Management Journal* 29 (11): 1155 – 1177.

[420] McGuire, S. T., Omer, T. C., Wang, D. 2012. "Tax Avoidance: Does Tax-Specific Industry Expertise Make a Difference? . " *The Accounting Review* 87 (3): 975 – 1003.

[421] Mehrotra, V., van Schaik, D., Spronk, J., Steenbeek, O. 2011. "Creditor-Focused Corporate Governance: Evidence from Mergers and Acquisitions in Japan. " *Journal of Financial and Quantitative Analysis* 46 (3): 1051 – 1072.

[422] Meschi, P. X., Métais, E. 2013. "Do Firms Forget about Their Past Acquisitions? Evidence from French Acquisitions in the United States (1988 – 2006). " *Journal of Management* 39 (2): 469 – 495.

[423] Michailova, S. 2011. "Contextualizing in International Business Research: Why Do We Need More of It and How Can We be Better at It? . " *Scandinavian Journal of Management* 27 (1): 129 – 139.

[424] Miletkov, M., Poulsen, A., Wintoki, J. 2017. "Foreign Independent Directors and the Quality of Legal Institutions. " *Journal of International Business Studies* 48 (2): 267 – 292.

[425] Müller, T. 2007. "Analyzing Modes of Foreign Entry: Greenfield Investment versus Acquisition. " *Review of International Economics* 15 (1): 93 – 111.

[426] Moeller, S., Schlingemann, F., Stulz, R. 2004. "Firm Size and the Gains From Acquisitions. " *Journal of Financial Economics* 73 (2): 201 – 228.

[427] Mohr, A., Batsakis, G. 2017. "Internationalization Speed and Firm Performance: A Study of the Market-Seeking Expansion of Retail MNEs. " *Management International Review* 57 (2): 153 – 177.

［428］Morck, R. , Yeung, B. , Zhao, M. 2008. "Perspectives on China's Outward Foreign Direct Investment. " *Journal of International Business Studies* 39 （3）: 337 – 350.

［429］Morosini, P. , Singh, S. H. 1998. "National Cultural Distance and Cross-Border Acquisition Performance. " *Journal of International Business Studies* 29 （1）: 137 – 158.

［430］Mortal, S. , Schill, M. 2015. "The Post-Acquisition Returns of Stock Deals: Evidence of the Pervasiveness of the Asset Growth Effect. " *Journal of Financial and Quantitative Analysis* 50 （3）: 477 – 507.

［431］Mueller, D. C. 1977. "The Effects of Conglomerate Mergers: A Survey of the Empirical Evidence. " *Journal of Banking and Finance* 4 （1）: 315 – 347.

［432］Mukherji, A. , Mukherji, J. , Dibrell, C. , Francis, J. D. 2013. "Overbidding in Cross-Border Acquisitions: Misperceptions in Assessing and Valuing Knowledge. " *Journal of World Business* 48 （1）: 39 – 46.

［433］Mulherin, J. H. , Simsir, S. A. 2015. "Measuring Deal Premiums in Takeovers. " *Financial Management* 44 （1）: 1 – 14.

［434］Nadolska, A. , Barkema, H. G. 2014. "Good Learners: How Top Management Teams Affect the Success and Frequency of Acquisitions. " *Strategic Management Journal* 35 （10）: 1483 – 1507.

［435］Naldi, L. , Davidsson, P. 2014. "Entrepreneurial Growth: The Role of International Knowledge Acquisition as Moderated by Firm Age. " *Journal of Business Venturing* 29 （5）: 687 – 703.

［436］Nguyen, N. , Phan, H. 2017. "Policy Uncertainty and Mergers and Acquisitions. " *Journal of Financial and Quantitative Analysis* 52 （2）: 613 – 644.

［437］ Nicholson, R. R. , Salaber, J. 2013. "The Motives and Perform-ance of Cross-Border Acquirers from Emerging Economies: Compari-son between Chinese and Indian Firms. " *International Business Re-view* 22 (6): 963 – 980.

［438］ Nielsen, B. B. , Nielsen, S. 2009. "Learning and Innovation in Inter-national Strategic Alliances: An Empirical Test of the Role of Trust and Tacitness. " *Journal of Management Studies* 46 (6): 1031 – 1056.

［439］ Nielsen, B. B. , Nielsen, S. 2011. "The Role of Top Management Team International Orientation in International Strategic Decision-making: The Choice of Foreign Entry Mode. " *Journal of World Busi-ness* 46 (2): 185 – 193.

［440］ Nielsen, S. 2010. "Top Management Team Internationalization and Firm Performance. " *Management International Review* 50 (2): 185 – 206.

［441］ Nocke, V. , Yeaple, S. 2008. "An Assignment Theory of Foreign Direct Investment. " *The Review of Economic Studies* 75 (2): 529 – 557.

［442］ Nofsinger, J. R. 2005. "Social Mood and Financial Economics. " *Journal of Behavioral Finance* 6 (3): 144 – 160.

［443］ North, D. C. 1990. *Institutions, Institutional Change and Economic Firm Value.* Cambridge: Cambridge University Press.

［444］ Offenberg, D. , Pirinsky, C. 2015. "How Do Acquirers Choose Be-tween Mergers and Tender Offers? . " *Journal of Financial Economics* 116 (2): 331 – 348.

［445］ Offenberg, D. , Straska, M. , Waller, H. G. 2014. "Who Gains from Buying Bad Bidders? . " *Journal of Financial and Quantitative Analysis* 49 (2): 513 – 540.

［446］ Officer, M. S. 2003. "Termination Fees in Mergers and Acquisitions. "

Journal of Financial economics 69 (3): 431 – 467.

[447] Oh, W. Y. , Chang, Y. K. , Cheng, Z. 2016. "When CEO Career Horizon Problems Matter for Corporate Social Responsibility: The Moderating Roles of Industry-Level Discretion and Blockholder Ownership. " *Journal of Business Ethics* 133 (2): 279 – 291.

[448] Oxelheim, L. , Gregoric, A. , Rand, Y. T. 2013. "On the Internationalization of Corporate Boards: The Case of Nordic Firms. " *Journal of International Business Studies* 44 (3): 173 – 194.

[449] Ozkan, N. 2012. "Do CEOs Gain More in Foreign Acquisitions Than Domestic Acquisitions? . " *Journal of Banking & Finance* 36 (4): 122 – 1138.

[450] Pablo, E. 2013. "Cross-Border Diversification through M&As in Latin America. " *Journal of Business Research* 66 (3): 425 – 430.

[451] Pablo, E. 2009. "Determinants of Cross-Border M&As in Latin America. " *Journal of Business Research* 62 (9): 861 – 867.

[452] Patzelt, H. , zu Knyphausen-Aufseß, D. , Fischer, H. T. 2009. "Upper Echelons and Portfolio Strategies of Venture Capital Firms. " *Journal of Business Venturing* 24 (6): 558 – 572.

[453] Pelled, L. H. , Eisenhardt, K. M. , Xin, K. R. 1999. "Exploring the Black Box: An Analysis of Work Group Diversity, Conflict and Performance. " *Administrative Science Quarterly* 44 (1): 1 – 28.

[454] Peng, M. W. 2001. "The Resource-Based View and International Business. " *Journal of Management* 27 (6): 803 – 829.

[455] Petersen, B. , Pedersen, T. , Lyles, M. A. 2008. "Closing Knowledge Gaps in Foreign Markets. " *Journal of International Business Studies* 39 (7): 1097 – 1113.

[456] Pfeffer, J. , Salancik, G. R. 1978. *The External Control of Organizations: A Resource Dependence Perspective.* New York, Harper & Row.

[457] Pfeffer, J. 1972. "Size and Composition of Corporate Boards of Directors: The Organization and Its Environment." *Administrative Science Quarterly* 17: 218 – 228.

[458] Phan, H. 2014. "Inside Debt and Mergers and Acquisitions." *Journal of Financial and Quantitative Analysis* 49 (5 – 6): 1365 – 1401.

[459] Piaskowska, D., Trojanowski, G. 2014. "Twice as Smart? The Importance of Managers 'Formative-Years' International Experience for Their International Orientation and Foreign Acquisition Decisions." *British Journal of Management* 25 (1): 40 – 57.

[460] Piotroski, J. D., Wong, T. J. 2012. *Institutions and Information Environment of Chinese Listed Firms.* Capitalizing China. University of Chicago Press.

[461] Pisania, N., Mullerb, A., Bogăţan, P. 2018. "Top Management Team Internationalization and Firm-Level Internationalization: The Moderating Effects of Home-Region Institutional Diversity and Firm Global Focus." *Journal of International Management* 24 (3): 239 – 256.

[462] Popli, M., Sinha, A. K. 2014. "Determinants of Early Movers in Cross-Border Merger and Acquisition Wave in an Emerging Market: A Study of Indian Firms." *Asia Pacific Journal of Management* 31 (4): 1075 – 1099.

[463] Porter, M. E. 1980. "Competitive Strategy: Techniques for Analyzing Industries and Competitors." *Social Science Electronic Publishing* (2): 86 – 87.

[464] Potterie, B. P., Lichtenberg, F. 2001. "Does Foreign Direct Investment Transfer Technology Across Borders?." *Review of Economics and Statistics* 83 (3): 490 – 497.

[465] Povel, P., Sertsios, G. 2014. "Getting to Know Each Other: The Role of Toeholds in Acquisitions." *Journal of Corporate Finance* 26

(C): 201 – 224.

[466] Priem, R. L. , Lyon, D. W. , Dess, G. G. 1999. "Inherent Limitations of Demographic Proxies in Top Management Team Heterogeneity Research. " *Journal of Management* 25 (6): 935 – 953.

[467] Provan, K. G. 1980. "Board Power and Organizational Effectiveness Among Human Service Agencies. " *Academy of Management Journal* 23 (2): 221 – 236.

[468] Qian, C. , Cao, Q. , Takeuchi, R. 2013. "Top Management Team Functional Diversity and Organizational Innovation in China: The Moderating Effects of Environment. " *Strategic Management Journal* 34 (1): 110 – 120.

[469] Raes, A. M. L. , Heijltjes, M. G. , Glunk, U. , Roe, R. A. 2011. "The Interface of the Top Management Team and Middle Managers: A Process Model. " *Academy of Management Review* 36 (1): 102 – 126.

[470] Rajagopalan, N. , Spreitzer, G. M. 1997. "Toward a Theory of Strategic Change: A Multilens Perspective and Integrative Framework. " *Academy of Management Review* 42 (1): 48 – 79.

[471] Ramasamy, B. , Yeung, M. , Laforet, S. 2012. "China's Outward Foreign Direct Investment: Location Choice and Firm Ownership. " *Journal of World Business* 47 (1): 17 – 25.

[472] Ramaswamy, K. 2001. "Organizational Ownership, Competitive Intensity, and Firm Performance: An Empirical Study of the Indian Manufacturing Sector. " *Strategic Management Journal* 22 (10): 989 – 998.

[473] Rennenboog, L. , Zhao, Y. 2014. "Director Networks and Takeovers. " *Journal of Corporate Finance* 28 (C): 218 – 234.

[474] Reus, T. H. , Lamont, B. T. , Ellis, K. M. 2015. "A Darker Side of Knowledge Transfer Following International Acquisitions. " *Strate-*

gic Management Journal 36 (3): 932 – 944.

[475] Reus, T. H. , Lamont, B. T. 2009. "The Double-Edged Sword of Cultural Distance in International Acquisitions." *Journal of International Business Studies* 40 (8): 1298 – 1316.

[476] Rivas, J. L. 2012. "Board versus Top Management Team International Experience: A Study of Their Joint Effects." *Cross Cultural Management: An International Journal* 19 (4): 546 – 562.

[477] Rossi, S. , Volpin, P. 2004. "Cross-Country Determinants of Mergers and Acquisitions." *Journal of Financial Economics* 74 (2): 277 – 304.

[478] Rousseau, P. , Stroup, C. 2015. "Director Histories and the Pattern of Acquisitions." *Journal of Financial and Quantitative Analysis* 50 (4): 671 – 698.

[479] Rui, H. , Yip, G. S. 2008. "Foreign Acquisitions by Chinese Firms: A Strategic Intent Perspective." *Journal of World Business* 43 (2): 213 – 226.

[480] Ruzzier, M. , Antoncic, B. , Hisrich, R. D. , Konecnik, M. 2007. "Human Capital and SME Internationalization: A Structural Equation Modeling Study." *Canadian Journal of Administrative Sciences* 24 (1): 15 – 29.

[481] Sahaym, A. , Nam, D. 2013. "International Diversification of the Emerging-Market Enterprises: A Multi-Level Examination." *International Business Review* 22 (2): 421 – 436. .

[482] Sambharya, R. B. 1996. "Foreign Experience of Top Management Teams and International Diversification Strategies of US Multinational Companies." *Strategic Management Journal* 19 (7): 739 – 746.

[483] Sanders, W. M. G. , Carpenter, M. A. 1998. "Internationalization and Firm Governance: The Roles of CEO Compensation, Top Team

Composition and Board Structure. " *The Academy of Management Journal* 41 (2): 158 – 178.

[484] Schmid, S., Dauth, T. 2014. "Does Internationalization Make a Difference? Stock Market Reaction to Announcements of International Top Executive Appointments. " *Journal of World Business* 49 (1): 63 – 77.

[485] Schmid, S., Wurster, D. J. 2016. "Are International Top Executives Paid More? Empirical Evidence on Fixed and Variable Compensation in Management Boards of German MNCs. " *European Journal of International Management* 10 (1): 25 – 53.

[486] Schmid, S., Wurster, D. J. 2015. "Internationalisation of Upper Echelons in Different Institutional Contexts: Top Managers in Germany and the UK. " *European Journal of International Management* 9 (4): 510 – 535.

[487] Schmidt, B. 2015. "Costs and Benefits of Friendly Boards During Mergers and Acquisitions. " *Journal of Financial Economics* 117 (2): 424 – 447.

[488] Schmidt, K. M. 1997. "Managerial Incentives and Product Market Competition. " *The Review of Economic Studies* 64 (2): 191 – 213.

[489] Schneider, C., Spalt, O. 2017. "Acquisitions as Lotteries? The Selection of Target-Firm Risk and Its Impact on Merger Outcomes. " *Critical Finance Review* 6 (1): 77 – 132.

[490] Scott, W. R. 1995. *Institutions and Organizations.* Thousand Oaks: Sage.

[491] Shaver, J. M., Mitchell, W., Yeung, B. 1997. "The Effect of Own-Firm and Other-Firm Experience on Foreign Direct Investment Survival in the United States, 1987 – 92. " *Strategic Management Journal* 18 (10): 811 – 824.

[492] Shleifer, A., Vishny, R. W. 1989. "Management Entrenchment:

The Case of Manager-Specific Investments. " *Journal of Financial E-conomics* 25 (1): 123 – 139.

[493] Shleifer, A. , Vishny, R. W. 2003. "Stock Market Driven Acquisitions. " *Journal of financial Economics* 70 (3): 295 – 311.

[494] Simons, T. , Pelled, L. H. , Smith, K. A. 1999. "Making Use of Difference: Diversity, Debate and Decision Comprehensiveness in Top Management Teams. " *The Academy of Management Journal* 42 (6): 662 – 673.

[495] Slangen, A. H. L. , Hennart, J. F. 2008. "Do Multinationals Really Prefer to Enter Culturally Distant Countries through Greenfields Rather Than through Acquisitions? The Role of Parent Experience and Subsidiary Autonomy. " *Journal of International Business Studies* 39 (3): 472 – 490.

[496] Slater, D. J. , Dixon-Fowler, H. R. 2009. "CEO International Assignment Experience and Corporate Social Performance. " *Journal of Business Ethics* 89 (3): 473 – 489.

[497] Sokolyk, T. 2011. "The Effects of Antitakeover Provisions on Acquisition Targets. " *Journal of Corporate Finance* 17 (3): 612 – 627.

[498] Sullivan, D. 1994. "Measuring the Degree of Internationalization of a Firm. " *Journal of International Business Studies* 27 (1): 325 – 342.

[499] Teerikangas, S. , Very, P. 2006. "The Culture Performance Relationship in M&A: From Yes/No to How. " *British Journal of Management* 17 (S1): S31 – S48.

[500] Teulier, R. , Rouleau, L. 2013. "Middle Managers' Sensemaking and Interorganizational Change Initiation: Translation Spaces and Editing Practices. " *Journal of Change Management* 13 (3): 308 – 337.

[501] Tihanyi, L. , Ellstrand, A. E. , Daily, C. M. , Dalton, D. R. 2000. "Composition of the Top Management Team and Firm International Di-

versification. " *Journal of Management* 26 (6): 1157 – 1177.

[502] Tung, R. L., Miller, E. L. 1990. "Managing in the Twenty-first Century: The Need for Global Orientation. " *MIR: Management International Review* 30 (1): 5 – 18.

[503] Tushman, M. L., Nadler, D. A. 1978. "Information Processing as an Integration Concept in Organization Design. " *Academy of Management Review* 3 (3): 613 – 624.

[504] Uysal, V. B. 2011. "Deviation from the Target Capital Structure and Acquisition Choices. " *Journal of Financial Economics* 102 (3): 602 – 620.

[505] Vaara, E., Sarala, R., Stahl, G. K., Bjeorkman, I. 2012. "The Impact of Organizational and National Cultural Differences on Social Conflict and Knowledge Transfer in International Acquisitions. " *Journal of Management Studies* 49 (1): 1 – 27.

[506] Varaiya, N. P. 1987. "Determinants of Premiums in Acquisition Transactions. " *Managerial and Decision Economics* 8 (3): 175 – 184.

[507] Vester, J. 2002. "Lessons Learned about Integrating Acquisitions. " *Research Technology Management* 45 (3): 33 – 41.

[508] Villena, V. H., Choi, T. Y., Revilla, E. 2019. "Revisiting Interorganizational Trust: Is More Always Better or Could More Be Worse. " *Journal of Management* 45 (2): 752 – 785.

[509] Wally, S., Becerra, M. 2001. "Top Management Team Characteristics and Strategic Changes in International Diversification: The Case of US Multinationals in the European Community. " *Group and Organization Management* 26 (2): 165 – 188.

[510] Wang, A., Yan, P., Batiha, K. 2019. "A Comprehensive Study on Managing Strategies in the Fog Environments. " *Transactions on Emerging Telecommunications Technologies* 31 (2): e3833.

［511］Wang, X. , Ma, L. , Wang, Y. 2015. "The Impact of TMT Functional Background on Firm Performance: Evidence from Listed Companies in China's IT industry. " *Nankai Business Review International* 6 (3): 281 –311.

［512］Wang, Y. , Lahr, H. 2017. "Takeover Law to Protect Shareholders: Increasing Efficiency or Merely Redistributing Gains? . " *Journal of Corporate Finance* 43 (4): 288 –315.

［513］Wan, K. M. , Wong, K. F. 2009. "Economic Impact of Political Barriersto Cross-Border Acquisitions: An Empirical Study of CNOOC's Unsuccessful Takeover of Unocal. " *Journal of Corporate Finance* 15 (4): 447 –468.

［514］Webber, S. S. , Donahue, L. M. 2001. "Impact of Highly and Less Job-Related Diversity on Work Group Cohesion and Performance: A Meta-Analysis. " *Journal of Management* 27 (2): 141 – 162.

［515］Weber, Y. , Tarba, S. Y. , Bachar, Z. R. 2011. "Mergers and Acquisitions Performance Paradox: The Mediating Role of Integration Approach. " *European Journal of International Management* 5 (4): 373 –393.

［516］Wei, L. Q. , Ling, Y. 2015. "CEO Characteristics and Corporate Entrepreneurship in Transition Economies: Evidence From China. " *Journal of Business Research* 68 (6): 1157 – 1165.

［517］Weitzel, U. , Berns, S. 2006. "Cross-Border Takeovers, Corruption and Related Aspects of Governance. " *Journal of International Business Studies* 37 (6): 786 –806.

［518］Williamson, O. E. 1975. *Markets and Hierarchies: Analysis and Antitrust Implications: A Study in the Economics of Internal Organization.* New York: Free Press.

［519］Wintoki, M. B. , Linck, J. , Netter, J. 2012. "Endogeneity and the Dynamics of Internal Corporate Governance. " *Journal of Financial Economics* 105 (3): 581 – 606.

[520] Wu, Y. 2007. "Export Performance in China's Regional Economies. " *Applied Economics* 39 (10): 1283 – 1293.

[521] Xie, E. , Reddy, K. S. , Liang, J. 2017. "Country-Specific Determinants of Cross-Border Mergers and Acquisitions: A Comprehensive Review and Future Research Directions. " *Journal of World Business* 52 (2): 127 – 183.

[522] Zabeer, S. 1995. "Overcoming the Liability of Foreignness. " *The Academy of Management Journal* 38 (2): 341 – 363.

[523] Zaheer, A. , Castner, X. , Souder, D. 2013. "Synergy Sources, Target Autonomy and Integration in Acquisitions. " *Journal of Management* 39 (3): 604 – 632.

[524] Zajac, E. J. , Kraatz, M. S. , Bresser, R. K. F. 2000. "Modeling the Dynamics of Strategic Fit: A Normative Approach to Strategic Change. " *Strategic Management Journal* 21 (4): 429 – 453.

[525] Zander, U. , Kogut, B. 1995. "Knowledge and the Speed of the Transfer and Imitation of Organizational Capabilities: An Empirical Test. " *Organization Science* 6 (1): 76 – 92.

[526] Zejan, M. C. 1990. "New Ventures or Acquisitions. The Choice of Swedish Multinational Enterprises. " *The Journal of Industrial Economics* 38 (3): 349 – 355.

[527] Zhang, J. , Zhu, C. , Ebbers, H. 2011. "Completion of Chinese Overseas Acquisitions: Institutional Perspectives and Evidence. " *International Business Review* 20 (2): 226 – 238.

[528] Zhu, P. C. 2009. "Three Essays on Cross-Border Mergers and Acquisitions in Emerging Markets. " Ph. D diss. , Carleton University.

[529] Zikic, J. , Bonache, J. , Cerdin, J. L. 2010. "Crossing National

Boundaries: A Typology of Qualified Immigrants' Career Orientations. " *Journal of Organizational Behavior* 31 (5): 667 –686.

[530] Zollo, M. , Meier, D. 2008. "What Is M&A Performance? . " *Academy of Management Perspectives* 22 (3): 55 –77.

[531] Zollo, M. , Singh, H. 2004. "Deliberate Learning in Corporate Acquisitions: Post-Acquisition Strategies and Integration Capability in U. S. Bank Mergers. " *Strategic Management Journal* 25 (13): 1233 – 1256.

图书在版编目（CIP）数据

海归董事与中国企业跨境并购 / 闫盼盼著. -- 北京：
社会科学文献出版社，2022.11
ISBN 978 - 7 - 5228 - 0851 - 2

Ⅰ.①海… Ⅱ.①闫… Ⅲ.①跨国公司 - 企业兼并 -
研究 - 中国 Ⅳ.①F279.247

中国版本图书馆 CIP 数据核字（2022）第 186291 号

海归董事与中国企业跨境并购

著　　者 / 闫盼盼

出 版 人 / 王利民
责任编辑 / 贾立平
文稿编辑 / 陈丽丽
责任印制 / 王京美

出　　版 / 社会科学文献出版社·经济与管理分社（010）59367226
　　　　　　地址：北京市北三环中路甲 29 号院华龙大厦　邮编：100029
　　　　　　网址：www. ssap. com. cn
发　　行 / 社会科学文献出版社（010）59367028
印　　装 / 三河市龙林印务有限公司

规　　格 / 开　本：787mm × 1092mm　1/16
　　　　　　印　张：15.5　字　数：222 千字
版　　次 / 2022 年 11 月第 1 版　2022 年 11 月第 1 次印刷
书　　号 / ISBN 978 - 7 - 5228 - 0851 - 2
定　　价 / 98.00 元

读者服务电话：4008918866